四川省哲学社会科学重点研究基地四川省教师教育研究中心课题
"五润"教师校本研修实践研究（TER2019—023）的阶段性成果

WOSHI YI KE SHU
YANJIUXING XIAOZHANG DE CHENGZHANG ZHILU

我是一棵树

——研究型校长的成长之路

黄智惠／著

四川大学出版社

项目策划：梁　胜
责任编辑：梁　胜
责任校对：陈　纯
封面设计：墨创文化
责任印制：王　炜

图书在版编目（CIP）数据

我是一棵树：研究型校长的成长之路 / 黄智惠著
. — 成都：四川大学出版社，2020.10
ISBN 978-7-5690-3893-4

Ⅰ. ①我… Ⅱ. ①黄… Ⅲ. ①小学－校长－学校管理－研究 Ⅳ. ①G627.1

中国版本图书馆CIP数据核字（2020）第189989号

书名	我是一棵树——研究型校长的成长之路
著　者	黄智惠
出　版	四川大学出版社
地　址	成都市一环路南一段24号（610065）
发　行	四川大学出版社
书　号	ISBN 978-7-5690-3893-4
印前制作	四川胜翔数码印务设计有限公司
印　刷	郫县犀浦印刷厂
成品尺寸	170mm×240mm
印　张	14.5
字　数	275千字
版　次	2021年1月第1版
印　次	2021年1月第1次印刷
定　价	48.00元

版权所有 ◆ 侵权必究

◆ 读者邮购本书，请与本社发行科联系。
　电话：(028)85408408/(028)85401670/
　(028)86408023　邮政编码：610065
◆ 本社图书如有印装质量问题，请寄回出版社调换。
◆ 网址：http://press.scu.edu.cn

四川大学出版社
微信公众号

自　序

岷峨挺秀，锦水含章。笔者从成都师范学校毕业至今，25年来一直扎根在锦江区教育中，总感觉自己像一棵树苗，在锦江区教育的沃土，生根发芽，直至枝繁叶茂。

这些年，不少同行、朋友一直在不断鼓励我把教育的经历和经验整理成文并结集成册。对鼓励我的师友，我心里一直怀着感激之情，可总是觉得自己底气不够，成长得还不够茁壮，所以嘴上答应着："好的，好的，会有的，会有的。"这个"会有的"其实是遥遥无期。

2018年7月，我从祝国寺小学调到锦官驿小学，虽意料之外而又顺理成章。意料之外是我以为会和祝国寺小学一起继续成长，和祝国寺小学的老师们一起坚守拼搏，直到学校搬迁。想着反正来日方长，有空再总结吧。调令下达后，才感觉需要马上动笔了。9年祝国寺小学的教学生活给我留下了不可磨灭的印记：摩挲过的每一寸墙壁带着我们的体温，手上的老茧记录了我们从瓦砾中垦出的每一寸农田付出的心血，校园的一草一木、墙上的一字一句，无一不是全体祝国寺小学员工心血的结晶。言少情深，总是在分别之后才更加珍惜。转眼，调离祝国寺小学两年多了，在师友们的鼓励下，终于有了这本《我是一棵树——研究型校长的成长之路》。这本书对我而言，一是纪念，二是总结。

本书分管理篇、教研篇、学习篇及番外篇，共四个篇章。前两篇主要是我工作中的教科研成果，学习篇主要收录了我多年来总结学习收获的部分文章。在我多年工作中因工作和学习还结识了一些朋友，番外篇收录了他们（也有研究伙伴）对我的印象和随笔。

前三篇共收录23篇文稿，这些是我在学校管理、教育教学方面的研究成果。这些研究成果有公开刊物发表过的，如发表在《教育科学论坛》又被人大复印资料《小学语文教与学》全文转载的《从根部滋养"深度学习"——以思维导图解读小学语文教材为例》；也有在各级论文评选中获奖的，如《普通小学以课程建设促质量提升的策略——以锦江区祝国寺小学为例》；有全局性的教研成果，如《以"五润课程"促进教师专业化发展——普通涉农小学教学质量提升的探索》；也有局部性的教研成果，如《涉农学校课内外作业"三阶分层"设计与动态管理研究》；有关于工作的，也有关于学习的；有独著的，也有合著的，就不一一列举。

风物长宜放眼量。《国家中长期教育改革和发展规划纲要（2010—2020年）》明确指出：大力倡导教育家办学。从这个意义上说，我们每一位教育管理者都要热爱教育事业，尊重教育规律，努力学习教育理论，具备较高的理论水平，才能把握住教育发展的方向，办好教育。20多年的基础教育科研促使我不断学习、反躬自省，也养成笔耕不辍的习惯。长期的教育科研对我影响最大的还不止这些，这种长期用文字把工作轨迹、工作思考、工作成效记录下来的训练，改善了我的思维方式——研究思维、设计思维、解决问题的思维。

在我职业生涯最艰难的时期，成都市锦江区教育局小学教育科魏晓敏女士曾与我促膝长谈。那天窗外车水马龙，桌上清茶冒出袅袅热气，她意味深长地说："智惠，名校出特级教师，普通学校出教育家。"这句话犹如醍醐灌顶，此后她不仅勉励我坚守与奋斗，更为我点亮了职业生涯的航灯，一直支撑着我前行至今。

校长既是管理者，又是学校的首席教师。从本书的文稿可以清晰地看到我从一线语文教师成长为校长的成长历程，看出我从研究型教师成长为研究型校长的专业成长之路。一位优秀校长前辈和我聊道："作为校长，学校的规划、计划、总结这些事关战略的文稿一定要亲自撰写，不能假手他人。"这句话铭记在我心里。我除了撰写管理文章，还坚持钻研语文教学，带领青年教师研究语文专业小专题，成果颇丰，我甄选了部分小专题成果收录在本书教研篇里。

我是一线教育工作者，也是一个"基础教育"研究者。我深切地体会到一线教师工作的艰辛。所以，我坚持"想的，写下来；写的，做出来；做的，总结出来"的宗旨。

本书在撰写过程中，得到了师友、茶友和研究伙伴们的大力支持，我深表谢意，谨以此书献给坚守教育战线志同道合的同行。由于个人水平有限，希望大家对该书提出宝贵意见。

我喜欢三毛这首诗："如果有来生，我要做一棵树，站成永恒，没有悲欢的姿势，一半在尘土里安详，一半在风里飞扬；一半洒落荫凉，一半沐浴阳光，非常沉静、非常骄傲……"

如果我有来生，我仍然要做一棵树，从安详的尘土汲取养分，在风里飞扬风华，非常沉静，非常骄傲……

黄智惠

2020 年 5 月 19 日

目 录

管理篇

"三段九层"推进学校规划再上新台阶……………………………（3）
学校发展规划：从"成事成人"到"成人成事"……………………（16）
基于"善学文化"的课程实施策略…………………………………（23）
培养城市涉农小学学生审美情趣的"快乐年画"校本课程实践研究
　　——"快乐年画"在祝国寺小学实践研究报告………………（37）
普通小学以课程建设促质量提升的策略
　　——以锦江区祝国寺小学为例…………………………………（48）
以"五润课程"促进教师专业化发展
　　——普通涉农小学教学质量提升的探索………………………（54）
以和谐聚力的学校内部管理改变学校的"飞行"方式
　　——祝国寺小学管理体制建设的初步探索……………………（62）
学校教科研一体化初探……………………………………………（68）
学校教科室管理的策略研究………………………………………（73）
学术引领方向　学术助推发展
　　——学校教科室引领学校加速发展的经验总结………………（81）
浅谈小专题研究与教学工作一肩挑老师的收获
　　——教科室管理体悟……………………………………………（87）
缘定"祝三"
　　——三问三答推进"祝三"教育联盟工作……………………（91）

教研篇

借助思维导图进行语文教材理解…………………………………（99）
涉农学校课内外作业"三阶分层"设计与动态管理研究………（107）
弘扬人本管理，铸就幸福课堂……………………………………（127）

基于核心目标下的目标链的建构思考与实践……………………(131)
指向中段学生语文概括性思维培养的研究报告
　　——"善思"课程开发的研究……………………………(140)
"懒孩子"终于要做作业了
　　——一位不爱做作业学生的个案研究…………………(163)
以"乐读法"提高小学一年级学生古诗文积累的实践研究报告……(169)

学习篇

清华大学附属小学学习手记
　　——时间煮雨，一路向北………………………………(191)
真实的学习　真实的成长
　　——北京中关村三小跟岗学习小结……………………(194)
"奔跑"的季节
　　——2014年暑期清华大学学习手记……………………(197)
北京师范大学游学记…………………………………………(201)

番外篇

心中有爱　眼中有人
　　——我心中的好老师……………………………………(209)
素描智惠………………………………………………………(211)
工作上的引路人　生活中的大姐姐
　　——我心中的黄智惠……………………………………(212)
我的良师益友…………………………………………………(216)
智惠印象………………………………………………………(218)

参考文献………………………………………………………(221)
后　　记………………………………………………………(223)

管理篇

"三段九层"推进学校规划再上新台阶[①]

学校发展规划是指一所学校根据国家或地区教育发展战略计划的要求，结合自身条件，对学校未来三至五年内要达到的主要目标和发展途径所做的安排，是学校项目组成员围绕着一定程序、方法技术，制定学校发展整体方案，并对方案实施、评价、改进、终止，从而不断推动学校自主发展、可持续发展的动态管理过程。[②] 学校发展规划既是一种思想方法，又是一种管理模式，一种组织学习工具，一种持续变革行动。其价值核心取向在于：在"成事"中"成人"，在"成人"中"成事"；"成事"是为了"成人"，人成了，事情才会做得更好。[③]

一、《祝国寺小学教学工作三年发展规划》的内涵、特征及价值

（一）内涵

《祝国寺小学教学工作三年发展规划》（以下简称《规划》）是学校根据国家、省市教育发展战略规划的要求，结合自身条件，对学校未来三年要达到的主要目标和发展途径，如学校发展目标、发展规模与速度、组织结构、人力资源、办学条件以及实施策略等方面所做的发展规划。笔者在14年历任三所学校校长，历经四轮规划撰写实施，现正式进入4.0版规划的制定与实施了。从最开始的1.0版的"抽屉"型，到2.0版的"试做"型，到3.0版的"项目运作"型，直到现在的4.0版"成人成事"型，历时14年。实践证明，以真实的"成人成事"为价值取向的《规划》的运作是效益最大化的。通过"三段九层"法推进《规划》的实践，既是学校依法办学的现代学校管理的抓手，又是日常工作指南，更是团队修炼的重要内容。

[①] 本项目是成都市教育局学校规划项目子课题。此文获得成都市基础教育改革论文评选一等奖，2019年2月发表于《四川教育》（Z2期）。
[②] 郭良君. 学校发展规划的改进——基于战略管理的视角[J]. 教学与管理, 2011 (11): 22.
[③] 李政涛. 学校规划制定中的两种取向[J]. 中小学管理, 2005 (11): 4.

（二）特征

《规划》文本，具有鲜明的个性、项目管理制及梯次序列化三个特征。

1. 鲜明的个性。势不同，谋不同。从文本内容来看，《规划》有共性，但更多的是鲜明的个性。"世界上没有两片完全相同的叶子"，也没有两所完全一样的学校，各校在校情、生源、区域发展等指标各不相同，各校的规划都是在审时度势的基础上制定目标、战略。

2. 项目制管理。学校以"项目制"管理引领学校各方面工作非常有益，《规划》的项目与学校管理架构高度相关。一般来说，项目就是部门，项目负责人就是壮大项目主管；并辅以特色发展项目，特色发展项目就是壮大骨干教师或者后备干部梯队。这样的管理架构与项目对接有利于将项目工作与常规工作相融合，促进项目有力推进。

3. 梯次序列化。为了有序地分配资源和处理冲突抉择，《规划》目录明确了各项目的章节，章节排列的先后次序决定了项目实施力度并获得资源的次序。排列先后不同，主次有别，轻重不同，三年一更迭调整。梯次序列化的推进方式还可以预留时空对学校中长期发展规划进行项目培植。

（三）价值

从价值取向来看，祝国寺小学推进规划的价值取向一定是"成人成事"。从推广价值来说，《规划》操作性强、战略性强。从学校管理层面价值来看，具有客观性，倡导全员参与，凝心聚力。

二、"三段九层"法推进学校《规划》

学校在推进《规划》的过程中，遵循"制定—实施—评价—反思"[①] 的基本模式，并整合评价和反思这两个过程，形成了"思路酝酿"—"规划撰写"—"实施调整"三个阶段（以下分别简称"思路"段、"撰写"段、"实施"段，见图1），每一阶段分别从决策层、执行层和操作层三个层面协力推进《规划》运行。在第三阶段的实施中，反思调整贯穿全过程。得失成败将为下一轮规划的思路酝酿打下现实基础，又重新启动新一轮规划的思路。按段推进，循环往复。

---

① 刘砚秋. 学校发展规划的制订程序 [J]. 教育发展研究，2005（9）.

"三段九层"法推进《规划》

思路
- 校长说校史——祝愿祝国寺小学发展更好:100张PPT聊祝国寺小学。
- 全校做分析——全校师生员工共努力:SWOT分析。
- 教师做规划——我的人生我做主:教师个人职业规划的撰写。

撰写
- 校长定顶层——把握方向,留有余地:撰写1~4章。
- 主管写分项——责权明确,心中有数:把想到的聊出来、说出来、写出来。
- 全校提建议——依法办学,"三堂会审":知规、议规、改规。

实施
- 校长"搭台子"——统筹整合,有序推进:整合校内外资源,依法办学。
- 主管"编辫子"——布好经纬,融入常规:立足现在,着眼于未来,把写的做出来。
- 教师"过日子"——教好孩子,过好日子:按部署计划推进各项工作。

图1 "三段九层"法

(一) 思路酝酿

"思路酝酿"是《规划》的第一个阶段,任务是拟定《规划》的总体战略。祝国寺小学在这个阶段时推进工作做得很扎实,因为"思路酝酿"是进入一轮规划的"当头炮",将为新一轮规划奠定基调。只有不折不扣地引导全校教职员工认清形势、分析校情、商议策略、拟定方向,才能来顺利制订与实施《规划》打下坚实的基础。

1. 校长说校史。校长不仅是学校的法定代表人,更是学校的首席教师。而全校教师对学校的全面分析是拟定总体战略的前提,"校长说校史"活动既能引领全校师生回顾学校办学历史,认识学校自身的优势机遇和问题挑战;还能凝练学校文化,凝聚人心,引领全校审时度势抓住机遇求发展。笔者在这个活动中做了"祝愿祝国寺小学发展更好:100张PPT聊祝小"的校长说校史的专题发言(见图2)。通过活动不仅回顾了学校历史、梳理了学校文化,还提出了学校发展困惑引发全校教职员工思考研讨。

图2 祝愿祝国寺小学发展更好:100张PPT聊祝小

2. 全校做分析。比如：祝国寺小学风雨百年，峥嵘岁月辉煌。建校100余年的祝国寺小学走过了不平坦的道路，特别是近10年，在旧城改造、"十校合一"、国际化、均衡化、田园城市等多方面的冲击之下，祝国寺小学的校园在时代的潮流中艰难推进；祝国寺小学文化在不断撕裂、重构、融合、凝练。不论如何，祝国寺小学多年来一直坚持全校动员，一起分析当下境况。其中运用得较多的是SWOT分析法。《传承祝国寺小学精神，规划祝国寺小学未来》的SWOT分析是必备款，其主旨是落实"大家祝小，祝小大家"[①]的精神。祝国寺小学的SWOT分析在传统基础上，还增加了一个大S（Strategy策略）。"大家祝国寺小学，祝国寺小学大家"，看到学校发展优势机遇和劣势挑战，人人想办法出主意，集思广益解决问题。

3. 教师做个人规划。"我的人生我做主——教师个人职业三年规划"的撰写是祝国寺小学教师发展"五润课程"的规定动作，祝国寺小学一直致力于教师的专业发展，致力于培养温婉亲和、善于合作、精通专业、教而有道的"善学教师"。引领全体教师完成《教师个人三年发展规划》是落实尊重教师发展意愿，助推教师专业发展的主要抓手。在"以人为本，善学笃行"的核心办学理念的指引下，学校把每一位老师的专业发展放在首位。只有老师们的专业化发展实现了，才能促进学生的发展，更好地促进师生关系的和谐和学校的可持续发展。

说校史，做分析，做"个规"。这三个层次既可以依次推进，也可以平行推进。依次推进的优势是能够最大限度地让学校发展方向和个人的发展方向趋于一致，资源一般的学校可以采用这种有利于最大限度地利用资源的形式。资源丰富的学校适用平行推进的方式，这样更利于发挥教师的特长。

（二）规划撰写

"撰写"是《规划》的第二个阶段，是这一轮"规划"编制的关键，核心任务是《规划》的撰写。其过程包括《规划》的撰写、统稿成文、审议上交等内容。见图3、图4。

---

① "大家祝小　祝小大家"：第一层意思指的是祝国寺小学是大家的，全体教职员工要热爱祝国寺小学、关心祝国寺小学、以祝国寺小学为荣，要齐心协力同舟共济为办好祝国寺小学出谋出力。第二层意思是指祝国寺小学是培育"教育大家""教育名家"的芳草地，祝国寺小学会为每一位老师专业化发展提供最大的支持，祝国寺小学以每一位教职员工的成长为荣。

祝国寺小学三年发展规划（2016—2019年）

目 录

序言：审时度势 抓住机遇 1	⎫
第一章 成绩与机遇 2	⎬ 校长
第二章 问题与挑战 3	
第一部分 总体战略 4	
第三章 指导思想与工作方针 4	
第四章 战略定位与发展目标 5	⎭
第二部分 基本发展项目 6	⎫
第五章 德育：构建德育课程 夯实养成教育 6	
第六章 教学：聚焦课程建设 提升教学质量 8	
第七章 科研：精研深度学习 发展科研特长 10	
第八章 总务：科学管理 提质增效 13	
第九章 教师发展服务中心：善于沟通 凝心聚力 14	
第三部分 特色发展项目 16	⎬ 项目负责人
第十章 快乐年画：年画为媒 润养人生 16	
第十一章 协作学习 18	
第十二章 书香校园：腹有诗书气自华 18	
第十三章 少先队：建英雄特色中队 扬革命英烈精神 20	
第四部分：薄弱突破项目 21	
第十四章 教育信息化：善于规划 创新发展 21	
第十五章 现代学校制度建设 23	⎭
第五部分 保障措施 24	⎫
第十六章 加强组织领导 24	⎬ 校长
第十七章 保障经费投入 25	⎭

图 3 《规划》目录及撰写分工

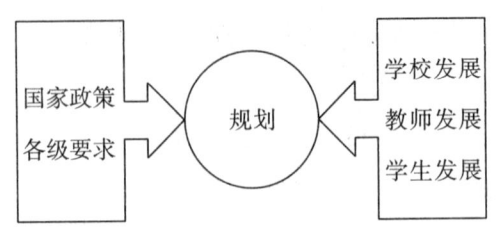

图 4 《规划》撰写内容

从图 3 中可以看出，祝国寺小学的《规划》的文本是全校教职员工参与、分工合作共同撰写的。《规划》内容包含了国家政策、各级要求、学校发展、教师发展、学生发展的相关内容。"规划撰写"承上启下，上承"思路"下启"实施"，想好的能写好，写好的才能做好，写得清楚，写得清晰，写得明确是撰写《规划》的基本要求。清楚是指内容，清晰是指步骤，明确是指落实。如果《规划》的内容阐述清楚、步骤措施清晰、落实目标明确，那下一阶段的顺利实施便是水到渠成。虽然是撰写，但其中内涵相当丰富。

1. 校长定顶层。胸中有丘壑，落子更有声。现代校长的主要职责包括规划学校发展的能力，规划学校发展是校长领导力的重要体现。在《规划》中，校长主要完成《规划》的顶层，包括局势分析、总体战略以及保障措施环节等。其中总体战略又是重中之重，指导思想、工作方针、战略定位、发展目标都包含其中。顶层是"务虚"的，又是最"务实"的，关乎整个《规划》是"抽屉型"还是"实用型"。总体战略确定了，《规划》后面各项目负责人章节的立意和定位就明确了。有两点需要注意：第一，撰文不仅仅是撰文，还包含撰文过程的过程性投放措施的推进，如：局势分析中的 SWOT 调查分析，学校顶层设计的调研与调整等。第二，撰写这部分内容时注意"把握方向，留有余地"。祝国寺小学的《规划》就立足于过渡校区，在发展目标上分两步走（图 5）。

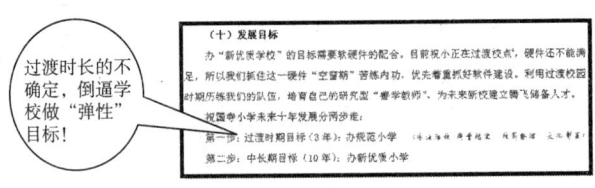

图 5 《规划》节选

2. 主管写分项。把想地聊出来，聊地写出来。"赢在中层"蕴含的是决策层的想法要落地必须依赖于执行层的穿针引线，中层统筹谋划的能力越强，项目推进越有效。祝国寺小学的中层骨干在顶层的引领下，以项目制对各项工作进行规划，完成各章。撰稿的过程是中层业务学习的过程，也是和各方协商统筹的过程，更是团结教师凝聚人心的过程。

祝国寺小学的《规划》发展任务章节在文本框架搭建方面具有以下特点（见图3）。

第一，传统性和个性兼具。祝国寺小学的《规划》基本框架采用了分析、战略、任务、保障等章节，同时也保留了祝国寺小学这一时期特别需要的特色发展项目和对原有薄弱环节的突破项目。

第二，保底任务和特色任务兼具。德育、教学科研、总务、教师发展等部门的基础项目能够对学校运行保底，快乐年画、书香校园等特色项目能够有序列入。

第三，传统性和时代性兼具。锦官驿小学的发展任务章节与时俱进、文本简洁，聚焦于学校"以人为本、善学笃行"核心理念，依次阐述项目内的工作重难点、工作思路、三年规划总目标、分目标。其中分目标主要采取图表、概念图等形式，提纲挈领呈现"年度、目标、措施、达成标识"。见表1。

表1 祝国寺小学年度目标分解部分示例

时间	目标	措施	达成标识
2017年	1. 扎实开展品质课堂研究，以合作学习的为抓手，挖掘适合合作学习素材，注重倾听的培养，唤起学生合作意识 2. 提高教师小专题的区级立项率和教师小专题获奖项数 3. 做好成都市教育科研农村教育专项课题《城市涉农学校小学生善思课程群建设研究》结题工作 4. 提高教师论文获奖率和获奖等级 5. 力争被评为年度"优秀教科室"	1. 加强教研和科研的整合力度。以教研组、备课组为单位，围绕主题开展活动。坚持以科研带动教研，以科研提升教研的工作思路，发挥教育科研对教研的促进作用，为日常教育教学服务 2. 加强教师科研理论知识和科研方法的培训；重视小专题研究的过程性指导和考评；重视小专题成果梳理的指导和帮扶 3. 进一步扎实开展课题研究活动。明确此阶段研究目标，进一步改进课题研究的策略与方法，保证课题研究工作的有序进行；认真做好课题资料的收集工作和课题成果的梳理工作 4. 注重教师科研课题的推广。鼓励教师积极主动将教育教学的科研成果以论文、案例等形式向各类期刊投稿 5. 总结前一年科研工作中的不足，及时改进，以保证学校科研工作的顺利开展，成果比前一年更加丰硕	1. 课堂教学活动中，从形式上看有合作学校，学生会听 2. 力争教师小专题获奖项数至少要达到3项 3. 市级课题《城市涉农学校善思课程群建设的研究》顺利结题 4. 教师论文获奖项数要达6项以上，其中，要争取获1个一等奖 5. 努力被评为"优秀教科室"

权责明确是这层工作的基本要求。校长在项目负责人撰写的时候,要与之深入沟通、探讨、明确及时引领指导。引导负责人把"想"说出来、写出来,总而言之,目标写清楚,措施写清晰,达成标识写明确。分章节的内容必须与顶层设计一致,分章节的撰写是目的,也是过程。

3. 全校提建议。依法办学、民主管理是现代学校管理的重要组成部分。经得起质疑推敲的《规划》才是可以实施的《规划》。依据祝国寺小学《办学章程》第九条"学校发展规划"①、第十二条"教职工代表大会制度"②,学校发展《规划》通过经自上而下,自下而上的流程,《规划》必须经教职工代表大会的"三堂会审"。《规划》必须通过全校教职工的民主审议,组织全体教职员工知晓《规划》、商议《规划》、修订《规划》,最终达到认同《规划》的目的。

《规划》是纲领,思想认同行动才有力;《规划》是棋谱,"谱"在心中才能弈妙招。

(三) 实施调整

"实施调整"段是《规划》的第三个阶段,是规划的重点,"写的做出来"措施落地达成目标事关规划运行成败,因此要做到达成有标识,措施有抓手。在上文第二段中检验项目运作成果有"达成标识"。校长、中层主管、教师在《规划》实施阶段要各司其职、分工合作才能保证《规划》的顺利实施。在此强调一点:正如前文所述祝国寺小学《规划》的"三段九层"的"实施"段,是把传统模式"制定—实施—评价—反思"的"评价祝国寺小学反思"段合二为一。将评价与反思融合成"实施调整",要义是促进学校在实践中反思,在实践中调整,在实践中成长,更有利于科学地推进规划行动。"实施调整"就是解决谁来做,怎么做的问题,分工合作、各司其职是解决最后一公里的有效方法。

1. 校长"搭台子"。校长在此阶段的主要任务为统筹整合、搭建平台、拓展资源、内外衔接,促进教师专业化发展,并适时把握时机、调整节奏,促进学校各项目有序推进。祝国寺小学是旧城改造下的特殊学校,甚至区内大部分老师都只闻校名不知校址,老师们出去不敢大方地自报家门。这样的境况下何谈老师的专业发

---

① 祝国寺小学《办学章程》第九条"学校发展规划"学校依照锦江区教育局的统一部署,由校长牵头,每三年制定一次《祝国寺小学三年发展规划》交锦江区教育局督导室,接受锦江区教育局领导及专家核准后定稿发布,以此指引学校发展。
② 祝国寺小学《办学章程》第十二条"教职工代表大会制度"学校建立以教师为主体的教职工代表大会制度,保障教职工参与学校民主管理和进行民主监督。凡属教职工代表大会职权范围的事项,都应提交教职工代表大会审议。学校工会作为教职工代表大会的工作机构,依法保障学校民主管理、民主监督的落实,维护教职工的合法权益。

展？现在，祝国寺小学的老师不仅能自信地自报家门，也有一定影响力。比如学校老师承担国培基地培训指导工作、接待各地科研管理交流、应邀到外做专题讲座、应邀到大学做研究生相关课程的指导，通过校长"搭台子"，我们培养了一批在区域内有影响力的学校研究专家，为将来培养出"祝小"的大家名家储备人才。

2. 负责人"编辫子"。千头万绪一股绳，千丝万缕一根针。各项目负责人在"实践调整"段的主要任务就是根据年度分解，首先将各项工作在条分缕析的基础上编成"一根辫子"。全校上下在这根"辫子"的指引下推进工作，所以辫子编得好坏至关重要。学生在校时间、学年教学时间、各年级课时量、学校人手是有限的，但学校办学必做和选做及临时增加的工作是非常多的，这就要求负责人在"编辫子"时一要布好经纬，把项目内涵融入常规；二要必须立足现在，着眼于未来。才能保证"把写的做出来"。比如锦官驿小学 2017—2019 年把特色项目"非遗"传统文化写进新一轮三年规划中，德育处、教导处共同策划了"舌尖上的非遗"这一主题系列活动。通过主题系列活动集结相关教师完成项目的推进，取得了较好效果。

3. 教师"过日子"。教好孩子，过好日子是教师们的日常工作。全校上下思路一致、目标一致，教师们只需要按《规划》部署，有组织、有计划、有步骤地做，就能有效地推进各项工作。"过日子"的含金量大，学校各部门通力合作，就能取得事半功倍的成效。"快乐非遗"和"传统文化"的融合，通过开展"舌尖上的非遗"这一主题系列活动，学校的非遗项目、传统文化项目、德育处的德育课程项目、教导处的课程项目等都取得了一定的成果，这样的辫子编得好。

三、"三段九层"法的实施优势

祝国寺小学通过"三段九层"法推进规划的运行，用"辫子"统筹各项工作，这是"形"。"神"是什么呢？"神"就是课程。课程是学校的产品，学校通过课程教育学生。实用的规划与课程建设相结合能让学校"形神兼备"，这是学校发展的必经之路（见图6）。

顶层设计	学校文化课程框架	善学文化	关键词	备注
学生成长"实践课程"（聚焦课程建设）	基础型课程	"三层四域十二板块"的四维	目标：开齐开足开好 方式：整合、融合（国家、地方、校本课程）	进一步探索规范课程结构 学科内整合、学科间整合、课内外融合
	拓展型课程	培优辅差特长发展 支架：1. 思维导图、概念图 2. 书香校园创建 3. 祝小牛画空间 4. "互动空间"社团	目标：个性化培养	培养灵动思维，书卷气质以及特长鲜明的祝小牛学子
	探究型课程			这部分思考还不成熟，需要继续研究
教师发展"五润课程"（积攒办学力量）	"善学文化"润心 职业规划润路	以文化之，以文聚之		学校文化凝练、内化，升华为学校的气质 树立专业发展愿景，搭梯设岗
	课堂实践润行	分层设标，梯队培养		立身之本，用人之长，培养拿起粉笔能上课，站好立足之地，帮助教师拿起笔能写的能力
	小专题研思润思	追根溯源，回归本位		培养教师拿起笔能写的能力
	祝小讲坛润言	敏思善研，升格品质		培养教师拿起话筒能简说的能力
家校共育"和谐课程"	家长学校	成果分享，游学交流	1. 建立健全各级家委会，完善章程 2. 建立家长学校，完善章程 3. 开展家长学校课程	创设学校—家庭沟通渠道，增进家校互相了解，促进家校和谐育人
	社区		1. 建立健全学校—社区工作机构，完善章程 2. 开展学校—社区活动	创设学校—社区合作平台，增进社区对学校的了解，支持学校各方面工作

图 6 祝国寺小学《规划》与课程对接图

三年发展规划	学期计划	各部门分计划
第一年	上期	5项基本＋4特色＋2薄弱
	下期	5项基本＋4特色＋2薄弱
第二年	上期	5项基本＋4特色＋2薄弱
	下期	5项基本＋4特色＋2薄弱
第三年	上期	5项基本＋4特色＋2薄弱
	下期	5项基本＋4特色＋2薄弱

（一）年度分解，递进完成

通过十余年的《规划》运行的实践，验证了祝国寺小学"三段九层"法推进《规划》运行优势非常明显。一方面，年度分解、递进完成与学校运行轨迹一致，与上级部门对学校督导发展一致；另一方面，一年完成一批任务，一年迈上一个台阶，符合教育规律，见表2。

表2 三年分年度目标分解示例

时间	目标	措施	达成标识
2017年	1. 扎实开展品质课堂研究，以合作学习为抓手，挖掘适合合作学习素材，注重倾听的培养，唤起学生合作意识 2. 提高教师小专题的区级立项率和教师小专题获奖项数 3. 做好成都市教育科研农村教育专项课题"城市涉农学校小学生善思课程群建设研究"结题工作 4. 提高教师论文获奖率和获奖等级 5. 力争被评为年度"优秀教科室"	1. 加强教研和科研的整合力度。以教研组、备课组为单位，围绕主题开展活动。坚持以科研带动教研，以科研提升教研的工作思路，发挥教育科研对教研的促进作用，为日常教育教学服务 2. 加强教师科研理论知识和科研方法的培训；重视小专题研究的过程性指导和考评；重视小专题成果梳理的指导和帮扶 3. 进一步扎实开展课题研究活动。明确此阶段研究目标，进一步改进课题研究的策略与方法，保证课题研究工作的有序进行；认真做好课题资料的收集工作和课题成果的梳理工作 4. 注重教师科研课题的推广。鼓励教师积极主动将教育教学的科研成果以论文、案例等形式向各类期刊投稿 5. 总结前一年科研工作中的不足，及时改进，以保证学校科研工作的顺利开展，成果比前一年更加丰硕	1. 课堂教学活动中，从形式上看有合作学校，学生认真听 2. 力争教师的小专题获奖项数至少要达到3项 3. 市级课题"城市涉农学校善思课程群建设的研究"顺利结题 4. 教师论文获奖项数要达6篇以上，其中，要争取1个一等奖 5. 努力被评为"优秀教科室"

三年分年度目标分解示例　　　　　　　　　　　续表

时间	目标	措施	达成标识
2018年	1. 扎实开展品质课堂研究，以合作学习为抓手，完善适合学生合作学习的素材，注重合作学习后的"汇报"展示活动，培养学生合作能力 2. 教师小专题的区级立项率和教师小专题获奖项数比上一年要有所提高 3. 做好课题"城市涉农学校小学生善思课程群建设研究"申报优秀课题成果工作 4. 教师论文获奖率和获奖等级，比上一年要有所提高	1. 加强教研和科研的整合力度。以教研组、备课组为单位，围绕主题开展活动。坚持以科研带动教研，以科研提升教研的工作思路，发挥教育科研对教研的促进作用，为日常教育教学服务 2. 加强教师科研理论知识和科研方法的培训；重视小专题研究的过程性指导和考评；重视小专题成果梳理的指导和帮扶 3. 按照锦江区优秀课题成果申报的相关要求，认真准备课题相关材料 4. 注重教师研究成果。鼓励教师积极主动将教育教学的科研成果以论文、案例等形式向各类期刊投稿	1. 课堂教学活动中，从能力上看得出学生会合作学习，会汇报展示，展示中有明确分工 2. 力争教师小专题获奖项数要达到4项，其中，争取1个获得一等奖 3. 市级课题"城市涉农学校善思课程群建设的研究"争取获得锦江区优秀课题成果奖 4. 教师论文获奖项数要达8篇以上，其中，要争取2个一等奖
2019年	1. 扎实开展品质课堂研究，以合作学习为抓手，挖掘合作学习的评价方式，注重合作学习过程中的评价活动，塑造学生的合作品质 2. 力争被评为年度"优秀教科室"	1. 加强教研和科研的整合力度。以教研组、备课组为单位，围绕主题开展活动。坚持以科研带动教研，以科研提升教研的工作思路，发挥教育科研对教研的促进作用，为教育教学服务 2. 总结前一年科研工作中的不足，及时改进，以保证学校科研工作的顺利开展，成果比前一年更加丰硕	1. 课堂教学活动中，学生会合作，会评价，形成合作学习技能 2. 努力被评为"优秀教科室"

表3 《规划》的递进目标示例

时间	目标
2017年	1. 扎实开展品质课堂研究,以合作学习为抓手,挖掘适合合作学习素材,注重倾听的培养,唤起学生合作意识 2. 提高教师小专题的区级立项率和教师小专题获奖项数 3. 做好成都市教育科研农村教育专项课题《城市涉农学校小学生善思课程群建设研究》结题工作 4. 提高教师论文获奖率和获奖等级 5. 力争被评为年度"优秀教科室"
2018年	1. 扎实开展品质课堂研究,以合作学习为抓手,完善适合学生合作学习的素材,注重合作学习后的"汇报"展示活动,培养学生合作能力 2. 教师小专题的区级立项率和教师小专题获奖项数比上一年要有所提高 3. 做好课题《城市涉农学校小学生善思课程群建设研究》申报优秀课题成果工作 4. 教师论文获奖率和获奖等级,比上一年要有所提高
2019年	1. 扎实开展品质课堂研究,以合作学习为抓手,挖掘合作学习的评价方式,注重合作学习过程中的评价活动,塑造学生的合作品质 2. 力争被评为年度"优秀教科室"

(二)线索清晰,一以贯之

通过项目内的"目标—措施—达标",问题—对策—达成标识相对应,目标能预设、措施可操作、达标可检测,这样的项目分解才是实用的。

(三)常态推进,研究中成长

能够融入日常的研究,才是可执行的。祝国寺小学《规划》最大的优势就是线条清晰、包容性强。通过项目负责人的"编辫子"方法,将《规划》内容融入日常的教育教学工作中,不仅没有额外增加负担,反而通过《规划》的运行统筹了各部门工作,在促进了学校学术力提升的同时,也促进了学校办学品质的提升。

学校发展规划：从"成事成人"到"成人成事"

古人云："欲成事，先成人"。这是中华民族的传统美德，"成事"实质上还是"成人"，这两条是当前学校规划制定中两种基本的价值取向。在"成事"中"成人"，在"成人"中"成事"；"成事"是为了"成人"，人成了，事情才会做得好。[①] 笔者认为，事情做好了人就能成长；人成长了事情也就做好了。作为学校管理者，笔者在学校发展规划制定过程中，经历了从"先成事再成人"逐步过渡到"先成人后成事"，最终达到"成人成事同步进行"的三个步骤。

一、学校发展规划的内涵

（一）发展规划的含义

规划是个人或组织制定的比较全面长远的发展计划，是对未来整体性、长期性、基本性问题的思考和考量，是设计未来整套行动的方案。规划是融合多要素、多人士看法的某一特定领域的发展愿景。发展规划作为一种战略性、前瞻性、导向性的公共政策，在我国政府管理中具有十分重要的引领地位，但是目前在理论基础、科学方法和学科设置上仍然难以达成共识。英国是学校发展规划项目的发源地，布伦特·戴维斯、琳达·埃里森所著的《学校发展规划》是英国学校发展规划领域的代表作，它既反映了英国在学校发展规划理论研究方面的成果，又反映了英国中小学校长在学校发展规划实践方面的最新探索。

（二）祝国寺小学发展规划的两层含义

从以上理论可见，祝国寺小学发展规划具有两层含义：第一层，指《规划》静态文本，具体围绕学校发展目标而设计的学校发展综合性方案。第二层，将《规划》定性为动态的过程，不仅仅把它看成是学校发展方案，更将其

---

① 李政涛. 学校规划制定中的两种取向 [J]. 中小学管理，2005 (11): 4.

视为一种有效的管理方式,是筹划或设计整体方案的活动。① 在本文的论述中,祝国寺小学的《规划》根据区域要求,在时间上以 3 年为 1 个周期,即《祝国寺小学三年发展规划》。

（三）祝国寺小学发展规划的价值取向

2007 年成都市锦江区教育局开始坚持以规划引领学校发展、以规划督导学校发展至今正好 10 年,历经四轮制定规划年,分别是 2007 年、2010 年、2014 年、2016 年。而笔者全程经历了这四轮规划,既是规划的筹划者,又是规划的撰稿者；既是规划的统领者,又是规划的实施者,所以在关于学校规划制定上有一些经验。接下来笔者就以成都市锦江区祝国寺小学为例,阐述学校发展规划从"成事成人"到"成人成事"的嬗变。

二、祝国寺小学《规划》文本特征、价值及模式

祝国寺小学位于四川省成都市锦江区中心。近几年来该区飞速发展,祝国寺小学所在片区中考高考升学率已经连续十余年位列锦江区第一。冰冻三尺非一日之寒,壁立千仞非一日之功。优异的成绩是建立在该区"学在锦江、品质教育"的悠久历史积淀和高屋建瓴的优质高效的教育管理上,而各校《规划》就是其中重要的发轫之作。

（一）祝国寺小学《规划》的文本特点

对于发展中的祝国寺小学来说,比较薄弱的是生源涉农,因而制定《规划》目标相当朴素:一是任务:完成上级规定动作。二是工作指南:落实校本管理精神,指引学校各项工作(想的,写出来;写的,做出来;做的,总结出来;总结的得失,下次写的时候改进出来……)。三是团队修炼:通过对管理团队的修炼、团队文化的凝结升华,促进学校可持续性发展。

从静态文本(目录)来看,祝国寺小学《规划》除去序言分为五个部分十七个章节。其特征有三方面:一是在审时度势的基础上,制定目标、战略;二是以"项目管理制"拎起学校各方面的工作;三是轻重有别,详略不同。

（二）祝国寺小学《规划》的文本价值

祝国寺小学三年发展规划的三个特征蕴含的价值有二个:客观+全员全程参与;项目管理+团队成长;战略性+操作性。这三方面的价值是祝国寺小学

---

① 张丽萍. 关注"成人":学校发展规划制定的价值取向的研究[D]. 上海:华东师范大学,2009.

《规划》的核心价值,既能保证学校的常规运作,又能保障学校特色发展,还孕育了学校中观发展视野下的未来发展项目。通过项目制管理有层次地推进工作,成事;依托项目负责人的成长才能成事,成人。在成事中成人,用人促成事[①]。对于祝国寺小学而言,在"成事中成人",是指在追求学校从"老小边弱穷"到"规范办学",再到创建"新优质学校"的转型变革的显性目标过程中,实现人的发展;"用成人促成事"是说,"事"的实现依赖于人的发展,只有人的发展实现了,才能实现"事"的发展。

(三)祝国寺小学《规划》新模式

祝国寺小学在借鉴了国内外的学校发展规划先进经验的基础上,结合本校当前情况,提出了学校《规划》的新模式(见图1)。

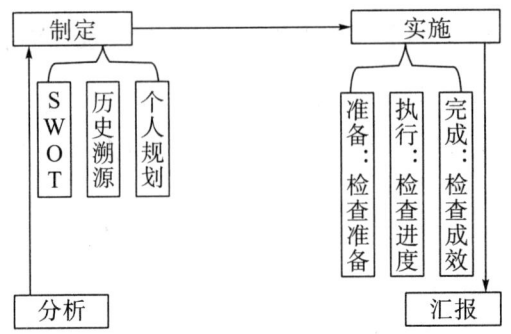

图1 《规划》新模式

此模式的实际运用在祝国寺小学是重中之重,即如何制定与实施。SWOT分析、历史溯源、个人规划是《规划》"制定"的重头戏。在以上三项工作完成形成静态文本后,做好"实施"的准备、执行、完成这三个关键环节,是《规划》扎实落地的保证。每年(三年)一次的综合督导的汇报和汇报后专家的点评、学校自身的反思分析,将成为下一个《规划》的起点……简而言之,祝国寺小学这四轮《规划》运行下来,规划的基本模式已经形成。

三、学校历史和现状决定祝国寺小学《规划》的目标

(一)历史溯源,是学校规划制定的重要前提

《规划》的功用是作为学校未来一个时期的发展的工作指南。如果一个

---

① 叶澜. 新基础教育论——关于当代中国学校变革的探究与认识[M]. 北京:教育科学出版社,2006.

《规划》能够顺利实施,那么必须得到广大教职员工的认可,并且还要通俗易懂。那种"养在深闺人未识"或者"曲高和寡"的规划只能是纸上谈兵,我们祝国寺小学的《规划》就是要做出一套人人都参与、人人都看得懂的《规划》。

所以,我们做《规划》制定的重头戏就是先做好"杖朝祝小、追求更好"的历史与文化溯源。我用了100张PPT和老师们一起探究祝国寺小学的历史、探究祝国寺小学的文化,完成了从"实践"与"善学"的学校文化精神的传承与嬗变。7年前,祝国寺小学是"实践"文化,随着历史的变迁,我们已经逐步过渡到"善学"文化,统一了教师的思想,让教职工共同参与,凝练学校"善学"文化。

祝国寺小学于2014年5月1日搬迁到锦华路三段北的过渡校园,将来还要再一次搬迁到位于"金融城"内的新校区,新校址将是一所高起点、高标准和高品质的现代化、国际化生态精品小学。回顾过去,在2006年,祝国寺小学依据坐落于城东沙发城厂区,农民工子女占78%的比例,孩子动手能力普遍较强,初步凝练出了学校的"实践文化"。随着祝国寺村的搬迁、城东金融城的崛起,还有锦江教育的高速发展等因素,都对祝国寺小学提出了更高的要求。学校必须转变观念,要从"摸着石头过河"的行动研究逐步过渡到有顶层设计规划的实证研究。祝国寺小学起点低底子薄,要跟上锦江教育发展的节奏,我们必须要多学习、能学习、会学习。所以,我们将学校文化聚焦在"学习"二字上。

(二)正视历史,是学校规划制定的落地的保证

历史溯源做好之后,我们的发展目标就有根基了。这一轮规划祝国寺小学正处于过渡时期,所以,我们的规划目标在传统的三年目标之上,见图2,还有个十年发展目标设想。

```
三年发展规划目标
·1.中长期目标(十年):办新优质小学
·         (文化优、质量优、特色明)
·2.过渡时期目标(三年):办规范小学
·         (质量稳、特色明、校园净)
·2016—2017年:逐步建立祝小特色的法人治理结构
·2017—2018年:相机完善祝小《办学章程》及其配套制度
·2018—2019年:陆续固化已经成熟的学校文化
```

图2 三年发展规划目标

四、学校管理结构决定祝国寺小学《规划》的框架和实施

(一)祝国寺小学管理结构与《规划》框架的关系

从图1可以清晰地看出祝国寺小学《规划》的框架有梯级结构的项目制管理。项目制管理的生成是依据祝国寺小学特色的法人治理结构4个特点。祝国寺小学特色的法人治理结构特点有扁平化、分权制、项目制、制衡型,而"扁平化"是大前提。正是有扁平化结构和扁平化管理,所以《规划》的项目制结构就水到渠成了,见图3。

图5的扁平化管理框架可以看出:学校分工明确、权责分明。学校实行在校长负责制下的法人治理。最高决策机构是行政办公会;校长作为中枢神经联结学校各部门,业务部门主要由后勤保障中心和教育教学发展中心两大机构构成,两大机构直接处理学校具体工作;校长校内接受党总支的监督,校外接受督导室、督学、公众督导团、专家督导、家委会的监督。

《规划》显示(见图1),各个项目都有项目负责人。项目负责人就是左边图的行政或者骨干教师。行政就是项目负责人的优势就是可以保证项目在该部门内融入常规工作,骨干教师作为项目负责人的优势除了发挥有特长、有情怀、责任感的骨干教师的力量,也为学校后备干部做梯队培养。从这个角度来说,《规划》还承担了学校后备干部储蓄历练的"蓄水池"功能。

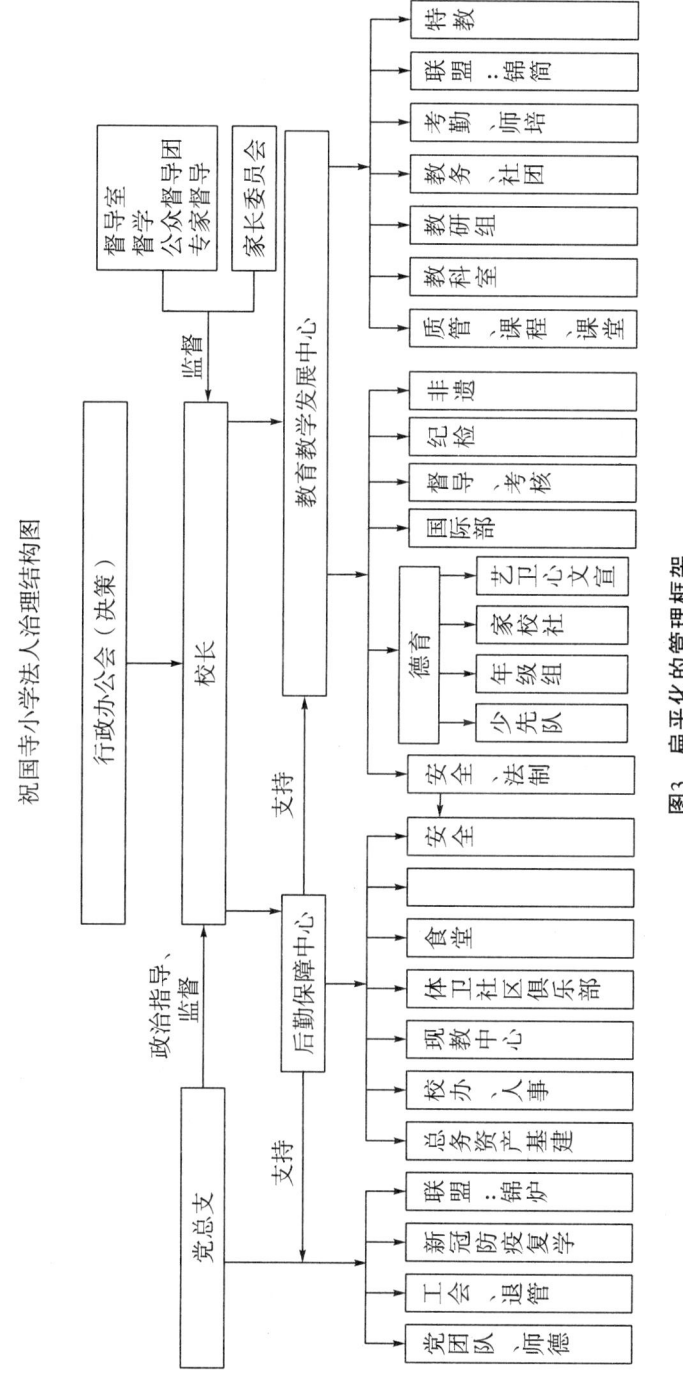

图3 扁平化的管理框架

(二) 祝国寺小学《规划》框架项目与学校运行的关系

《规划》成为"工作指南"是祝国寺小学制定《规划》的重要依据。目前，祝国寺小学《规划》的项目和学校的运行的具体关系是什么呢？（见图4）基本发展项目保障学校常规运行，特色发展项目的优化保证学校特色发展，薄弱发展项目的强化学校补足短板。

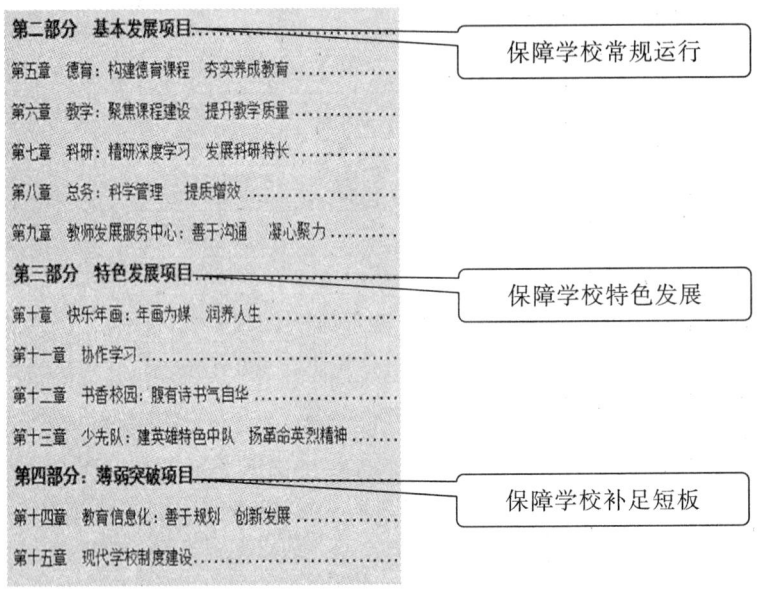

图4 《规划》部分内容

作为转型期的老小边弱穷的学校，"开门"是第一要务，身处过渡校区却必须如一个规范学校一样运行。所以由分管行政领导作为学校基本发展项目的负责人进行筹划运行是完全可行的；"一校一品、特色发展"也是学校的重要任务，通过"特色发展项目"专人专管可以比较完整系统地推进特色项目发展；在薄弱突破项目中可以看出，我校是在客观自省的基础上，努力补足短板，同时为下一步学校发展埋下伏笔。

学校规划，既是文本，又是过程；既是策划，又是实施；既是过程，又是结果。《规划》不仅是静态文本与行动过程的统一，更是成事与成人的统一。我们祝国寺小学历经四轮规划，不仅能完成上级交给的任务，更是历练了一批管理的精兵强将。未来，这批精兵强将将带领祝国寺小学在更广阔的教育平台上驰骋！

基于"善学文化"的课程实施策略[①]

《国家中长期教育改革和发展规划纲要（2010—2020 年）》（以下简称《纲要》）指出：今后十年我国教育改革发展要贯彻优先发展、育人为本、改革创新、促进公平、提高质量的方针，"公平"与"质量"成为教育发展的主旋律。《纲要》特别指出：要把提高教育质量作为教育改革发展的核心任务。同时，锦江区教育局提出"学在锦江，品质教育"的战略发展目标和教育均衡化、现代化和国际化发展目标，为祝国寺小学提供了方向指引和发展机遇。

一、学校概况

（一）基本情况

祝国寺小学地处锦江区柳江街道办事处和高新区中和镇之间，学校成立于 1937 年，其前身为"私塾学堂"，中华人民共和国成立后为祝国寺村小学。2004 年改为祝国寺小学，生源主要是原祝国寺村农民以及外来务工人员子女，学生的流动性很大。2014 年，在校学生 317 人中，农民工子女占 71.6%。当地居民的结构复杂，文化层次、经济状况差异很大。学校硬件条件达标，能够保证教育教学工作的顺利开展。

祝国寺小学师资总体呈现骨干多、名师少；经验型多、研究型少。祝国寺小学教师多年来传承了锐意进取的精神风貌、真抓实干的工作作风、强烈的专业进取意识和包容合作的奉献精神。特别是近几年，在新课改的教育教学研究中，教师们格外珍惜一切学习交流的机会，潜心钻研、勇于创新、善于学习、善于反思。

经过全体教职员工几年的共同努力，祝国寺小学教学质量明显提升，学校开展了传统文化入校园、陶版年画促交流，年画作品出访澳大利亚，参与国际文化节交流与台湾地区学子联谊等活动。

[①] 此成果是成都市规划课题项目。其研究报告获得成都市教改论文比赛一等奖；相关经验论文获得成都市教改论文比赛一等奖；该课题取得的前期成果于 2010 年率先在锦江区做成果公开交流。

(二)课改溯源:从"大一统"的课程走向"个性发展"课程

祝国寺小学课程建设主要遵循"整体建构,从完整到完善"的基本思路。先制定《祝国寺小学课程实施计划》,然后初步搭建祝国寺小学课程框架,落实课程三级管理,最后再做课程内容逐步完善的工作。祝国寺小学从2009年开始进行课程建设,经历了由粗放模糊到完整清楚两个阶段,现正在进行第三阶段规划和研发。

第一阶段:粗放模糊的蹒跚起步(2009—2010年)。

祝国寺小学在生源质量不具有优势、家庭教育和社区教育不具有优势的前提下,学校初步意识到"质量是根本、特色是灵魂"。所以,祝国寺小学致力于促进学校的内涵式发展和教师的专业成长,探索有效课堂的实现途径,努力实现在减轻学生课业负担前提下的优质办学、品质办学。同时,祝国寺小学还用"项目引领"策略,以脱胎于绵竹年画的"快乐年画"项目引领祝国寺小学特色项目开展和特色课程建设。课程的整体框架比较粗放,主要以区教育局下发课程计划为蓝本进行学校课程建设。在"大一统"的课程计划下,设计了年画特色课程的开发,初步形成了年画校本特色课程。反思有想法、有特色,但是缺文化、缺结构是明显的不足(见图1)。

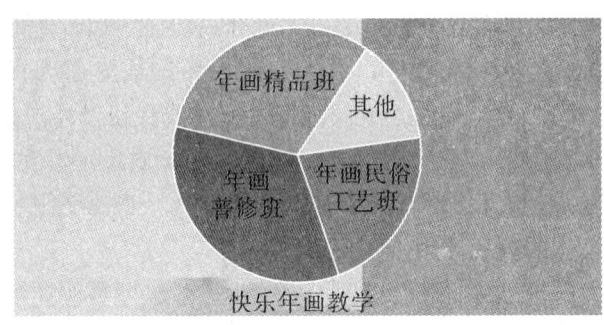

图1 年画特色系列课程教学示意图

第二阶段:渐行渐明的彳亍而行(2010—2013年)。

经过两年的实践探索,祝国寺小学课程开发团队再次回到原点,从生源、师源以及社区实际出发,确定了以"构建实践课程,从根部滋养学生"的课程建设规划,形成了以课程改革为核心,以课堂为主阵地,以课题研究为抓手的"三课一体"行动机制,逐步构建起祝国寺小学课程体系,明确了"夯实基础学科,寻求特色发展"的课程建设思路。

2011年祝国寺小学开始尝试整体构建学校课程体系,秉承学校"实践教育"的核心理念,确定了"明德善学、和谐发展"的人才培养目标,通过"综合培养、实践见长"的人才培养模式，集结全校力量建构了交互式课程群框架（见图2）。课程分为三个板块，分别是学科课程、中介课程、五动空间实践课程。

在此期间，制定了祝国寺小学《校本课程开发指南》。指南的制定，促进了老师们依据指南开发系列校本课程，收到了较好的效果。指南的制定标志着祝国寺小学开始踏上国家课程校本化之路。

祝国寺小学课程建设是动态的螺旋上升的发展过程。课程的内容和作用都明确写进《祝国寺小学课程实施计划》中，并与时俱进，祝国寺小学课程建设每学期都结合课程指导专家提出的意见和建议实施调整。

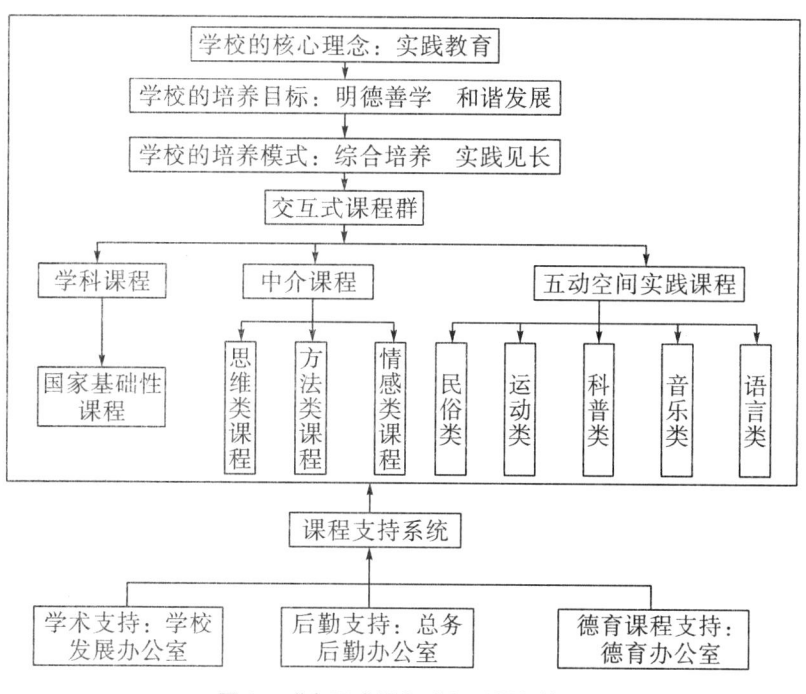

图2 "交互式课程群"设置架构图

同时，学校在拓展型课程建设上进行了积极有效的探索，初步形成了以"五动空间课程"为框架的拓展型课程体系，尤其是开办"动手空间"及其"快乐年画"拓展课程（见图3）已逐渐成为学校的一张亮丽的名片。

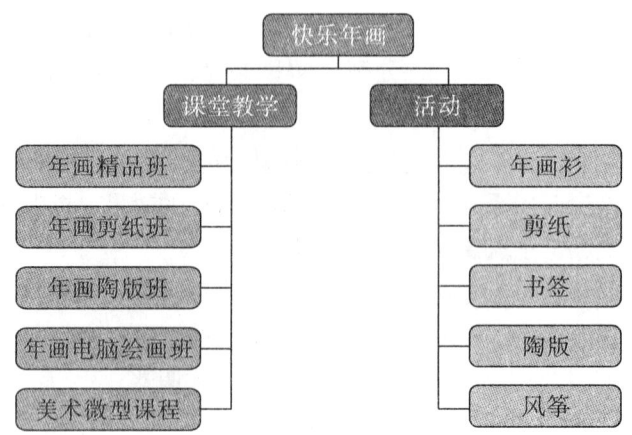

图3 快乐年画拓展课程

反思这一阶段，祝国寺小学课程建设虽然实现了有路径、有特色，但是，不足之处在于课程建设缺乏文化、结构不合理等。

（三）文化溯源："实践"与"善学"的学校文化精神的传承与嬗变

2014年5月1日，祝国寺小学搬迁到锦华路三段北的过渡校园，2017年搬迁到位于"金融城"内的新校址。新校址是一所高起点、高标准和高品质的现代化、国际化生态精品小学。学校亟须提高学校办学质量、提升学校品质，建设科学适宜的学校课程，厘清清晰的顶层设计，梳理凝聚人心的文化，基于课程建设的文化诉求，祝国寺小学借这次锦江区课程规划再出发之机，从顶层设计开始，以"文化"为突破口，构建祝国寺小学全新的学校课程。

城东金融城的崛起和锦江区教育的高速发展，对祝国寺小学办学提出了更高的要求。学校必须转变观念，要从"摸着石头过河"的行动研究逐步过渡到有顶层设计、有规划的实证研究。祝国寺小学发展起点低、底子薄，要跟上锦江区教育发展的步伐，必须要多学习、能学习、会学习。所以，我们将学校文化聚焦在"学习"二字上。

古人云："玉不琢，不成器；人不学，不知义。"人非生而知之者，知识、才干和经验都要在工作实践和刻苦学习中获得。学习要有正确的态度，但方法更为关键，善学者，师逸而功倍，又从而庸之；不善学，虽勤而功半，又从而怨之。如果说重视学习是一种精神、一种境界，而善于学习是一种素质、一种能力，是创造性地完成工作的关键。

善于学习，要有能迅速地接受别人意见的能力；善于学习，要站得高，"登泰山而小天下"；善于学习，要看得远，"不畏浮云遮望眼"；善于学习，要想得深,"熟读精思,格物穷理";善于学习,要做得实,"博观而约取,厚积而薄发"。

我们不仅要有"从善如流"的能力和眼界,还要有"上善若水"的高贵品格。像水一样平和公平,这正与我们致力于"为每一个学生的健康持续发展"的办学目标一致。

"实践"是发展的基石,需要传承;"善于学习"是发展的出路,需要发扬,这是破解祝国寺小学目前面临的起点低积淀少与可持续性高位发展的矛盾的方略。所以,近年祝国寺小学紧紧围绕锦江区教育局提出的"学在锦江,品质教育"的区域教育战略发展目标,传承"实践教育"思想,发扬"善于学习"的精神追求。确立"以人为本、善学笃行"的核心理念,制定以"常规立校、科研兴校、善学强校"为发展策略,明确"求真善学、不断超越"的工作理念,也进一步凝练了学校文化,将这种文化确定为"善学文化"。

二、学校办学理念与目标

(一)学校办学定位

办锦江区区内一流的配套小学。

(二)学校办学坚守的教育理念

以人为本,善学笃行。

(三)学校培养目标

明德善学,和谐发展。

(四)学校培养模式

综合培养,实践见长。

(五)学校课程目标

1. 学生培养目标:品行优、基础强、特长明、思维活的"善学少年"。
2. 教师发展目标:精通专业、善于合作、教而有道的研究型"善学教师"。
3. 课程建设目标:适合学生、适于生活、结构生态的"发展性课程"。

三、课程结构与设置

(一)课程设计指导思想

在课程建设过程中,学校坚持以"善学"文化为核心培养"善学少年"。尊重差异,适应需求,构建课程体系,为学生的发展奠定坚实的基础,使学生成为身心健康、品行优良、基础扎实、自信自强、特长鲜明、思维灵动的学生。在学校课程体系的建构上遵循"关照文化、系统设计、注重整合、凸显特色"的思路,促进学生全面发展。

(二)基本原则

1. "善学文化"课程的独特性原则。
2. 课程内容的实践性原则。
3. 课程实施的整合性原则。
4. 面向学生的选择性原则。
5. 课程评估的计划性与生成性原则。

(三)祝国寺小学课程结构

1. 祝国寺小学课程四棱锥示意图,见图4。

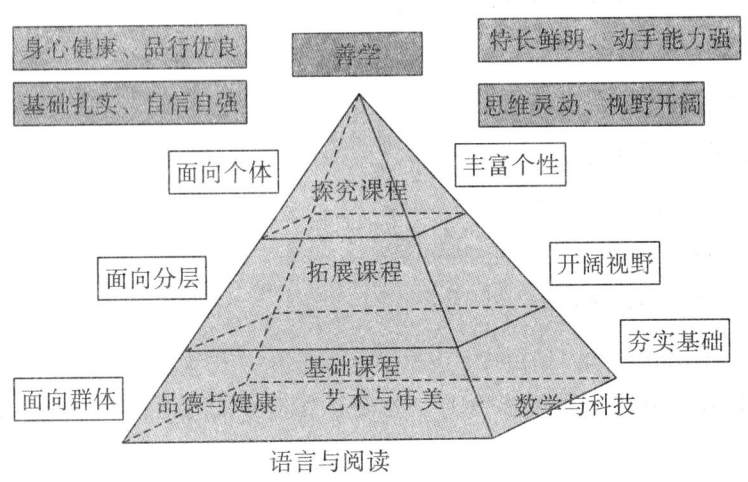

图4 祝国寺小学课程结构与特色

2. 祝国寺小学课程平铺结构图，见图5。

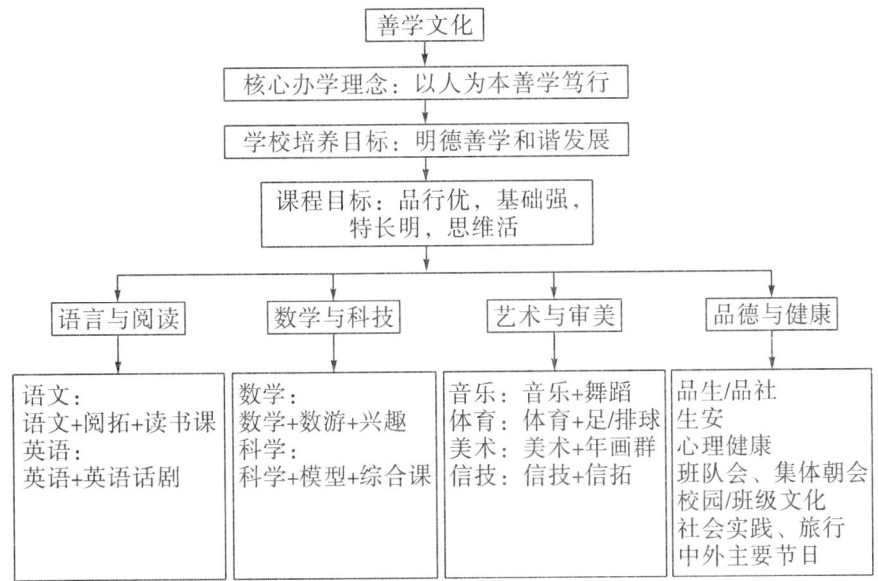

图5 祝国寺小学课程结构

3. 课程设置（见表1）。

表1 祝国寺小学课程设置表

课程领域	课程维度	课程模块	课程内容			课程目标定位	备注
			基础课程（国家课程）	拓展课程（素养类课程）	探究课程（特色课程）		
人文素养	人文知识	中国文化	语文 书法 英语	阅读拓展 读书课 校园课本剧 英语话剧 中国书画赏析 毕业季 校园、班级文化	今天我当家 我的家乡调查	提高人文素养	
		历史知识					
		艺术赏析					
	人文实践	校园文化					
		班级文化					
		社区实践					
科学素养	科学知识	生命科学	数学 科学 信息技术	数学游戏 模型 电脑绘画 思维导图 概念图	生活与数学学科整合	提高科学素养	
		自然科学					
		信息科学					
	科学探究	科学研究方法 科学研究实践					

续表

课程领域	课程维度	课程模块	基础课程(国家课程)	拓展课程(素养类课程)	探究课程(特色课程)	课程目标定位	备注
健康艺术	艺术修养	艺术欣赏	音乐 体育 美术 主题年画 心理健康	少儿舞蹈 少儿足球 少儿排球 口琴 竖笛	祝小年画	增强体质和艺术修养	
		艺术学习					
	运动健康	健康知识					
		健康活动					
社会交往	社会礼仪	家庭礼仪	品德与社会 品德与生活 祝小行知册	社会实践活动 世界各国的名画雕塑赏析	送福社区 心无界，行无疆	提高适应社会生活的综合素质，培养世界公民意识	
		校园礼仪					
		社会礼仪					
	交流方法	沟通技巧					
		领导能力					
		文化差异					
		国际时事					

四、课程的实施思路

"适合学生，适于生活，结构生态"是我们建设祝国寺小学课程的基本理念，祝国寺小学在课程改革中强调四个转变。

1. 课程设置方面，关注人的发展，由知识向能力、"双基"向"多基"转变。

2. 课程时长方面，立足课程需求，由平均向按需转变。推进校本小微课时，整体设计化整为零。

3. 课程目标方面，紧扣课程标准，由单个目标达成向学科基本结构目标建构转变。

4. 课堂教学方面，突出思维品质培养，由知识点本位向学科思想方法转变。

五、课程制度的建立

（一）选课制度

祝国寺小学建立根据学生发展需求的选课制度。学校设计两种选课模式：第一，年级选修课。针对不同年级的特点，学校设置相应的选修课程，便于学生选择。第二，个体选修课。针对学生的不同特点，开设个性发展课程，让学生在课程的学习中获得自我发展。

（二）走班制度

学校打破学科与年级的界限，在建立了选课制基础上，还根据选课制建立了走班制。学生按照要求选择了喜欢的课程之后，在开课时间到相应选修课地点上课。

（三）课程资源

1. 课程资源。学校开齐开足开好国家课程，整合地方课程和校本课程，形成稳定的40余门课程，满足学生个性需求。

2. 教师资源。祝国寺小学现有区学科带头人1人，骨干教师13人，骨干后备教师11人，优秀教师为出色完成国家课程、地方课程、校本课程提供了较好的课程资源。学校经常聘请省区市及高校教育专家来校进行讲学，并建立了长期的联系。

3. 社会实践基地。祝国寺小学现在的特色课程是"快乐年画"，嫁接于中国非物质文化遗产项目——绵竹年画。为更好地开展此项课程实践，祝国寺小学在绵竹陶版年画创始人林代辉的年画传习所，建立了祝国寺小学"快乐年画"校本课程基地。多年来，祝国寺小学校本课程基地以特色年画为龙头的艺术特长培养，积累了丰富的年画教育经验，取得了丰硕的成果。在"特色明"的目标引领下，年画课程群研究小组培养了许多具有年画特长的学生，取得了较好的社会效应。

（四）教学管理

强化课程的教学管理，必须加强课程的过程性管理，提升教学的有效性。学校建立"十步法"流程管理机制，进行课程的教学管理，保证教学过程的规范性。

六、课程实施策略

祝国寺小学课程改革之路是经过深思熟虑的。祝国寺小学为保证课程改革顺利实施，针对自身的师资情况和课程经验实施课程，主要使用"梯次推进策略""持经达权策略""数据撬动策略"。通过这些策略的融合贯通，取得了较好的效果。

（一）梯次推进策略

"梯次推进策略"是指祝国寺小学在课程的规划和推进的方式上制定了"整体规划，梯次推进"的思路。首先，制定《祝国寺小学课程实施计划》，明确课程目标，建构课程框架，再以"骨干先行、全校参与"的策略逐步进行课程建设。首先是从国家课程的开齐开足开好入手；其次是"五动空间"课程的逐步建立健全；最后是整合力量开发中介课程。这样由易到难、由浅入深的梯次推进的方式全面构建祝国寺小学课程建设的实施序列。"夯基—重行—启思"是祝国寺小学梯次推进课程建设的基本理念。学科课程夯实基础，"五动空间"课程注重行动实践，中介课程侧重启迪思维。在课程建设保障下，着力构建特色鲜明、基础扎实的祝国寺小学课程体系。

1. 第一梯次，学科课程。

学科课程重基础。学科课程主要由国家课程组成，目标是"开齐开足开好"。学校教导处在课程安排上绝对保证课时"开齐开足开好"。祝国寺小学课程实施"开好"是以区域内平均及以上的学业水平标准。为保证"开好"，祝国寺小学用科研兴教为课程实施工作注入活力，提升教学效率，促进科学提质。除此之外，为推进课程实施工作，学校还提供了管理保障和师资培养保障。

2. 第二梯次，"五动空间"课程。

"五动空间"课程重行，重实践之行动。"五动空间"课程主要由偏重于能力的艺体科普类课程组成，课程目标是将孩子们从传统课堂中解放出来，着重发展学生的动手实践能力。"五动空间"主要以年画特色课程群和其他小课程构成，目前开设了民俗类、运动类、科普类、音乐类、语言类课程。其中，祝国寺小学年画特色课程群也由这个课程版块承载，特色学校创建必须依托特色课程的建设。学校的办学特色必须融入特色课程，这样，才具有生命力，才能支撑特色学校的创建。

3. 第三梯次，中介课程。

中介课程重思，启迪实践教育之思维。在具体形式上大致可以分为思维类课程和情感类课程，总体来说中介课程着重启迪，重发展学生的思维以及对学生进行德育熏陶。

中介课程建立的初衷在于弥合填补"双基"的空白，是国家课程有益的校本化的补充，更是根据祝国寺小学学生在思维习惯和品质方面表现不尽如人意的情况而建立的。2011版新课程标准中"双基"变"四基"的教学要求，更是坚定了我们开发中介课程的决心。

中介课程的另一个领域是情感类课程，其主要载体是德育课程。祝国寺小学有一支认真踏实的德育队伍，但是德育课程设置的时间比较短，课程开发经验不足、积淀不够。虽然祝国寺小学的德育课程工作开展得丰富多彩，但直到

2013年9月才开始设置德育课程。所以德育类课程的设置和完善还需假以时日，这也是祝国寺小学第三梯次建设的重要任务。

（二）持经达权策略

"持经达权策略"是指祝国寺小学在课程目标确定的情况下，在推进课改路径选择时"变与不变"的辩证取舍：目标确定，路径可以变通。教育之道，育人之道；经权之道，安人之道。持经达权，凡事先想，遵照规定，然后才随机应变。在教育这个特殊的行业更不可以轻易求新求变，更不能为变而变。课程改革应遵照教育规律来应变，持经达权合理作为。

课程问题是学校的大问题，课程变革是学校的大变革，不是简单的几节课的增删问题，而是牵一发而动全身的大事，涉及学校核心办学理念、办学目标、培养目标、培养模式等诸方面的问题。从"需要变革"到"变革中"，一线老师要做的学术准备、资料准备、课程准备很多，不可能一蹴而就。"维稳"（维持教学业绩稳定）与"提质"都很重要，两手都要抓，两手都要硬。所以，祝国寺小学在课程改革的路上主要秉持"持经达权策略"——围绕学校课程建设工作措施的"变与不变"之间，有基本的"变"的渐进模式（见图6）。

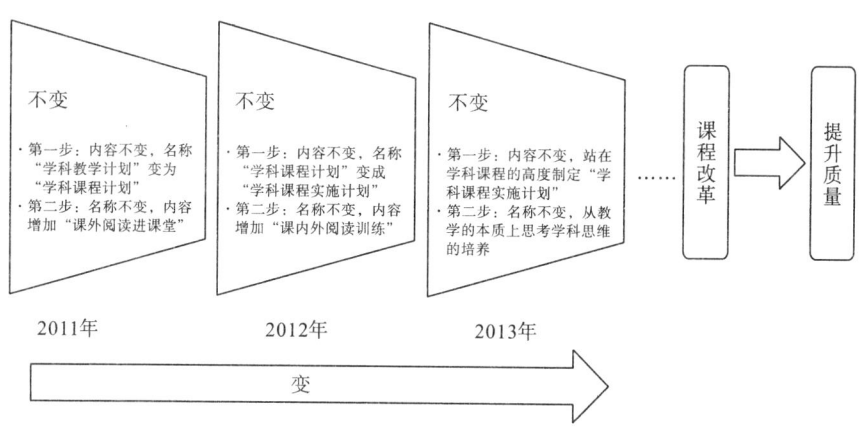

图6 持经达权策略

祝国寺小学在进行具体课程建设中，遇到很多困难。诸如学术方面的困难、师资素养的困难、观念转变的困难、人际关系困难等。在遇到这些困难的时候，我们主要通过"持经达权策略"来化解，实现了从关注学科到关注课程的过渡。

1. 从"学科计划"撰写到"学科课程实施计划"。

目前，祝国寺小学全体教师都能撰写"学科课程实施计划"。站在学科的高度审视、安排自己的教学和课堂，这是一个跨越。回想引导教师从"学科计划"的撰写到"学科课程实施计划"的撰写，历经了两三年。看似只是几个字的改变，但内涵丰富。因为要改变沿用了几十年教师很熟悉的"学科计划"这几个字，就意味着改变了文稿的内涵和主体结构；意味着改变了计划的使用方法和使用范围；意味着每一位教师要加强课程意识、认同祝国寺小学课程改革、理解祝国寺小学课程架构等。这些都需要持续不断的学习，需要在工作中投入更多的精力。

突变不如渐变。为从根本上解决这一问题，我们主要把学习落实到构建的校本培训中，尽量分阶段分解课程方面的知识，在"祝小讲坛"宣讲落实，拿出操作措施或思路给一线教师揣摩，数学教研组组长采用"文火煨靓汤"逐步改变教师的观念。以学科课程实施计划的撰写过程为例，祝国寺小学 2011 年开始"学写小课程实施计划"工作，但一些教师撰写的课程计划的高度和深度都不够。为了改变这种状况，2013 年 2 月，学校数学教研组组长在"祝小讲坛"上分享推广《二年级上期数学学科课程计划》一文，这是数学教研组组长经过一年的探索研究后的经验与成果，该课程计划得到全校师生的广泛认可，并迅速在全校推广实践。之后，全校教师开始撰写学科课程实施计划。这次的学科课程实施计划，是在已有的学科教学计划基础上的延伸演变。学科课程实施计划涵盖了传统的"教学计划""思维课程""书法课程"以及校本的学科特色活动。教师通过对学科课程实施计划的撰写，逐步树立了科学的学科课程意识，建构起学科课程的框架。

现在，祝国寺小学教师人人都能写学科课程计划，都能实施祝国寺小学课程，都能运用"掌握学习""思维训练"等方法，提高教学效率。

2. 从用思维导图解读教材到"静悄悄的课堂革命"之变。

为解决祝国寺小学教师对教材理解"浅散"的问题，从 2011 年起我校开始运用"思维导图"法解读教材。"思维导图"法解读教材工作量非常大，从 2011 版新课程标准（1~12 册）教材、教参、工具书到其他版本教材、教参都需要反复翻阅，记录笔记、拟写草案。祝国寺小学班级少，人员少，即使把任务分解，工作量也相当大，还要保证学校工作正常进行。突增这样大的工作量，布置给老师们也很为难。但是，要提升教学质量，提高教师素养，解读教材是绕不过去的坎！怎么办？祝国寺小学依然采用"持经达权策略"逐层递增难度，引领教师们用"思维导图"法解读教材，我校在具体实施中还采用"三读""三放三收"的方法解读教材。

> 一读：一放一收——初读课标摸规律
> 二读：二放二收——引入导图找亮点
> 三读：三放三收——交流提炼出成果

图7 "三读""三放三收"方法

通过"三读""三放三收"的方法，我们制作了北师大版小学语文知识体系"思维导图"。利用"思维导图"工具梳理北师大版小学语文教材体系的建构，是学校校本培训的新思维、新方法，更是我们摒弃表象，深入内核，回到课堂原点的教学探索。教师历经这次教学探索，其专业能力逐步得到提高，学校教学质量的有了基本保证，课堂效果也得到改善。

课堂改革的最终目的，是实现教学质量的提升。教学质量的提升首先要向课堂的40分钟要质量。通过不断的学习与改革，祝国寺小学的教学正发生着"静悄悄的革命"。祝国寺小学教师不仅在课堂教学板书中充分运用"思维导图"，还将思维导图法作为教学内容教给学生，供学生单元小结时使用。语文教研组的"课外阅读课内化""单元主题整合教学方法的实践"，还有大量阅读经典、素读等阅读课程的不断健全，这些"静悄悄的课堂革命"正如星星之火，可以燎原。

（三）数据撬动策略

"数据撬动策略"是指祝国寺小学教学变革的原动力来自数据。祝国寺小学每年都有单元形成性质量分析、期末质量分析，成都市锦江区运用与北师大合作开展的大数据分析，推进教育信息化发展，特别是近一两年的北师大监测、成都市教育局调研考试抽查的反馈报告，都给了参测学校相应的数据报告。祝国寺小学根据调研反馈数据进行"分析——归因——制定对策"。根据数据做出的行动跟进是比较切合实际情况的，老师们的课堂变革有理有据，老师教学理念的转变带动课堂的转型有根有据，水到渠成。

"稳定"与"发展"是横亘在祝国寺小学面前的两座大山。一方面，既要保证教学质量稳定；另一方面，又要找准教学发展点带动学校全面发展。在祝国寺小学教师人数少、管理头绪多的情况下，我们怎样做好"大力推进课程建设促进质量全面提升"工作？

"常态即是佳态"是最好的方法。只有让学校常态工作节奏与本区域发展节奏保持一致，才能保证方向的一致性与完成时间节点一致。在祝国寺小学人力、物力、财力有限的现实状况下，我们要借力借势，通过上级主管部门的"规定动作"提高办事水平，提升办学品质。其中对锦江区教育质量监测报告和成都市教育局质量监测抽查报告的分析就是落实"常态即是佳态"很好的抓手。目前适逢这两项工作已经是锦江区质量检测体系的常态，我们要紧紧抓住这两个"常态"，全面规划、认真落实，实现通过大数据、大样本，寻找相关因素，促进深度反思，回归教育的本质。值得一提的是，祝国寺小学"思维拓展课程""数学思维拓展课程""阅读思维拓展课程"方向的确定和内容的制定都是以锦江区教育质量监测报告的数据为依据的。

祝国寺小学在落实任务中，借力借势锦江区教育质量监测报告数据监测，本着"读数据—找差异—求本质—寻对策"的理念来完成监测反馈报告的解读、分析与反馈撰写。寻求教师专业化发展路径，提升教师专业能力。

教师专业化发展路径，主要分为三个阶段：

第一阶段，2013年7月，行政、教师第一轮解读数据，分析报告。

第二阶段，2013年8月，教师、行政第二轮分析报告、研讨撰文。首先，教科室拟定锦江区教育质量监测报告，分析报告撰写格式。其次，学校组织全体参与了监测的老师在个人学习报告的基础上，结合自己所教班级情况，撰写锦江区教育质量监测报告。

第三阶段，2013年9月，行政、教师第三轮研讨专项报告。第一，分组集中研讨，每一个老师分别结合个人情况论述监测分析，教研组长做好记录；第二，组织教研组长与教导处人员一起交流讨论；第三，在全校召开锦江区教育质量监测报告的分析会，结合未来工作讨论锦江区教育质量监测报告。

通过三个阶段"自下而上"与"自上而下"的集体修炼，不仅完成了任务，而且撰写的报告质量较以前有较大的提升，历练了一批中层管理干部。同时，也转变了教师的课程观念，让教师由被动开发教材逐步转变为主动研发教材，提高了教师的课程执行力。

可以说，"数据撬动策略"是祝国寺小学因校制宜、借力借势、整合任务、提高学校管理效能、提升办学质量的有益尝试。

思考不息，奋斗不止。2014年2月，锦江区课程改革再出发，祝国寺小学课程改革也顺势出发，祝国寺小学搭建了"三层四域十二板块"的四棱锥课程框架，目前正在紧锣密鼓地建构实施。我们将发扬"目标明确、特色明显"的优势，坚定地以"文化、结构"为基本切入点寻求突破。总之，祝国寺小学将搭乘锦江区教育课程改革再出发的东风，向青草更深处漫溯……

培养城市涉农小学学生审美情趣的"快乐年画"校本课程实践研究

——"快乐年画"在祝国寺小学实践研究报告[①]

引 言

祝国寺小学是成都中心城区的学校,地处三环路附近的城乡接合区域,目前生源95%以上为进城务工人员"随迁子女"。乡村与城市之间的差异较大。因此,让随迁子女在生活、文化融入城市是教育者义不容辞的责任。祝小以"年画"为媒介,通过实施"快乐年画"校本课程来提升随迁子女的审美情趣,促进他们融入城市生活。经过多年的探索研究,学校在校本课程开发的各个环节总结出了可操作的实践经验。

一、提出问题

(一)祝国寺小学学生审美情趣缺失的现状与时代对学生审美情趣要求之间的矛盾

"随迁子女"的家长大多忙于生计,对子女的学习和发展缺乏关注,导致这些孩子不懂艺术欣赏,缺乏文化底蕴;在生活上无法"识美丑、明是非、知善恶"。因此,学校对这类学生进行审美情趣的培养势在必行。

(二)社会家庭"唯分数"的要求与新时代学生发展核心素养要求之间的矛盾

祝国寺小学周边社会家庭对学校、老师、学生的评判主要以考试分数高低为依据,但是,新课标从"双基"发展为"四基",注重"学生发展核心素养",对一线教师提出了更高的要求。因此,教师只有不断提高自身理论修养,才能全面深化课程改革,落实立德树人的根本任务。

[①] 本报告获得教育部基础教育课程教材发展中心2015—2017年度优秀教学成果奖。

(三)祝国寺小学过渡时期常态运行与新优质学校创建之间的矛盾

虽然祝国寺小学是锦江区的涉农学校,但是未来将是金融城片区内的高端配套学校。所以,祝国寺小学必须在过渡时期完成"软实力"升级,为新优质学校积蓄力量。

祝国寺小学要发展,以上三大矛盾必须想办法破解,未来学校的竞争就是课程的竞争。祝国寺小学以"善学铸品质、笃学练内功"为过渡时期主要任务,聚焦课程建设,以国家课程校本化实施为中心任务,提质升格。祝国寺小学"快乐年画"项目从2009年就开始持续推进,一方面,学生学习年画艺术提升了艺术审美能力;另一方面,学生能够在生活中形成符合时代的道德审美能力。

基于以上思考,我们决定开展"培养城市涉农小学学生审美情趣的'快乐年画'校本课程的实践研究"。

二、解决问题

(一)概念界定

培养城市涉农小学学生审美情趣的"快乐年画"校本课程实践研究,即指祝国寺小学通过"快乐年画"校本课程实践,培养学生在艺术和生活中形成高尚健康的审美情趣,促使随迁子女能够"识美丑,明是非,知善恶"。

(二)研究目标

1. 通过"快乐年画"校本课程研究,构建"快乐年画"校本课程"培养学生审美情趣"的框架。

2. 通过"快乐年画"校本课程研究,探索"培养学生审美情趣"的"快乐年画"校本课程实施策略及路径。

3. 通过"快乐年画"校本课程实践,培养学生的审美情趣,提升教师的课程开发能力,形成学校的文化特色。

(三)内容研究

1. 对祝国寺小学课程框架的建构和完善。
2. 对美术课程标准的解读和美术教材的解读。
3. 构建"快乐年画"校本课程框架,实践"培养学生审美情趣"的目标。
4. 推进"快乐年画"校本课程实施路径及策略的探索。
5. 总结"快乐年画"校本课程的实践经验。

三、研究成果

（一）认识成果

1. "快乐年画"校本课程丰富的艺术内涵，对培养学生的审美情趣有重要价值。一方面，绵竹年画蕴含着丰富的艺术内涵，它不仅体现了中国绘画的道德审美，还在发展过程中传承了中国优秀传统文化；另一方面，传承非遗文化，让美育涵养学生心灵是社会赋予我们的历史使命，通过对直观形象、色彩明丽的年画学习，符合小学生的心理发展规律。

绵竹年画既有艺术价值，又有传承价值，还符合小学生心理发展规律，所以，祝国寺小学开展快乐年画校本课程对学生进行审美情趣的培养。

2. 构建了"快乐年画"培养审美情趣的框架，祝国寺小学以"快乐年画"校本课程为载体，让学生在快乐的体验中提升审美趣味，见图1。

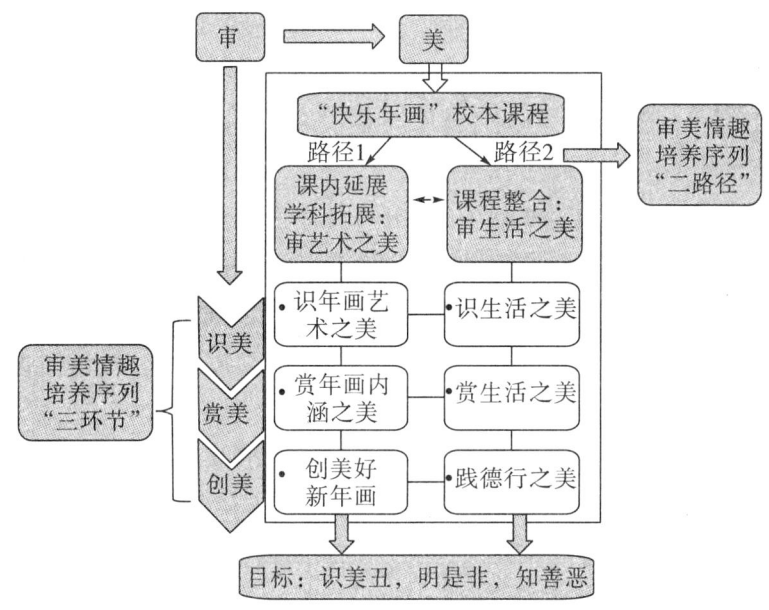

图1 "三环二路"审美培养框架图

3. 审美的"审"是过程，祝国寺小学用"识美—赏美—创美"的三个环节有序对学生进行审美的培养。审美的"美"是状态，祝国寺小学通过两条路径来实施：其一，通过课内延展及学科拓展审艺术之美，包括识年画艺术之美—赏年画内容之美—创新年画之美三个层次；其二，通过课程整合审生活之美，包括识生活之美—赏生活之美—践德行之美三个层次。通过"三环节"和

"二路径"的培养,使学生最终达到"识美丑—明是非—知善恶"的目标。

(二)成果操作

1. 确定"快乐年画"校本课程目标。在祝国寺小学办学理念以及课程目标指导下,"快乐年画"校本课程目标内容直指"培养学生审美情趣"。

(1)让学生体悟并创造年画艺术之美。

(2)让学生体悟并践行生活之美。

2. 编写"快乐年画"校本课程教材。参照"美术"课程标准及教材中与年画相关的内容,美术课题组编撰了"快乐年画"校本课程教师用书。

基础课程:教师结合年画普修课程的年画审美要点,编撰了"快乐年画"普修课程教师用书(见表1),该书在基础课程教学中使用,每学期在《美术》教材中选择三节课内容做延申。

表1 "快乐年画"普修课程(部分)

年级	美术课程标准	年画审美要求	美术课程内容	年画普修班教师用书
二年级上	1. 欣赏·评述:学生通过对自然美、美术作品等进行观察、描述和分析,逐步形成审美趣味和美术欣赏能力 2. 造型·表现·线描:认识线条造型特点,能用不同的线条表现物象 3. 造型表现色彩:认识颜色,使用简单的色彩工具进行色彩表现	1. 欣赏年画代表作品,理解作品背后的含义 2. 认识、掌握、运用年画独特的线条造型,如:三庭五眼,小儿无颈,仕女无肩等 3. 认识、掌握、运用年画独有的色彩调和,如:一黑二白三金黄,五颜六色穿衣裳等	1. 连年有余(教材第1页) 2. 绘画中的节日(教材第26页) 3. 节日的装饰(教材第40页)	1. 欣赏年画——认识年画中的色彩 2. 线条造型——复制年画吉祥图案色(一) 3. 线条造型——复制年画吉祥图案并为年画作色彩上色(二)

拓展课程:"线条、色彩、版画、泥塑、制作"等造型活动是小学美术课程标准中"造型·表现领域"的主要内容,旨在使学生获得快乐的美术创作体验,提高造型表现能力及审美趣味。基于此,年画特长培训班的教师编撰写年画特长培训系列课程教师用书,包括《陶版年画》《剪纸年画》《刺绣年画》等。

探究课程:形成"快乐年画"校本课程项目式学习专题,并结合各学科活动及德育活动逐个推进,见图2。

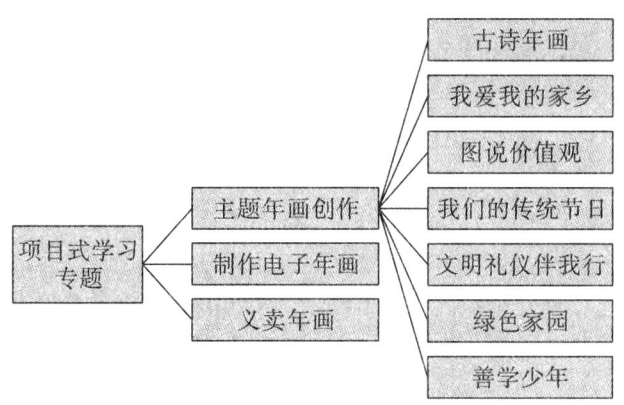

图2 "快乐年画"校本课程项目式学习专题

依照《祝国寺小学课程计划》，确定"快乐年画"校本课程实施时间。只有保证教学时间，才能保障校本课程有效实施。三类年画课程都有各自固定的教学时间，见表2。

表2 "快乐年画"校本课程教学时间

课堂类型	课程实施	学生参与方式	教学时间
基础课程	年画普修课程	全体学生参与	每个年级每期三节课，结合国家美术课程进行
拓展课程	年画特长培训课程	走班制，学生自主选择参与	列入全校大课表，每周一下午第二节课（1个小时）
探究课程	项目式学习	部分学生参与+全校学生参与	各学科活动时间、集体朝会、班队课、六一节等

3. 总结出"三环二路"法实施"快乐年画"校本课程。祝国寺小学总结出"三环二路"法确保"快乐年画"校本课程实施。"三环"即通过识美、赏美、创美三个环节培养学生审美情趣；"二路"是指"课内延展及学科拓展"和"项目式学习"两条路径。"三环"是培养序列，"二路"是培养途径。"审主题年画的美"是"践德行之美"的认识基础，"德行之美"是"美好新年画"的艺术表达原型。该课程"三环二路"交汇实施，达到培养学生审美情趣的最终目标。总而言之，每个主题"识—赏—创"三环节贯穿始终。

（1）"快乐年画"校本课程的"识—赏—创"三环节实施。"识—赏—创"是"快乐年画"校本课程培养学生审美情趣的三个环节。识美为"认识、辨别美"，赏美为"判断美的价值"，创美为"把对美的认识变为行动"。"识—赏—创"三环节层层递进，最终达到"识美丑，明是非，知善恶"的目标。

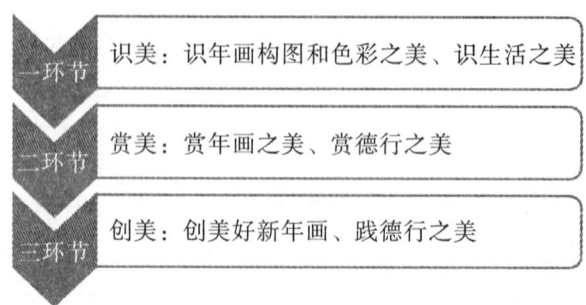

图 3 "识—赏—创"三环节

（2）"快乐年画"校本课程的"二路"实施。"二路"，即两条路径：审艺术之美和审生活之美。

路径一：课内延展—学科拓展—审艺术之美。年画在不同年级教材中都有涉及，故学校尝试以课内延展和学科拓展为切入口，通过"识年画艺术之美—赏年画内涵之美—创美好新年画"的序列来培养学生的"艺术审美情趣"，见图 4。

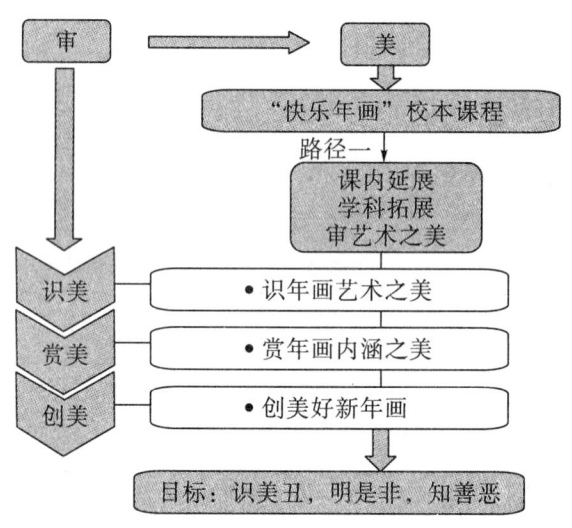

图 4　路径一：学科拓展中艺术审美情趣培养序列

课内延展通过年画普修课程来实现，全校学生均参与到学习中。

学科拓展通过特长培训课程来实施，包括年画创作、陶版年画、剪纸年画等课程。在美术教师的指导下，把有美术特长的学生集中在一起，学习创作具有时代特色的新题材年画和创新年画的艺术表现形式。

路径二：项目式学习——审生活之美。

项目式学习路径下的生活审美情趣培养序列（见图5），通过"识生活之美—赏生活之美—践德行之美"的序列审生活之美，达到"识美丑，明是非，知善恶"的目标。

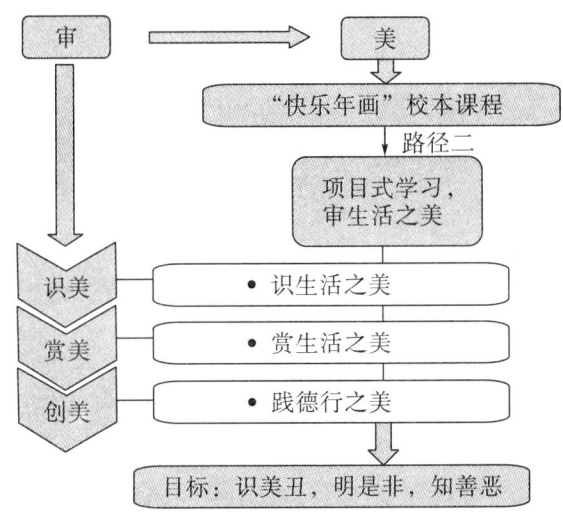

图5　路径二："项目式"学习的生活审美情趣培养序列

通过一系列专题课程学习，学生在教师指导下以"项目式"方法来学习，"快乐年画"校本课程不仅是美术学科的拓展，还能与学科课程和德育课程整合成一系列"项目式学习"专题，为培养学生树立健康的审美情趣搭建更为广阔的平台。

4. 构建"快乐年画"校本课程三级评价体系，"快乐年画"校本课程评价体系包含"对课程本身的评价、教师评价和学生评价"，见图6。

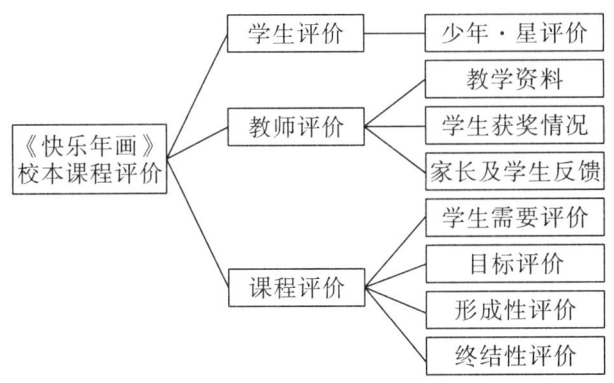

图6　"快乐年画"校本课程三级评价体系

(1)"少年·星"学生评价。基于"快乐年画"校本课程评价体系,课题组以学校"明德善学,和谐发展"的学生培养目标为指导思想,以《小学生守则》为评价指导内容,建立起"少年·星"学生评价体系。

本套评价体系,主要采取表现性评价的方式,依据事先议定的表现性标准对学生进行评价(见图7)。

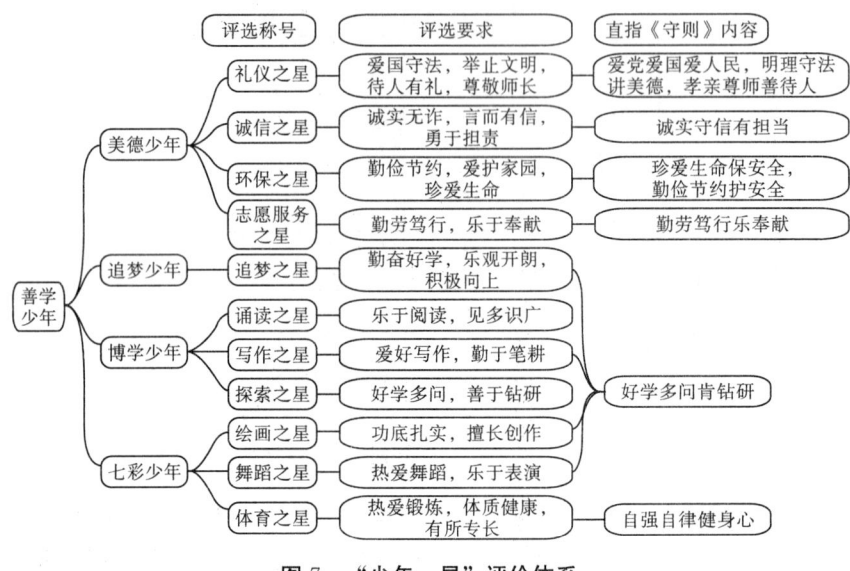

图7 "少年·星"评价体系

全校各班根据"少年·星"的评选要求,推荐"少年·星"人选,并递交申报表(见图8)经过全校范围内的投票及公示后方可评选。

图8 "少年·星"申报表

（2）教师评价。教师评价包括教学资料的齐备完善、学生参与活动的获奖情况、家长及学生的反馈三个方面。学期末，学校会通过发放学生问卷、家长问卷，收集家长及学生对任课教师的反馈，并由管理行政对任课教师进行评价（见图9）。

（3）课程评价。我校在四个阶段对"快乐年画"校本课程进行评估：准备阶段的需要评估，计划阶段的目标评估，实施阶段的形成性评价，总结阶段的终结性评价。学期末，课题组会面向全校学生发放调查问卷进行终结性评价，获得学生对已开展课程的认可度，如存在问题，则会在下学期及时进行调整。

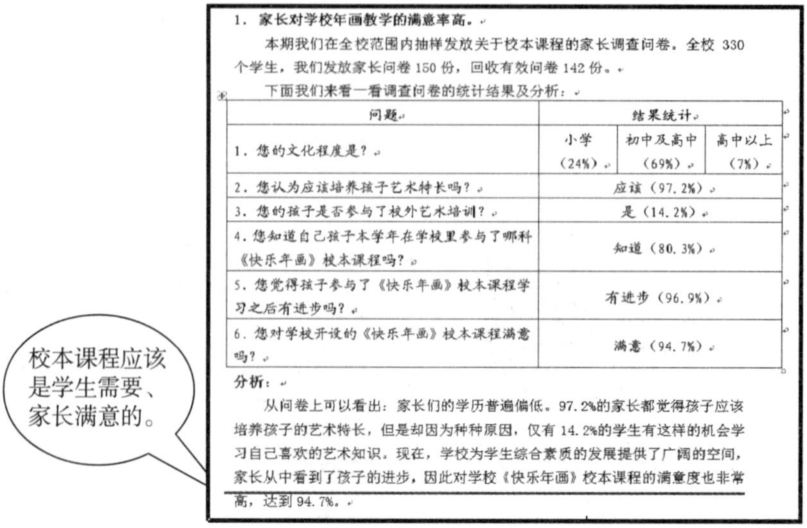

> 1. 家长对学校年画教学的满意率高。
>
> 本期我们在全校范围内抽样发放关于校本课程的家长调查问卷,全校330个学生中,我们发放家长问卷150份,回收有效问卷142份。
>
> 下面我们来看一看调查问卷的统计结果及分析:

问题	结果统计		
1. 您的文化程度是?	小学(24%)	初中及高中(69%)	高中以上(7%)
2. 您认为应该培养孩子艺术特长吗?	应该(97.2%)		
3. 您的孩子是否参与了校外艺术培训?	是(14.2%)		
4. 您知道自己孩子本学年在学校里参与了哪科《快乐年画》校本课程吗?	知道(80.3%)		
5. 您觉得孩子参与了《快乐年画》校本课程学习之后有进步吗?	有进步(96.9%)		
6. 您对学校开设的《快乐年画》校本课程满意吗?	满意(94.7%)		

> 分析:
>
> 从问卷上可以看出:家长们的学历普遍偏低。97.2%的家长都觉得孩子应该培养孩子的艺术特长,但是却因为种种原因,仅有14.2%的学生有这样的机会学习自己喜欢的艺术知识。现在,学校为学生综合素质的发展提供了广阔的空间,家长从中看到了孩子的进步,因此对学校《快乐年画》校本课程的满意度也非常高,达到94.7%。

校本课程应该是学生需要、家长满意的。

图9 "快乐年画"校本课程调查问卷分析

四、研究成效

关注学生审美情趣培养的"快乐年画"校本课程,在祝国寺小学已开展近九年。随着课程的实施,我们也看到了学生、教师和学校发生的变化。

(一)学生的变化

生活中,学生审美情趣提升。学校清洁无死角,学生形象得以改善。艺术上,学生审美情趣提升。学生逐渐学会用艺术的眼光观察生活,将生活中的美用自己所学的方式表现出来。创作班的学生创作出的《图说价值观》《我爱我的家乡》《古诗中的年画》等主题年画,已成为祝国寺小学的校园文化,部分作品还作为锦江区窗口单位文化橱窗里的内容。

(二)教师的变化

教师成为研究型教师。校本课程的开发,促使教师不断接受新的课程理念和教育知识。特别是在项目式学习专题中,各科教师都积极参与并结合自己的工作开展小专题研究。如语文组老师的小专题,"以'乐读法'提高小学一年级学生古诗文积累的实践研究",该专题呈现了祝国寺小学一年级学生在"入诗入画,感悟中华传统文化之美"系列活动中对传统文化的理解。同时,子课题"祝国寺小学'快乐年画'校本课程开发的实践研究"和"基于'随迁子女'核心素养发展的'快乐年画'校本课程实践研究"均获得区级小专题研究奖项。

（三）学校的变化

年画课程成了学校一张靓丽的名片。校园文化的打造，都富有年画特色，既有文化底蕴，也有教育意义。到访的客人评价道："草木皆文化，墙壁能育人。"

学校各类活动更加丰富。春季，我们会进行"入诗入画，体悟传统文化系列活动"；秋季，我们会进行限定主题的"故事大王比赛"；元旦节，我们还会组织"义卖年画""新春送福"等活动。这些活动，不仅让学生的审美情趣得到提升，也让学生更加热爱校园生活。

（四）该研究在区域内已有一定影响力

目前，我们的研究在区域内已有一定影响力，不仅多次受邀参与区内外交流活动，还与两所大学签订文化交流合作协议，成为"国培"基地学校和学生实践基地。近年来，我们多次接待省内外教育同仁到校参观或跟岗学习，而年画课程是教育同仁参观学习的必点项目之一。

五、结语

美是无止境的，对学生审美情趣的培养也是无止境的，只要我们坚持将祝国寺小学富有特色的年画课程名片越打越响亮，学校将会积淀更深的文化底蕴，教师将会对素质教育有更深的理解，而随迁子女也将在不断的学习中逐渐学会"识美丑，明是非，知善恶"，从而使审美情趣得以提升，将来更好地融入社会生活。

普通小学以课程建设促质量提升的策略

——以锦江区祝国寺小学为例[①]

质量是生命,课程是灵魂。未来的竞争,是人才的竞争;未来学校之间的竞争将是办学特色的竞争,而特色竞争实际上是支撑学校特色的课程竞争。学校品牌的锻造得益于校本课程建设的有力支撑,学校要发展,课程要先行。

祝国寺小学长期以来狠抓学校教学质量,但囿于学校位置偏远,生源不理想,流动性较大,家长的文化层次、家庭教育观念参差不齐,各种历史遗留问题制约了祝国寺小学教育质量的提升。在学生不变、师资不变的情况下,祝国寺小学怎样才能提高教育质量呢?

抚今思昔,祝国寺小学在2008年之前基本实行的是单一的"大一统"的国家课程,课程改革意识不足,缺乏课程三级管理机制,学校处于维持现状的态势。学生的学校生活都围绕着教科书、考试,学生不仅缺乏特长发展,学校里一个学生活动社团都没有。学生在学校生活单调沉闷,除了上课考试就是辅差。长期以来造成了学生"双基"不扎实、思维不灵动、特长不鲜明;学校没特色、教师发展慢。学生教师都深陷在畸形的教学生活中,学校教育质量一度在区域垫底。祝国寺小学教职员工寻求改变学校现状的愿望日益强烈。

综上所述,要协调好祝国寺小学教学质量的高要求和生源实际情况不理想的矛盾,解决学校单一运行模式与学校特色发展的矛盾,学生全面发展和谐发展之间的矛盾已经迫在眉睫。为了学校的可持续性发展,我们多方请教专家和上级主管部门之后,确立了"以课程建设提升质量"的项目主题,形成了以课程改革为核心,以课堂为主阵地,以课题研究为抓手的"三课一体"行动机制。希望通过本项目的持续运作,整体提升教师专业能力,提升教师的课程领导力和执行力,从而促进学校教学质量的稳步提升,为学生全面发展奠定基础。

[①] 本文获得成都市基础教育课程改革论文评选二等奖。

一、精心撰写《祝国寺小学课程实施计划》，着力建构"祝小实践课程"

在"以课程建设提升质量"这个项目的推进中，我们遵循"整体建构，从完整到完善"的基本思路。制定了《祝国寺小学课程实施计划》，搭建祝国寺小学课程框架，落实课程三级管理，使课程内容逐步完善。《祝小课程实施计划》经过几年的修订，建构了祝国寺小学实践课程。祝国寺小学实践课程设置架构图，见图1。

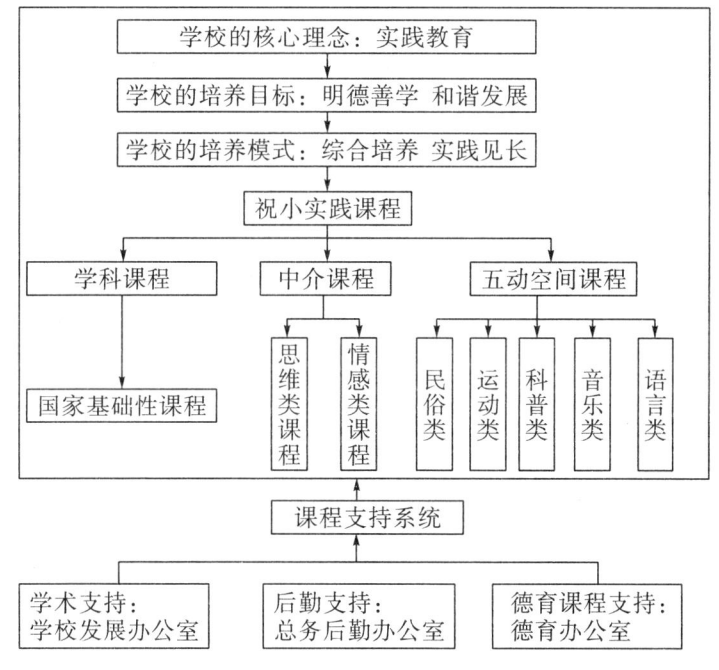

图1 课程设置架构图

正如图1所示，我们秉承我校"实践教育"的核心理念，确定了"明德善学、和谐发展"的人才培养目标，通过"综合培养、实践见长"的人才培养模式，构建了"祝小实践课程"。这里的"实践"是一种价值取向，是指向学生行动的，强调"教学合一"，旨在实现"学生学会学习"，属于广义的实践。我们的课程分为三个板块，分别是：学科课程、中介课程、五动空间课程。课程的内容和作用都明确写进《祝国寺小学课程实施计划》中，每学期都随着课程指导专家给出的意见和建议实施调整。

二、融合三个实施策略，保障课程建设提升质量的可持续性发展

如前文所述，祝国寺小学课程改革之路是经过深思熟虑的。为保证祝国寺小学课程顺利实施，针对祝国寺小学现有的师资情况和课程经验，祝国寺小学主要使用"梯次推进策略""持经达权策略""数据撬动策略"。通过这些策略的融合使用，取得了较好的效果。

（一）梯次推进策略，保障课程建设有序推进

"梯次推进策略"是指我校在课程的规划和推进的方式上制定了"整体规划，梯次推进"的思路。我们制订《祝国寺小学课程实施计划》，明确课程目标，建构课程框架，以"骨干先行、全校参与"的方略逐步进行课程建设。具体是：从国家课程的开齐开足开好入手，建立健全"五动空间"课程，整合力量开发中介课程。这样由易到难、由浅入深的梯次推进的形式全面构建祝国寺小学的实施序列。"夯基—重行—启思"是我校梯次推进课程建设的基本理念。学科课程夯实基础，"五动空间"课程注重行动实践，中介课程侧重启迪思维。在课程建设保障下，着力构建培养特色鲜明、基础扎实的祝国寺小学课程体系。

1. 第一梯次，学科课程。

学科课程重基，重夯实实践之基础。学科课程版块主要由国家课程组成，教导处在课程安排上绝对保证课时"开齐开足开好"。祝国寺小学课程"开好"的衡量标准是区域内平均及以上的学业水平标准。为保证"开好"，我们用"注入学术力"的方式，提升教学效益，科学提质，绿色提质。除此之外，还提供了管理保障和师资培养保障。

2. 第二梯次，"五动空间"课程。

五动空间课程重行，重实践之行动。五动空间课程主要由偏重于能力的艺体科普类课程组成，目标是通过将学生们从传统课堂中解放出来，着重发展学生的动手实践能力。主要以年画特色课程群和其他小课程构成，目前开设了民俗类、运动类、科普类、音乐类、语言类的课程。其中，我校年画特色课程群也由这个课程版块承载。我们知道，创建特色学校必须依托于特色课程的建构，一个学校的特色必须进入课程，才具有生命力，才能蓬勃发展，支撑特色学校的创建。

3. 第三梯次，中介课程。

中介课程重思，启迪实践教育之思维。在具体形式上大致可以分为思维类

课程和情感类课程，总体来说中介课程重视学生的启迪教育，重视发展学生的思维以及对学生进行德育熏陶。

思维类课程的建立旨在弥合"双基"的空白，是国家课程有益的校本化的补充，更是针对我校学生在思维习惯和品质方面表现不如人意的情况而开发。2011版新课标中"双基"变"四基"，更是坚定了我们开发思维类课程的决心。

（二）持经达权策略，保障课程建设宗旨不变

"持经达权策略"是指我校在课程目标确定的情况下，在推进课改路径选择时"变与不变"的辩证取舍：目标确定，路径可以变通。教育之道，育人之道；经权之道，安人之道。持经达权，凡事先想，遵照规定，然后才随机应变。在教育这个特殊的行业更不可以一律求新求变，为变而变，如此则会愈变愈糟。教育应遵照教育规律来应变，持经达权合理作为。

课程问题是学校的大问题，课程变革是学校的大变革。课程变革不是简单的几节课的增删问题，而是牵一发而动全身的大事，涉及学校核心办学理念、办学目标、培养目标、培养模式等诸方面的问题。从"需要变革"到"变革中"，一线老师要做的学术准备、资料准备、课程准备很多，不可能一蹴而就。"维稳（维持教学业绩稳定）"与"提质"都很重要，两手都要抓，两手都要硬。我校坚持在课程改革实施"持经达权策略"，围绕学校课程建设工作投入措施的"变与不变"之间有个基本的"变"的渐进模式。

我校在进行具体课程建设中，遇到很多困难。诸如学术方面的困难，师资素养的困难，观念转变的困难，人际关系的困难等。在遇到这些困难时，我们主要通过"持经达权策略"来化解，从而实现了从关注学科到关注课程的过渡。

1. 从"学科计划"撰写到学科课程实施计划撰写之变。

目前，祝国寺小学全部教师都能撰写"学科课程实施计划"。祝国寺小学教师站在学科的高度审视、安排自己的教学和课堂，这是一个跨越。从引导教师"学科计划"的撰写到"学科课程实施计划"的撰写，经过了两三年的时间。看似只是几个字的改变，但改变的内涵却较为丰富。祝国寺小学教师从沿用了几十年很熟悉的"学科计划"，到几个字的改变，意味着改变文稿的内涵和主体结构；意味着改变使用方法和使用范围；意味着教师们要加强课程意识，认同祝国寺小学课程改革，理解祝国寺小学课程架构等，这些都需要持续不断地学习，投入更多的精力在工作中。

突变不如渐变。为解决这一问题，我们通过学习落实到构建的校本培训

中。分阶段分解课程方面的知识，在"祝小讲坛"宣讲渗透，落实可行的操作措施，用"文火煨靓汤"方式逐步引导思变，指导教师进行学科课程实施计划的撰写。我校从 2011 年开始要求教师学写小课程实施计划，但撰写的课程计划的高度和深度都不够。为了改善这种状况，2013 年 2 月，数学教研组长在"祝小讲坛"上分享推广二年级上期数学学科课程计划，这是该教师一年的摸索研究后的经验与成果，该课程计划得到全校师生的广泛认可，并迅速在全校推广实践。之后，全校教师开始撰写学科课程实施计划。这次的学科课程实施计划，是在已有的学科教学计划的基础上延伸演变的，涵盖了传统的"教学计划""思维课程""书法课程"以及校本的"学科特色活动"。教师通过学科课程实施计划的撰写，逐步树立了学科课程意识，建构起学科课程的框架。

现在祝国寺小学教师都能撰写学科课程计划，都能实施祝国寺小学课程，运用"掌握学习""思维训练"等方法自制小卷，提高效率。

2. 从用"思维导图"解读教材到"静悄悄的课堂革命"之变。

我校教师为解决对教材理解的"浅散"的问题，从 2011 年开始用思维导图解读教材。思维导图解读教材工作量非常大，需要查阅 2011 版新课标、1~12 册教材、教参、工具书等，其他版本教材、教参也需要反复翻阅、记录笔记、拟写草案。我校各年级教师人数较少，即便分解板块，工作量也相当大。平时工作不能有丝毫放松，突增较大的工作量，我们布置给老师也很为难。但是，要提升学校教学质量，提高教师素养，解读教材是绕不过去的坎！怎么办？我们依然采用"持经达权策略"逐层递增难度，一步一步引领教师们用思维导图解读教材，在实施中用"三读"策略和"三放三收"的方法解读教材。

通过"三放三收"的方法，我们终于制作成北师大版知识体系思维导图。利用思维导图梳理北师版小学语文北师版教材体系的建构，是学校校本培训的新思维、新方法，更是我们摒弃表象、深入内核地回到课堂原点的教学探索。教师的专业能力得到逐步地提高，学校的教学质量得到稳步提升，课堂效果得到明显改善。

课堂改革的最终目的，是实现学校的教学质量的提升。学校的教学质量提升首先向课堂 40 分钟要质量。通过祝国寺小学全体教师不断地学习与变革，祝国寺小学的教育质量正发生着"静悄悄的革命"。

（三）数据撬动策略，保障课程建设与校内外规定动作步伐一致

"数据撬动策略"是指祝国寺小学撬动变革的原动力来自数据。每年学校都有单元形成性质量分析、期末质量分析，特别是近一两年的北师大监测、成都市调研考试抽查的反馈报告，都给了参测学校相应的数据报告。学校根据报

告反馈回的数据进行"分析—归因—制定对策"。根据数据做出的行动跟进是比较切合实际情况的，指引老师们的课堂变革有理有据，老师们理念的转变带动课堂的转型有根有据、水到渠成。

对于祝国寺小说来说，"稳定"与"发展"是横亘在祝我们面前的两座大山。既要保证教学质量稳定，又要找准带动学校全面发展的点。在我校教师人数少、管理头绪多的情况下，我们怎样才能坚定地走好"大力推进课程建设，促进质量全面提升"之路呢？

"常态即是佳态"是最好的方法。只有让学校常态工作节奏与本区域发展节奏保持一致，才能保证方向的一致性与完成时间节点一致。在我校人力、物力、财力有限的现实状况下，我们更要借力借势，通过上级主管部门的"规定动作"提高工作效率，提升办学品质。其中对北师大版质量检测分析报告的分析就是落实"常态即是佳态"的很好的抓手。我们紧紧抓住这两个"常态"，全面规划、认真落实，实现通过"大数据"、大样本，寻找相关因素，促进深度反思，回归教育的本质。值得一提的是，我校"思维拓展课程"的"数学思维拓展课程"和"阅读思维拓展课程"方向的确定和内容的制定都是以北师大版质量检测分析报告的数据为依据的。

"数据撬动策略"是祝国寺小学"因校制宜"、借力借势、整合任务、提高管理效能、提升办学质量的有效尝试。

课程改革不是一朝一夕的事情，课程建设也任重而道远。需要锁定目标，审时度势，以生为本一步一个脚印地向青草更深处漫溯……

以"五润课程"促进教师专业化发展[①]

——普通涉农小学教学质量提升的探索

要全面稳定地提升教学质量关键因素是人。只有培育一支高度专业化的教师队伍,才能实现我们学校的中心目标——提高教学质量。

壁立千仞非一日之功。我校非常重视学校管理的观念更新、机制完善,深入研究促进教师专业化发展的队伍建设策略。通过构建校本培训框架和充实培训内容,完成从课堂教学行为到课程理念的文化重构。目前我校已经构建了比较稳定的校本培训框架(见图1)。在校本培训三级管理框架下,落实管理制度,管理实施运作顺利,管理效能优化。

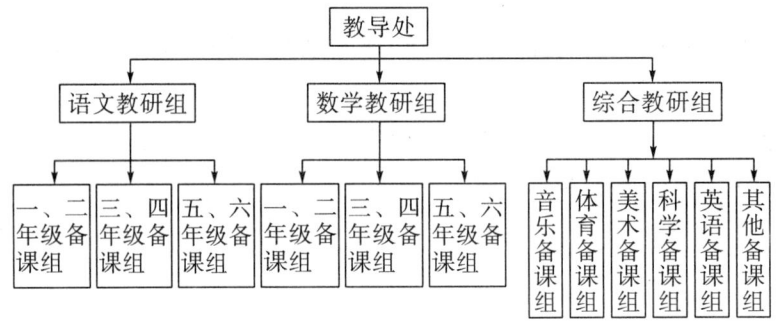

图1 校本培训三级管理框架

校本培训的三个层次:第一层次为备课组,第二层次为教研组,第三层次为全校教师。备课组培训由备课组长负责组织,教研组培训由教研组长负责组织,全校教师培训由学校发展室和质量管理办公室负责组织。我们不仅致力于三级培训管理框架的构建,还通过"善学文化润心、职业规划引路、课堂实践为本、小专题研究增值和祝小讲坛练兵"五管齐下,促进教师专业化发展,见图2。

[①] 本文于2017年4月发表于《时代教育》,相关成果于2016年发表于《成都教育》,获得成都市基础教育改革论文评选二等奖。

五润课程	善学文化润心	促进教师专业发展
	职业规划引路	
	课堂实践为本	
	小专题研究增值	
	祝小讲坛练兵	

图2　以五润课程促进教师专业发展

一、"善学文化"润心——以文化之，以文聚之

团队发展，理念先行。我校立足于促进教师专业化发展的校本培训，经过两年的经营与发展，"善于学习，追求更好"的培训理念已经深入人心。全体教师积极投身于校本培训，努力提升自身素质，走专业化发展之路。

古人云："玉不琢，不成器；人不学，不知义。"人非生而知之，知识、才干和经验都要在工作实践和刻苦学习中获得。学习要有正确的态度，但方法更为关键，"善学者，师逸而功倍；不善学，虽勤而功半"。重视学习是一种精神，一种境界，而善于学习是一种素质，一种能力，是创造性地完成工作的关键。

善于学习，要有能迅速地接受别人意见的能力；善于学习，要站得高，"登泰山而小天下"；善于学习，要看得远，"不畏浮云遮望眼"；善于学习，要想得深，"熟读精思、格物穷理"；善于学习，要做得实，"博观约取、厚积薄发"。

我们不仅要有"从善如流"的能力和眼界，还要有"上善若水"的高贵品质。像水一样平和公允，所到之处，即所需之处。这正与我们致力于"为每一个学生的健康持续发展"的办学目标一致。

我校在大力实施的校本培训的过程中，凝练"善于学习，追求更好"为"善学文化"。"化"者，变化、改变也；"聚"者，汇集也。我们用"善学"二字重建教师精神世界，聚合教师育人能量，引领教师的精神领域的追求，构建教师的精神家园。

我们不仅把"善于学习，追求更好"这八个字印在《祝国寺小学个人研修手册》里，也深深地烙在了祝国寺小学人的心里。因为这八个字，既是过程，又是目标；既是思路，又是措施；既是团队精神追求，又是个人专业化发展策略，更是我校"明德善学、进而不已、和谐发展"办学理念下的具体行动。

二、职业规划引路——分层设标，梯队培养

从2009—2010学年开始，我们要求教师每学年认真做好个人年度发展规划。用个人年度发展规划引领教师对专业发展的自觉要求，提升教师专业素养。一年完成一个目标，一年登上一个台阶，最终实现专业发展循环上升，见图3。

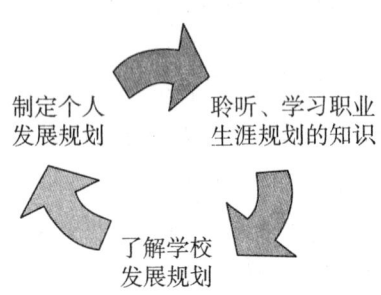

图3 教师个人与学校发展规划

鼓励教师将个人规划、学科教研组和学校规划融合起来，实现个人行为与团队精神、目标的融合，最终达到共进共赢的效果。这样，一方面，以目标驱动教师行动，为个人规划赋值；另一方面，也增强了团队意识，凝聚了团队力量，形成了朝气蓬勃、积极向上的整体精神风貌。最后，在工作中，督促教师按照职业生涯规划的阶段目标规范自己的教育行为，实现自我增值。

通过职业规划制定，我们适时引导不同发展程度的教师制定适合自己的年度目标。

入职期教师，我们重点锤炼他们的课堂驾驭能力，帮助他们站稳课堂。成熟期教师，我们重点引导他们进行知识重构，帮助他们从经验型教师向研究型教师转型。我校这部分教师人数约占教师总人数的3/5，且绝大部分都处于瓶颈期。他们行课课堂效果较好，教学质量稳定，但个人发展定位较低，个人发展愿景不清晰。他们虽然有较好的经验性知识，但是对自身经验的总结提炼能力比较欠缺，不能理性地提炼经验成果，这制约了他们对学校教师二梯队、三梯队的引领效果。对这部分瓶颈期教师，我们着重引导他们选择适合自己的发展愿景，鼓励他们及时对自身知识进行更新、优化和重构。

对不同发展程度的教师，我们的培养目标和培养策略是不一样的。职业规划下的分层培养，让每一位教师能更加适应锦江区国际化视野下的教育发展。

三、课堂实践为本——追根溯源,回归本位

(一)从问题出发的主题研修

"问题即课题、工作即研究、效果即成果"是我们立足校情、全校参与,形成的以"课题管理、项目运作"的形式解决我们的教学问题的范式。

我们主要以项目——"涉农学校学生作业设计的实践研究"课题统领各教研组的有效课堂研究。经过近几年的摸索总结和研讨,全校达成了共识,关于"作业设计的研究"对我校的教师来说十分重要,这与提高教师专业水准、提升教学质量、提升办学水平息息相关。关于"作业设计的实践研究"部分,我们大致经历了这几个阶段,见图4。

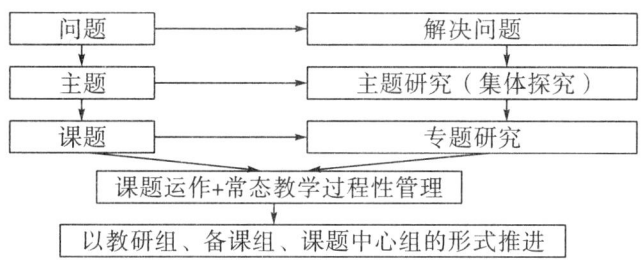

图 4 作业设计的实践研究

特别是在学校传统教学活动"人人上有效课"中,我们明确地提出"聚焦作业设计,走向有效课堂",这是我们每学期最为重要的课例研修主阵地。

聚焦课堂的课例研修理念下的备课组培训,既是备课组的常规活动,更是教师专业发展的实践修炼,我校的以课堂为主阵地的有效课堂探究的主要形式是"一课二上三讨论"或者"一课三上四讨论"。其操作流程如下(图5):

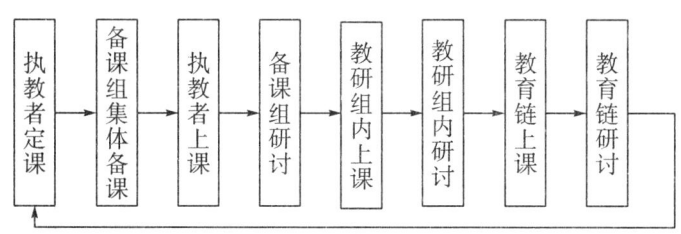

图 5 有效课堂探究

在"一课二上三讨论"的主题教研中,我们以"作业研究"为中心,运用"作业随查抽样表"开展课堂观察,客观检视教学目标达成度。其中"作业随查抽样表"就是对学生完成作业情况的调查,通过抽样统计目标达成度数据,

反思教学设计行为等。

(二)围绕主题展开相关的专业修炼

1.《祝国寺小学作业指南》。

俗话说,没有规矩不成方圆。通过一年多的研究,我们有了《祝国寺小学作业指南》。我们认为,作业是教学过程中一个重要环节,是课堂教学的延伸。为了减负增效,实施精细化管理,加强作业管理,规范作业行为,提高教学效益,依据我校目前实际情况,制定了《祝国寺小学作业指南》。分为"校级规范"和"备课组规范"。内容主要包含:作业种类、内容、作业量、格式要求以及任课教师布置作业要求、职责要求、检查制度、奖惩等。

《祝国寺小学作业指南》架构基于我校"校控—组控—自控"三级管理框架。我们的老师在落实作业这方面,对自身的要求是高于备课组教研组的要求,更是高于学校要求,这是老师的职业自觉。有了《祝国寺小学作业指南》后,即便是新上岗的老师,也能有保底线的自律和他律。

2."教材新读"。

深入解读教材,是紧扣教材和落实课标的基础。目前,我校通过"三读课标"来帮助教师解读教材。

一是模仿读,主要学习成都师范学院附属小学的解读教材方法,学习教材解读的模型,尝试全面解读教材。

二是重点读,针对我校的学情和师情,确定重点和难点,由问题入手,将问题确定为主题,将主题上升为课题,再通过教研组的工作布置,借力于专家,整合教育链资源等方法有重点地解读教材。如语文教研组的第二次教材解读,就是以"阅读与习作知识链"为重点来解读教材的。

三是目标式读,在"教材新读"的过程中,我们遇到了很大的困难,囿于学校传统作业布置,无法跳出已有作业设计的"框框"(传承已有经验),无法实现作业效能提升质的飞跃。

此时,我们开始关注著名教育家布鲁姆和加涅等人关于教学目标分类的理论。在教材、作业设计研究的过程中,我们尝试借助布鲁姆的教学目标分类理论解读课标,从根部滋养教师,尝试目标教学的改革实践。目前,这样的研究和探索正在实施过程中,虽然难度较大,但我们依然在坚持。

可喜的是,在目标式解读的基础上,我校部分教师开始进行"基于核心目标下的目标链的建构"的研究,并运用在课堂上。

3."作业设计说明书"。

为解决作业设计指向性和目标性问题,我们根据分类法,将教学目标做了比较科学的分解和落实，进行了"作业设计说明书"的专业修炼。

所谓"作业设计说明书"就是让教师为自己的作业设计题后增加一栏"设计意图"。包括维度一：前置性作业、课堂练习、课后作业，维度二：单元小卷、期中评价卷、期末评价卷，维度三：长期作业、中期作业、即时作业，维度四：实践性作业、书面作业等。

在"作业设计说明书"的专业修炼中，我们在教研组内采取如下步骤：自主设计（自我修炼）—研讨（同伴互助）—教导处教科室联合小结（反馈点评、理论学习）—自主设计（自我修炼）—备课组研讨、教研组展示（同伴互助）—教导处教科室联合小结（反馈点评、理论学习）。

通过这样的专业修炼，教师的作业设计能力逐步提升，作业设计的指向性愈加明确，作业效能越来越强，为学校达到"绿色质量"标准奠定了坚实的基础。

4. 学用双向细目表。

我们不仅关注布鲁姆教学目标分类法，也开始研究"双向细目表"。通过研读布鲁姆教学目标分类法，我们知道了教学目标分类的 6 个层次；通过研读、试做"双向细目表"，我们意识到在教学目标确定的情况下，教材"活"起来了，作业形式"活"起来了。

在目标确定的情况下，我们的老师能根据教学目标，设计相应的作业，老师的作业设计能力有了质的飞跃。

四、小专题研究增值——注入学术，升格品质

我校以龙头课题"涉农学校学生作业设计的实践研究"为主线，以该课题旗下的子课题（小专题）为抓手，将作业研究抓实抓深。

在第 6 批小专题评选中，关于作业设计的小专题一共有 9 个。其中，"涉农学校作业管理的实践研究""四年级学生数学暑假作业的设计研究""低段数学作业的管理研究""'三步法'作业设计提升学生阅读理解力的研究"顺利结题，并推荐参加锦江区小专题年度评优。

"涉农学校作业管理的实践研究"，致力于解决我校作业管理中"整洁、规范"等问题，总结出了"318 行动"、《祝国寺小学作业指南》和"作业反馈记录表"三个对策。

"四年级学生数学暑假作业的设计研究"开发了小学四年级暑期作业本，总结小学四年级数学暑期作业本设计策略：①贴近生活，扩展视野；②作业分层，各取所需；③题型多样，发展思维。还总结出了小学四年级数学暑假作业

管理方法。

"低段数学作业的管理研究"针对作业管理，开发了"作业管理记录表"，理性地总结开发过程及使用效果。

"'三步法'作业设计提升学生阅读理解能力的研究"，归纳了记叙文类型课文、散文类课文、说明文类课文和古诗类课文的作业设计的"三步法"提升学生的阅读理解力。

通过小专题研究，帮助我们的老师找准工作重心，注入学术活力，突破教学难点，梳理经验成果，促进教师对自身知识的优化和重构，提升了校本培训的品质。

五、"祝小讲坛"练兵——成果分享，游学交流

语言是思维的外衣，流畅合理的表达能力是老师教育理性思维的载体。"祝小讲坛"是 2010 年 9 月建立的，以分享教育教学成果和交流外出游学感悟为目的的校内交流平台，建立的每周一下午 4：00 举行。

开办"祝小讲坛"的初衷，是为我校老师提供展示自我的平台，改善部分老师羞于表达、不善总结、分享合作不畅的现状，希望老师通过登上"祝小讲坛"演讲，达到自我发展、自信表达、自由交流和自主合作的"四自"修炼目的。

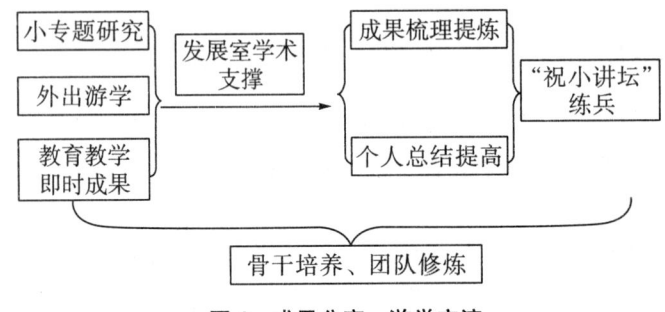

图 6　成果分享，游学交流

到目前为止，"祝小讲坛"已经开办了五年，"祝小讲坛"提高了老师表达总结和合作的能力，历练了一批精兵强将。比如，我们的学科教师在教育教学方面的研究如雨后春笋，科研骨干发言有条不紊，小专题研究团队在区级交流活动中从容不迫、侃侃而谈，中层管理干部在区级交流会上滔滔不绝……

我们秉承善于学习的优良传统，胸怀超越自我梦想投入校本培训。我们在"善于学习，追求更好"的培训理念下，构建促进教师专业化发展的校本培训

模式，健全我校校本教研的组织；改善我校教师的职业生活方式，帮助教师形成研究型工作职业习惯，使专业的发展成为教师内在的需求，使校本教研成为教师的工作常态，最终实现教学质量的持续提升。

以和谐聚力的学校内部管理改变学校的"飞行"方式[①]

——祝国寺小学管理体制建设的初步探索

祝国寺小学是锦江区的一所较偏远学校和链点学校。我们常常在思考：撬动学校超常规发展的支点在哪里？我们能从链点学校学习什么？我们的思维与方法应该有怎样的改变？带着这样的思考，我们不断地讨论、请教、碰撞、实践反思，不断地将思考变成设计，将设计变为行动，将行动变为现实。

学校要超常规发展，必须要有系统的思考和行动。我们认为，要实现学校发展质的飞跃，管理的转型必须先行。以管理的变革性实践来带动学校的整体发展，成为近年来祝国寺小学改革的一个突破口，目前，学校正处于发展和突围的关键时期。学校领导班子认为必须在坚持"明德博学、进而不已、和谐发展"的办学理念下，优化学校管理结构，坚定不移地走改革创新之路，以优质高效的学校内部管理使学校更好地"贴地行走"。

一、寻找不足——改变"行走"方式的原点思考

内部管理变革是学校实现质的变革的出发点，因此要实现学校超常规发展，必须从管理入手，从学校内部管理的改革入手。那么，祝国寺小学在内部管理上有哪些不足呢？

（一）导航不到位

尽管学校提出了"明德博学、进而不已、和谐发展"的办学理念，但办学理念目前还没有很好地落实到学校的方方面面，尤其是办学理念中的"和谐"二字，在绩效的背景下如何更好落实，还需要我们进一步探索和思考，学校办学理念这个"导航仪"在学校文化建设中发挥的导航作用还不到位。

---

① 本文为在锦江区校长亮剑论坛上公开交流文稿。

（二）支持不到位

当学校有了明确的办学理念后，学校管理的组织结构就决定了学校怎样"贴地行走"。分析祝国寺小学的管理结构时我们发现：学校的管理框架不够清晰，已有的管理框架中有的显得过于静止、封闭、刚性，科层制特点明显；有的又过于随意而弹性，缺乏较明确的标准。这种学校管理"支持系统"组织结构的不完善导致管理的有效性不够。

（三）行为不到位

锦江教育对办学者提出了"既能云端起舞，又能贴地行走"的要求，要能更好地"贴地行走"必须要行为到位。行为到位就是要有学校管理制度及其建设作为保障，它是确保学校教育教学及其他工作顺利实施的基础。近几年祝国寺小学的规章制度正逐步建立健全，但其仍然滞后于学校的发展。

（四）实现不到位

让教师有积极向上的心态和强烈的愿望非常重要，"人的主观改变"是推进和谐发展的决定性因素。我们虽然致力于通过"明德博学，进而不已"推动师生"和谐发展"，但是，在具体实施的过程中，我们有些时候对刚性的制度落实与柔性的执行策略之间的自由裁量拿捏不够到位。因此，影响了执行的效果，这就是"实现"的不到位。

针对上述管理中存在的问题，我们认为学校的发展管理是关键，其中"导航系统"的明确与凝练是祝国寺小学发展的先决点，"支持系统"的设计与运行是祝国寺小学目前发展的关键点，"行动系统"的建立健全是发展的重点，"实现系统"的策略定位是管理的难点。基于对以上框架的认识，我们认为在"支持系统""行动系统"之间找到刚柔的平衡点是提升管理效能的核心。为此，我校近几年围绕学校管理的四个子系统的改革在运行上一以贯之，旨在让学校的制度管理与对人的关注关怀紧密联系在一起，在成事与成人中实现学校的"贴地行走"。

二、着力改革——改进学校内部管理新模式的探索

（一）用理念战略把握学校"行走"方向——导航系统

"和谐"这一关键词既是我们所秉承的链点学校东光实验小学的办学理念，同时也是我们对于理想教育的理解与追求。将链点学校的"和谐教育"与我校"和谐发展"办学理念进行理性嫁接和融合，共同创生出了我校的"和谐"导航系统，即"明德博学、进而不已、和谐发展"。同时，我们将学校的课程与

教学、德育、后勤等都围绕这一顶层设计来展开，构建出顶层设计下的学校管理框架图，让这一导航系统在具体的日常管理中发挥引导和定向的作用。"传承链点文化、发扬链条优势"，这是我们学校用彰显办学理念的方式进行导航系统构建、指引学校工作的可行性战略。

（二）打造学习共同体优化学校"行走"姿态——支持系统

在学校管理的导航系统确定后，我们将相应的组织框架作为贯彻管理理念、实施管理行为的基本中介和载体，从而将孤立的诸管理要素结合为一个系统。近几年来我们主要围绕建立扁平化的、开放的、学习型组织结构来探索学校管理支持系统的建设。

1. 建立平等高效的灵活性强的扁平沟通结构。

图1显示的模型就是祝国寺小学在近年的工作推进中逐步形成的扁平化管理结构。

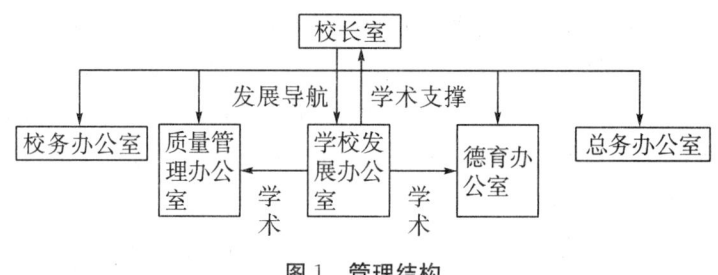

图1　管理结构

管理结构说明：校务办公室、德育办公室、总务办公室职责较以前相比变动不大，变动较大的是"学校发展办公室"和"质量管理办公室"。学校发展办公室（原教科室），主要管理学校发展规划、课程与教学、学术及知识管理、人力资源开发等，质量管理办公室（原教导处）主要进行质量监控及教务管理。

调整原因：为学校发展注入学术力。为什么会将传统的教科室与教导处调整成学校发展办公室与质量管理办公室呢？质量是立校之本，坚持优秀的传统管理，是非常必要的。同时，方向比行动更加重要。在现代学校管理实践中，注入学术力，优化管理行动，提高管理效能是当务之急。帮助教师提高工作效能，提炼学术成果，为学校的发展注入学术力是我校近年发展的有效措施。这是我校"将合适的人，放到合适的位置上"的一个大胆的尝试。探索的初步效果正在得到呈现。学校不同于企业机构，学术的方向导航、学术力的彰显是我们追求的"贴地行走"的方式，实践表明，让各个部门围绕学术力的提升开展工作的路径最优，效果最好。

2. 建立在学习中共同进步的适应性强的学习型组织结构。

随着我国基础教育改革的深入，学校必然成为学习型组织，我校从校本培训入手强化学习型组织建设。

我们校本培训思路是：在促进教师专业化发展的基础上，推动教师群体的发展，促进学生成长，进而促进学校的发展。我们带着"善于学习，追求更好"的培训理念引领教师积极投身于校本培训，努力提升自身素质，走专业化发展之路。为此，我们构建了学习型组织框架（见图2）。

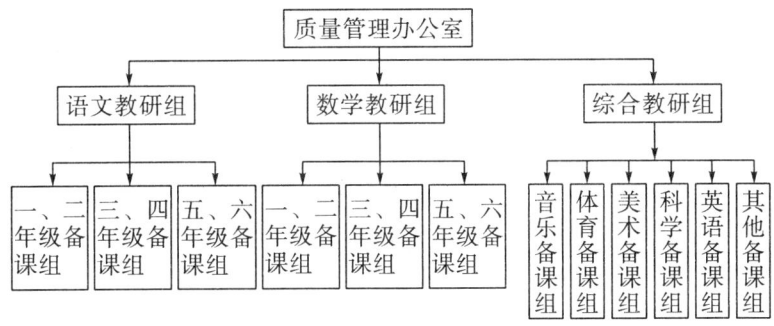

图2 学习型组织框架

在校本培训三级管理框架之下，不断丰富校本培训内涵。

（1）以职业生涯规划为突破口，注入一种积极向上的力量。

在我校师资状况较复杂的情况下，我们确定了以帮助教师做好职业生涯规划为突破口来促进教师对专业发展的自觉要求，提升教师专业素养。通过聆听专家的讲座，学习职业生涯规划的相关知识和制定方法，让教师深入了解学校发展规划；教师在深入地自我分析的基础上分别制定自己在教学、育人、科研等方面的发展提升目标和学年的教育教学改进计划；鼓励教师将个人规划与学科教研组和学校规划融合起来，实现个人行为与团队精神、目标的融合，最终达到共进共赢的效果。一方面，以目标驱动教师行动起来，为个人规划赋值；另一方面，也增强了教师队伍的团队意识，凝聚了团队力量，形成了朝气蓬勃、积极向上的整体精神风貌。在工作中，督促教师按照职业生涯规划的阶段目标规范自己的教育行为，实现自我增值。让每一位教师能更加明确自身发展方向，帮助教师确定最近学术发展高度，更好地规划自身的职业生涯。

（2）常态下的两个群体培训。

一是干部队伍培训，包括干部岗位资格培训、干部岗位提高性培训、校级干部的专项研修培训等。二是教师团队培训，包括教师学历提高性培训、教师以岗位为重点的培训、新上岗教师培训、骨干教师专项培训、班主任教师专项培训、教师计算机专项培训、各学科教师的专业化培训等。

(3) 教育科研专项培训。

科学技术是第一生产力。我们强调，科学发展、实效科研、科学地提升质量。基于这个理念，我们加强小专题研究，开发祝国寺小学特色《小专题手册》；创新教科室管理；加强教育科研导向，营造浓厚的科研氛围；加强教科研队伍建设和打造。学校以一线教师最容易入手也最贴近教育教学实践的小专题为抓手，使越来越多的教师以实践者和研究者的双重身份和姿态投入工作，开展研究，随着祝国寺小学教科研氛围的日渐浓厚，研究型教师群体逐渐壮大，教师的素养也得到了更大的提升。

(4) 加快教研组建设，为教师营造充满活力的专业成长空间。

我们所开展的基于专业发展理念的教研组建设，致力于改变以往教研组主要是备教案、定进度、出考卷等事务性组织的面貌，将学科教研组功能进行重新定位，如"激励专业发展""切磋教学技艺""创建知识共享平台"等，注重教师教研的主体性、开放性和研究性，为教师营造充满活力的专业成长空间。

(5) 从聚焦问题到主题引领的行动研究，不断创生教师的实践智慧。

学校以"主题"统领各组有效课堂研究。如祝国寺小学2009—2010学年度上期语文组的"习作课堂教学"研究，下期的"有效作业设计"研究；数学组的"复习课教学"研究，都已经收到较好的效果。初步形成了"问题—主题—专家引领—实践反思—专家点拨—实践反思"的操作模式。通过这样螺旋上升的主体性培训，教师的专业素养提高了，专业能力增强了。通过教研组内的专业修炼，解决了困扰教师的教学困难。

(三) 用制度建设规范学校"行走"步伐——行为系统

导航系统和组织支持系统为学校管理提供了导向及组织结构的安排布局，但还不能确定管理目标就一定能实现，我们还必须考察管理中人（无论是管理者还是被管理者）的行为表现，以保证管理中所需的适应性行为出现，我们初步探索出的经验是用理性制度来构建和谐的校园行为系统。

在学校教师人数少、结构较单一的情况下，我们更多地践行道德领导。随着学校的发展，教师人数增多，结构日趋复杂。我们迫切需要建立具有祝国寺小学特色、适合祝国寺小学发展的管理制度。基于此认识，祝国寺小学在制度建设的过程中，不断建立健全学校规章制度，形成了校长办公室管理制度序列、质量管理制度序列、德育处管理制度序列和总务处管理制度序列这四大制度序列。

我们深知制度生成演进的博弈过程，比建立制度本身的意义还要大。所以，尽管制度的产生和执行困难重重，但我们毅然决策坚定、出手果断、行走矫健。

（四）用刚柔并济的方式调和学校"行走"步调——实现系统

现代学校管理活动十分复杂，有了先进的管理理念、合理的组织结构、科学的管理制度，如果没有相应的措施和策略也很难实现和谐。因此，我们还需要有和谐的实现系统——柔性的管理策略构成完整的和谐的管理系统。在祝国寺小学内部管理中实施柔性管理，主要通过学校管理者的非权力影响力、校园文化的潜移默化的影响、柔性的激励机制、模糊管理等策略，实现优质高效的内部管理。在经济激励、成就激励、情感激励的诸多激励策略中，我们更加注重"成就激励"，让教师具有证明自己、实现自己价值的特点。成就激励把激发形成教师的内部动力机制作为管理目标，通过让每一位教师取得成功，促使全体学生取得成功，最终实现教育取得成功的目标。

作为发展基础薄弱学校的管理者，当我们将变革的重心放在内部管理上，并从解构学校管理的四个不同维度——管理理念、组织结构、管理制度、管理方式来进行思考和探索的时候，我们遭遇了很多的困难，同时也取得了一定的实效，推动了学校的发展。《庄子·秋水》中曾把人们认识外物的活动分为"以俗观之""以物观之"和"以道观之"三种立场。所谓"以俗观之"，就是如果从常人的经验角度去认知，只能形成和积累一些常识；所谓"以物观之"，就是从事物的客观规律去认知，能够形成一些系统性知识；所谓"以道观之"，就是从事物本质的高度来透视，形成从事物内在本质来剖析的能力，形成所谓的大智慧。

在祝国寺小学的教育改革中我们有这样的期待：在把握学校发展客观规律基础上，透视学校管理的本质，走出一条发展基础薄弱学校的变革之路，以管理的优质高效来优化学校"贴地行走"的方式。但是，由于我们的知识能力等的有限，探索过程中我们常常感到力不从心。即便这样，我们学校以和谐聚力的内部管理改变学校"贴地行走"的决心不会动摇，因为祝国寺小学人有这样的愿景——科学而有效地实现学校的超常规发展。

学校教科研一体化初探[①]

一、我校科研工作存在的问题及分析

成都市三圣小学的前身是成都市锦江区三圣地区中心小学校，位于成都市锦江区与龙泉驿区交界处的浅丘地带，学校地理位置偏僻，交通不便，信息闭塞；教学资源匮乏，师资缺乏，生源较差。几十年形成的教师只管埋头兢兢业业地教学，不重视科研的思维很难改变，所以造成了学校科研工作起步晚、开展难、发展慢的困境。虽然经过几年的努力，教师的科研意识有了增强，但是，科研能力却有待提高。

（一）科研工作没时间

繁忙的日常工作使教师没有时间和机会去学习研究教育教学理论，反思自己的教学，教育改革自然无从谈起。比如，我们学校语文教师的工作清单包括：每周18节课；上1个班60个学生的语文课；每天批改作业120本（包括课堂作业和家庭作业）；每周完成教育理论自学笔记500字以上；每两周批改60本作文（实际至少是120本，草稿和正式作文）；每周至少要听别的老师两节课；每周参加一次不少于一个小时的工作例会；参加每周二业务学习；班主任还要负责学生课间休息和安全，组织学生做"两操"……像这样的工作节奏，做其他的事情还得加班加点，甚至动用家属"帮忙"，教师的身体承受能力已经到了极限。爱因斯坦曾经说过："负担过重必然导致肤浅。"如此，教师很难有时间和精力去搞科研工作。

（二）科研工作没胆量

教师发展进步的要求促使教师不得不狠抓学生的成绩，"所倡导的理论"和"所采用的理论"在实际教学中往往是不一致的，教师常常不敢运用先进的教学思想方法去搞科研。

[①] 本文获成都市教改论文二等奖。笔者1997—2009年在成都市三圣小学任教。

（三）科研工作合作少

任何一个行业都存在着竞争，教师之间的竞争也是必然。现在的一些教育人事制度，尤其是"末位淘汰"制度，使教师的心理压力加重。导致一些教师不愿与其他教师合作，但缺乏合作就会导致一些教科研工作不能正常开展。

针对以上情况，我校领导班子集思广益，与同行作类比，在实践中摸索，找到适合我校科研工作的方法——走教科研一体化之路。

二、教科研一体化的意义

教科研一体化，就是要使教学和科研融为一体、密不可分，从根本上改变以往教研和科研工作"两张皮"的状况。"教而不研则浅，研而不教则空。"建立以校为本的教科研制度，是促进教师专业化发展的必然要求。这有利于学校积淀独具特色的校园文化，使教师群体成为学习型组织，学校成为孩子成长的沃土。近年来，我校将教科研一体化作为促进教师专业化发展的重要途径，也作为学校发展的重要方略，进行了一系列有效的探索与实践。如今，三圣小学富有特色的教科研不仅有效地改进了教师的教学研究方式，激发了教师对工作的热情、对研究的热情，提高了教师的科研能力，也为学校科研工作开辟了一条光明大道。

三、教科研一体化实施措施

考虑到我校要实现"教科研一体化"，除了要求教师树立"问题即课题，工作即研究，效果即成果"的正确科研理念外，还应当制定相应的措施，促使教师的教研成果上档次、出精品。

（一）构建教科研一体化管理网络

所谓"教科研一体化"，是指教研与科研是一个有机的整体，二者相互依赖、相互促进、相互制约、不可分割。具体做法如下：

1. 构建教科研一体化组织网络。教导处在校长室的领导下，分设教研组和教科室。并由教研组和教科室联合部署备课组（小专题组）、小专题组（备课组）的教学和科研工作。以教研组为实体，以备课组为单元，以课题研究为中心，教学与研究相结合，以研究促教学，两者综合考核。实现"教学即实践""教研即科研"。

校长室——→教导处 { 教研组——→备课组（小专题组）
教科室 { 小专题组（备课组）
课题组

2. 制定一体化管理制度。建立联合办公制度，由于教研组和教科室都是在教导处的管理下工作，沟通和配合起来更为方便，这就为建立联合办公制度，召开联席会议，统一安排教学研讨和教科研活动提供了方便。落实共同管理制度，备课组人员即是小专题组（课题组）成员，这为教学活动科研化提供了天然的方便。教科室的人员要参与教学活动的策划、指导和评估，积极推广优秀教学成果在教学活动中的应用，提高教学活动的科研含量，提高教学活动的质量和效益。落实科研活动教学化，教导处的人员要参与教育科研的课题研究等活动的组织、安排和督查工作，利用学校的教研活动时间开展教育科研活动，对实验班和实验班教师的教学活动、教学进度和实验设施的管理提出特殊的要求，提供政策、制度的保障，从而提高教育科研工作的管理力度，保证课题研究能够按研究计划扎实开展。还要综合评估制度，统一构建评价体系，统一制定奖惩条例，促进教学工作和教育科研工作的有机结合。

（二）学校教科研工作日常化、具体化

为避免我校教科研走入单纯地为科研而科研和低层次的教研这两种误区，必须让教研上升到科研，科研下嫁到教研，教研、科研合为一体且相得益彰。笔者认为，教研与科研有着千丝万缕的联系。教研应该是创造性地沟通教学理论与实践之间的桥梁，把先进的教学理论，转化为显性的教学行为。一是科研工作要以学校发展为本，以教师自主发展为主体，立足于实践，以解决教育教学实践中制约质量效益全面提高的实际问题为宗旨。二是要有理论做指导、做支撑，以科研带动教研。三是以教研为载体，以小专题为抓手，形成"教科研一体化"的运行机制，提高学校教育教学质量。总而言之，将学校教科研工作日常化、具体化。

1. 以小专题研究为平台，整合教科研。小专题研究不同于一般的课题研究，也不同于案例研究，它是介于这两者之间的一种教学研究形式，根据我校的实际情况，我校将教学研究与小专题研究有机整合，让教师在教学工作中渗透科研工作，一边做教学，一边搞科研，实现教科研一体化。小专题研究一般以学科为主，通过同伴合作，以找问题的方式，分析本学科教研组在教学过程中存在的问题，然后挑选急需解决的问题作为研究课题。这样，教学问题就成为一个课题。比如，我校六年级数学教研组教师在讲"四则混合运算"中发现：学生上课能认真听讲，课后能按时完成作业，方法与思路也正确，但学生计算结果却不正确。为了让学生对枯燥的混合运算产生兴趣，提高运算的准确率，数学教研组教师确定以"提高高年级学生数学运算准确率途径的研究"为小专题题目进行研究。还有音乐教师做的小专题"自制歌曲小收本，营造音乐好氛围"，音乐教研组教师发现三圣乡区域的学生对音乐非常有兴趣，都想将音乐这门"边缘"学科学好，但是，囿于没有适合的大环境和氛围，音乐教研组教师便发动学生做"歌曲小收本"，专门收集各自喜欢的歌曲。由于"小"，学生可以随时揣在衣服口袋里，方便学生随时随地练习歌曲；由于人人都"有"，同学们可以三三两两聚集在一起随时练习。这样既有共性，又有鲜明特点。

2. 要求每个教师撰写科研案例和科研读书笔记。我们重点抓了与课题有关的科研案例，搭建教研与科研的桥梁，促进了科研课题的实践化，也为教师和学校进一步探讨科研渗透点提供了依据，同时科研案例的普及也相应地提高了教师的科研素质。我校制定了《成都市三圣小学课题管理细则》，细则规定：每学月教科室工作人员召开两次工作例会，每学月各课题（小专题）组召开一次课题（小专题）组学习会。在工作例会和学习会上，一方面，小结前期工作，布置本学月工作；另一方面，就是交流科研案例和科研读书笔记。我们深信每人拿一个苹果与人交换，结果还是一人一个苹果；而每人拿一个小收获与人交换，结果是每个人拥有若干个小收获。

3. 扩展教研职能，开展教科研一体化的研讨活动。以教研本身的扩展促进课程教材育人的系统构建，以教研向科研扩展促进理论转化为先进的素质教育行为。我们注意发挥各课题相互渗透，互促共生的整体优势，促进学生综合素质全面的提高。长期以来，我校确定每周三上午是语文教研时间，每周四下午是艺体课教研时间，每周五上午是数学教研时间。改变了以前教研就课论课单纯的教研方式，开发富有特色的校本研修，一改以前教研只单纯做教研的局面，让教师在教研时间里既搞教研又搞科研，使教科研一体化。在研修之前，因"势"制宜、确定主题、细心准备；研修时认真思索，积极发言；达到带着问号进课堂，带着句号出课堂的效果。2007年10月，成都市教育科学研究院刘旭老师和锦江区教师进修学校老师到我校对校本教研推进工作进行考察，不仅听了我校岳涛老师的语文课《一枚金币》，还参加了我校语文教研组的评课。刘旭老师由衷地发出了感叹，连说三个没想到："没想到成都市三圣小学的校容如此美丽！没想到三圣小学的孩子这么可爱，教师素质这么高！没想到三圣小学教科研一体化的校本研修落实得这么实在！"在场的老师们对刘旭老师"三个没想到"评价深受感动，非常受鼓舞。我想，这"三个没想到"是对我校教科研一体化实施工作最大的肯定。

4. 科研与培训一体化，提高青年教师科研能力。统计数据显示，我校35岁以下青年教师约占全体教职工人数的60％，25岁以下青年教师约占全体教师的25％。近年来青年教师人数逐渐增多，抓紧抓好对他们的培养，关系到学校未来的发展。为此，我们一是建立青年教师科研成长档案；二是开展青年教师科研沙龙；三是举办青年教师科研技能展示；四是课题组与教研组结合，帮助青年教师上好科研课。

5. 规范课题研究，提升研究成果。我校按照有计划、有培训、有研究、有课例、有文章、有考核的要求，规范课题研究。2002年11月，我校市级课题"关于家庭教育观念的转变研究"通过成都市教育科学院鉴定合格。我校承接的中国教育协会"十一五"重点子课题"发展性教师评价"和区级课题"培养城乡接合部学校学生行为习惯的实践研究"也通过结题验收，其他各课题相继在市、区级研讨交流中多次做材料交流。我们还不断拓展科研成果"出口"，收集整理学校获奖论文集等。学校的科研工作实现日常化、具体化，有力地促进了学校的教科研一体化实践。

6. 进行教科研一体化的评价。建立健全教学评价条例和教育科研评价条例相结合的综合评价体系，明确教研组长、备课组长、课题组长的工作职责和奖惩条例，对每一位教师都进行教学和教育科研工作的综合评价。例如：以前每学期初都要求制订本学期教学工作计划、学月教学工作计划，现在在相对应的条目上增加了"学期小专题研究计划""学月小专题研究计划"，让教学工作与小专题研究相对应，真正做到"问题即课题""工作即研究""效果即成果"。又如我校制定了《成都市三圣小学教学工作手册》《成都市三圣小学科研工作手册》，虽然只有两册，但是内容却是互补的。《成都市三圣小学教学工作手册》上有做读书笔记的条目，《成都市三圣小学科研手册》上就没有了，免得教师重复的做工作。这样既丰富了教师的文化积淀，又不增加教师额外的负担，既有效，又省时。同样，《成都市三圣小学科研手册》上有案例的收集，而《成都市三圣小学教学工作手册》上就没有这一项。学生还是同样的学生，老师还是同样的老师，让老师带着问题进行实践，带着思考出课堂也是我们不懈的追求。下一步，我们思考是否将《成都市三圣小学教学工作手册》和《成都市三圣小学科研手册》合二为一。

总而言之，"教科研一体化"是学校教科研的必然方向。这就要求学校必须构建好教科研一体化管理网络，将教科研融入日常的具体工作中。培养我们的教师在教研实践的基础上，不断提炼升华，形成理论和方法，提升科研的能力。与此同时，把在科研中学到的理论，掌握的方法和策略，用于指导教研活动，在教学中验证其真伪与优劣，达到以研养教，以教促研的目的。

学校教科室管理的策略研究[①]

一、研究动因

成都市三圣小学的教育科研工作起步较晚,科研基础较薄弱。但城乡一体化进程给成都市三圣小学带来了前所未有的机遇:学校整体搬迁,学校周边环境得到极大改善,生源得到不断调整优化,各名校也相继入驻该区域。在如此情况下,如果三圣小学不能抓住机遇实现第二次突围,将来的发展将会更加困难。

质量的提升,必须依托课程改革;课程的高质量实施,离不开高水准的教师。为了帮助教师更快地适应锦江区教育的高速发展,提升个人专业化水平,学校各教科室紧紧依托锦江区小专题研究平台,大力推行小专题研究,培养研究型教师。

二、研究目标

1. 通过研究,提炼出学校各教科室工作推进的组织策略。
2. 通过研究,整理出学校科研工作的指导策略。

三、研究内容

1. 分析学校各教科室在学校行政结构中的定位,确定工作思路。
2. 研究学校ISO9000标准化管理理论知识及案例知识。
3. 剖析小专题研究的过程,梳理、优化小专题研究所需的资料。
4. 优化《小专题研究手册》,增强手册的线条感和逻辑性,使《小专题研究手册》更适合一线教师使用。
5. 调查教师在小专题中需要指导的部分,在校本培训的同时,对教师进行科研方法的培训。

[①] 本文获成都市教改论文二等奖。

6. 总结指导小专题研究的策略。

四、研究效果

在多年的教科室管理中，学校培养了一批理论知识充实、实践经验丰富、科研成果丰硕的教学骨干。现在，这批教学骨干已经在各自的岗位上独当一面，发挥骨干引领作用。每学年的科研评优活动中，我校的科研成果成绩斐然：2005年有一项小专题获奖，2006年有两项小专题获奖，2007年有3项小专题获奖，2008年有4项小专题获奖。教科室主任陆续参加了2009年7月辽宁本溪教育参观团的经验交流汇报；2008年12月的成都市教育科研年会的经验交流；2009年3月区教科室主任高级研修班经验交流汇报，并被评为该班"优秀学员"；多次在教科室主任联组会上交流汇报研讨。学校被评为2007—2008学年度"优秀小专题管理单位"。老师们的教研成果也陆续发表在《时代教育》《锦江教育研训》上，"新华网四川频道"也报道了相关文章（《小专题研究，护航美丽人生》）。

五、研究成果

（一）清晰教科室管理思路——扁平化行政架构下的标准化管理

要做好教科室工作，要厘清教科室的功能定位、行政架构中的定位等，找准定位才能选择最恰当的切入点。成都市三圣小学三年发展规划中明确指出：学校教科室是教育服务部门，它与总务后勤一样保障学校教育教学顺利进行，但与总务后勤的区别在于教科室是保障学校教育教学顺利进行的技术层。

根据教科室分工合作，科学分配任务。原则是既能推动教科室常规工作，又能让每个成员独当一面，实现术业有专攻。笔者将学校教科室分成3个小组：培训组、研究组和宣传组。每个组员既隶属于教科室，又隶属于学校各教研组，科研工作对学校各群体的渗透是全方位、多角度的，可以避免教学科研脱节的现象，可以切实做好教学科研研究。

我校行政架构基本属于扁平化管理，见图1。

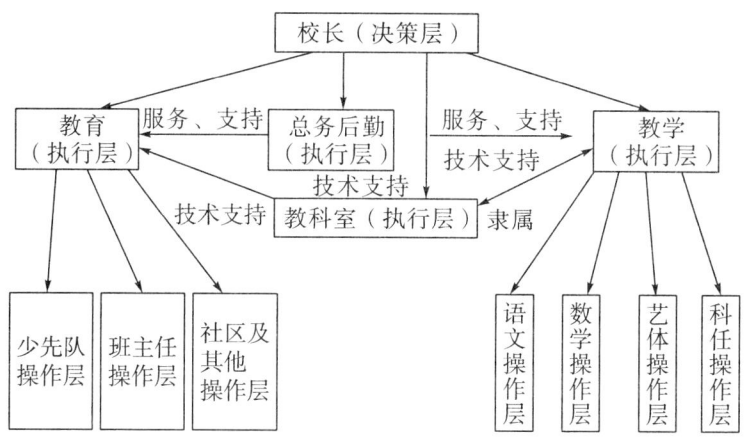

图1 扁平化管理模型

扁平化管理模型显示出如下特点：①部门版块——扁平化；②教科室——半独立化；③人员——流动化。

在这样的管理模型之下，我们紧紧抓住"三快"。①思路快。行政例会上，利用和校长直接交流的机会，提出工作思路，汇报工作情况，争取科研权益。②下手快。在选拔科研人才方面，一定要慧眼识珠，眼疾手快。③调整快。根据学校发展需要、课题需要，积极依托各部门关键人物开展工作。

（二）制定标准化小专题研究工序

1. 建章立制。根据区教育局对学校科研的要求以及近年来学校科研的发展状况，笔者重新修订学校教科室的管理章程，包括教科室岗位管理职责及课题管理要求。修订后的教科室管理章程，最大限度地发挥了教科室的功能，为学校科研的发展奠定了组织基础。

2. 优化《小专题管理手册》。近年来，我校深入地了解小专题的研究流程及研究方法，认真解读锦江区教师进修学校"小专题管理办法"，我们将锦江区进修学校发展室的《小专题管理手册》进行了整合优化，形成了《成都市三圣小学小专题管理手册》。优化后的手册，在保留原手册内容的基础上，主要增加了小专题的研究过程性管理页面，增加了小专题考评页面、小专题阶段报告页面，还有小专题研究记事页面等，调整了"案例""反思与调整"的页面位置。如此，小专题研究的过程清晰地呈现出来，即使是初次做小专题研究的老师，也能通过较短时间熟悉研究流程，掌握研究方法。通过实践证明，我们的老师使用改良后的小专题手册后，降低了研究的难度，提高了研究的实效。

3. 强调档案管理。以前教师对资料的收集和整理的观念比较薄弱，所以，我专门整理出了《小专题研究目录》帮助教师进行小专题的档案管理,《小专题研究目录》在锦江区内不少学校教科室广泛使用(见表1)。

表1 小专题研究目录

分类	序号	目录	备注
规定资料	1	课题立项申报表	1份
	2	立项申批文件	1份
	3	课题方案	保留各次修改稿
	4	课题综述(或答辩)	
	5	课题实施学期计划	每期1份
	6	课题阶段小结	标明1份
	7	课题直接负责人学员考核	
	8	课题个人学月考核	
	9	课题研究论文	本组研究人员1期至少1份
	……	……	……
特色材料	1	现代教育媒体软件资料(包括幻灯片、投影片、录像带、VCD、CAI课件、照片等)	
	2	课题日常调查及分析	
	3	各种类型特色活动	

(三)薄弱学校小专题研究管理组织策略——"扑克式管理"

短短几年时间,我校的科研工作推进态势良好,教师参与科研积极性高涨,科研成果如雨后春笋般层出不穷,"扑克式管理"策略功不可没。

所谓"扑克式管理",就是借助扑克牌里的"JQKA"等牌的称谓谐音,通过特定组合,针对教育科研处于不同阶段采取不同的管理策略,使教育科研工作保持可持续发展,实现教育科研为学校特色发展服务,为教师专业化发展服务,为提高教育教学质量服务。

如果说学校管理的效益是课程,那么教育科研管理的效益就是培养具有高度专业化的研究型教师。要培养研究型教师就必须要求学校具有保障研究型教师成长的管理机制,而机制的产生、磨合、调整、运行的过程就是我校科研管理策略形成的过程。我校在近年的教育科研管理过程中,根据学校科研工作发展的不同阶段,设计了以下扑克组合(见图2)。

图 2 管理模式与策略

组合含义是：我们借用代数原理，将扑克牌面含义代入各阶段策略中，将得到以下各阶段教育科研经营策略。

1. 第一阶段：专家引领，个体发展——"JQK"策略。

"JQK"策略解读：首先，通过榜样实例和利益驱动（政策倾斜）策略，转变教师科研观念，激发教师的科研主动性，逐步增强教师的科研意识。其次，为教师进行科研"洗脑"，从思想上认同教育科研，行动上参与科研。最后，学校创造学习机会，让率先进行科研的部分老师接受专家指导，以逐渐提升教师的科研能力。

应用要点：这一阶段对转变教师观念，树立教师新时代价值观相当重要。能够有一定的政策倾斜（考评倾斜、进修机会倾斜等），无疑会增加教师参与科研的兴趣。

2. 第二阶段：同伴互助，团体作战——"QKA"策略。

"QKA"策略解读：科研工作推进到第二级时，扶持教师取得科研小成果显得尤为重要。树立榜样、保障教师获得个人成功体验是科研激励策略的体现。二级驱动成功以后，趁热打铁，抓住机会，将这部分具有研究能力的教师送培参加"科研骨干班"。对从事研究的教师进行更加系统的科研理论、科研方法培训，让教师较熟练地掌握课题研究流程，提高教师科研"六力"，即选题能力、文献能力、取样能力、方法能力、分析能力、写作能力。当这部分老师取得实质成果时，学校、教科室要善于提供平台，晒出 A 的成果，推广 A 的成果，努力使 A 成为我校一张科研名片。用"顶端优势法则"打造教师，打造学校教育科研，争取在区域内有一定影响力。

应用要点：当绝大多数老师走上科研这条路上的时候，健全完善的科研分级培训机制就是关键，此阶段应在校本培训上着力。

3. 第三阶段：骨干带头，百花齐放——"KA王"策略。

"KA王"策略解读：此时，我校已经有一批研究型教师在区域内有一定影响力，我们要善于引导，相信他们的实力，放手让他们承担级别更高、内容更广的课题，在实践中锻炼他们的科研能力，以期带动更多教师提升科研能力，向研究型教师迈进。同时，走在最前端的教师将得到更广大的平台，成为具有高度专业化特点的专家型、学者型教师。这是我们美好的愿景，未来发展的蓝图。

应用要点：个人的成长离不开适合成长的土壤。无论是专家型还是学者型教师的发展，都离不开朝夕相处的"研究型共同体"。校园内是否形成"研究型共同体"，是本阶段策略能否成功的关键。

总的来说，这三个阶段的策略应用呈向上互生态势。如果运用得当，将有力地推进学校教育科研工作，有效保障研究型教师成长，促进学校特色形成，促进学校教育质量全面提升。

（四）薄弱学校小专题研究管理指导策略——"泡、借、问"

如果说"扑克式经营"为学校强势推进科研铺平了道路，教科室更重要的任务就是强力锻造学校科研的核心技术——科研方法的具体指导。根据多年来的经验，笔者主要运用以下方法为教师指导科研（以小专题）提供帮助。

1. 泡——泡菜效应：营造氛围，沉浸其中。

（1）校内科研政策倾斜、评价（学月评价、学期评价）引导。

（2）合理竞争。

（3）强势洗脑：以研究型教师的培养和保障机制为主题。

2. 借——他山之石：借力发展，借力打造。

这个指导策略主要依托锦江区进修学校发展室专家老师。锦江区进修学校发展室为学校小专题研究提供的平台较多，有蹲点教研员直接指导、教科室主任高级研修班研讨、高级研修班小组研讨、教科研联组研讨、区域科研QQ群、各校科研常态开放等，我们充分利用这些宝贵的资源借力发展，借力打造。这样，不仅能实现借锦江区进修学校的力，还能实现校际交流。

3. 问——"一休式"指导：问答式指导模式。

笔者到锦江区一所小学去办事，偶然间看到一个六年级数学题目。大致是说把一个正方体铁块浸到一个装满水的杯子里，杯子里的水溢出来了。后来铁块拿出来后，杯子里的水下降了若干厘米，问铁块的体积。我与接待我的该校老师说："这道题对我校的学生来说不难，虽然它与八年级的物理题相似。"该校的老师很诧异："你教语文，为什么还懂数学，而且还懂得那么多？"我很骄傲地告诉他们："我们学校老师教我的，我还知道他们如何讲授。"丝毫不夸张，我们学校各科老师经常告诉我他们的独门秘籍：美术老师教我"用加法指导学生的美术创作"，音乐老师教我"利用小收本营造良好的音乐氛围"，班主任教我"如何开展亲子俱乐部活动"……

这一切，来源于我的"一休式"指导。

所谓"一休式"指导，包括"提问，回答"式；"你问，我答"式；"我问，你答"式。根据不同类型的老师，通常会谈若干次，这是一项细致活儿！如果是科研新人就更好带了。

科研新人新入职，就遇到第一次做小专题的任务，我深知做好新人的科研入门很关键，于是从与新入职教师第一次聊天摸底开始，工作中情况怎样，遇到哪些问题，这些问题哪些解决了，怎么解决的，哪些还没有解决，没有解决的你准备用什么办法解决等问题。

遇到没有解决的问题，我们一起想办法帮你解决。我们分别查资料、请教资深教师等，下一次我们再谈。草蛇灰线，绵延千里。这一阶段的指导要有针对性，尤其是有主题的教学研究，十分有用。

初定框架，简单论证。即一边问答他的问题，一边按照"方案"要点帮他做简单的记录，完成后这张纸会成为他的"方案"蓝本。"方案和研究报告"指导的意义，在笔者撰写的文章《不拘一格写报告》中有提到，具体包括以下方面。

你遇到的困难是什么？（题目）

这个问题是在什么情况下出现的？（研究背景）

预计解决问题后（研究后）达到什么效果（目的）？（研究目的）

弄明白这些问题，然后用了上一次给他留的作业。

准备从哪几个方面去研究解决，用怎样的步骤去解决？这样，研究内容、研究步骤基本就有了。根据不同的小专题，事先一定要做好研究内容版块的预先分解：或者是"横切橘子法"的横向分解，或者是分阶段实施法的纵向分解，研究内容是我校老师遇到困难最多的一个项目。鉴于此，在学校校本培训时，我专门做了"研究内容的分解"的培训。根据具体情况，通过课题界定、文献综述、研究预期成效等方面相继解决。

"泡、借、向"程序完成之后，学校小专题研究的方案的雏形基本具备。老师以这个雏形为蓝本，撰写方案。这样就大大降低了科研入门的门槛。需要注意的是，自始至终，我只提供了研究要素，涉及方案具体内容的部分，完全来自教师本身。

六、研究的不足及努力方向

1. 由于受组织框架的制约，我们的小专题研究在教研活动中占的份额还不足。如果能优化组织结构，可以将小专题研究和教研结合得更好。这样，更有利于经验的梳理和成果的总结，也能更加节约时间。

2. 在研究的过程中，还可以加大全员的科研培训比例，完善学校校本培训机制，让科研培训成为校本培训的重要部分。这样，更有利于教师掌握科研的正确方法。

学术引领方向　学术助推发展[①]

——学校教科室引领学校加速发展的经验总结

祝国寺小学是成都市锦江区一所涉农学校。较偏的位置、复杂的师资、大量的流动学生，让祝国寺小学老师的教学工作困难重重。在锦江区教育高速发展的大背景下，学校在艰苦的环境下努力奋进，进行突围，取得了一些成效。我校目前拥有一支战斗力强的干部队伍和吃苦耐劳的教师队伍，但是师资队伍结构还有待优化；教师的课堂有了一些改变，但是教师课改理念还需要更新，教师的专业情感、专业能力等需要增强。所以我校2010—2011年度的中心发展目标仍然锁定"队伍建设"毫不放松，只有培育一支高度专业化的教师队伍，才能实现学校的中心目标——提高教学质量，提升办学品质。

为此，我们不断探索，构建学习型校本培训组织框架和以学术力提升为标识的培训主体，让学术力提升成为祝国寺小学实现再次"突围"的突破口。学术力强弱的关键在于学校教科室的学术领导力和执行力。所以近年来我校坚持以"科学提质、绿色提质"为中心进行总体布局，以教科室团队领衔深入研究、解决各种问题。在这个过程中，我们感到学校在诸方面有许多变化，特别是我们的教科室蓬勃发展，科研团队逐步稳定成熟，科研骨干生机勃勃，科研新苗茁壮成长。

一、重构管理框架，优化管理内容

我们以"明德善学、进而不已、和谐发展"为学校管理的导航系统，以学术力发展为中心，重构学校管理框架，扩展教科室职能。围绕学术发展来探索学校管理和谐的支持系统的建设，在近年的工作推进中逐步形成的管理版块。

[①] 本文获得成都市教改论文评比二等奖。

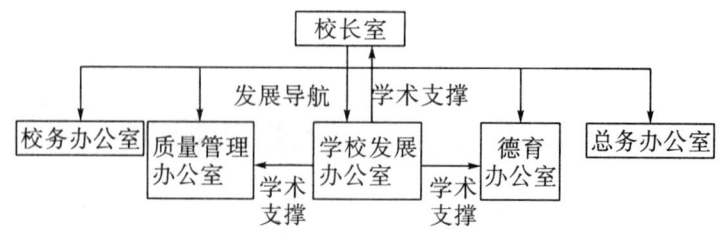

图1 学校管理框架调整示意图

【调整原因】为学校发展注入学术力。

【管理体制说明】从图1可以看出，原教科室调整成了"学校发展办公室"。除了传统工作任务——管理学校的科研课题、小专题之外，扩展了工作职能，延展了管理内容，承担了学校发展规划、课程与教学、学术及知识管理、人力资源开发等任务。实践表明，让学校发展室作为学校各主要部门的学术支撑，对于学校各个部门围绕学术力的提升开展工作的路径最优、效果最好。

【分工和运作】我校围绕以学术力提升为中心的运作系统（以教学类课题为例，见图2）。在校长室领导下的学校发展室设两名兼职工作人员，主要完成发展室的课题文本管理和其他相关工作，质管室、教研组长、备课组长根据课题文本建议进行课题具体运作策划执行及知识管理，这样就能实现理论与实践的统一，避免教学研究"两张皮"的现象。

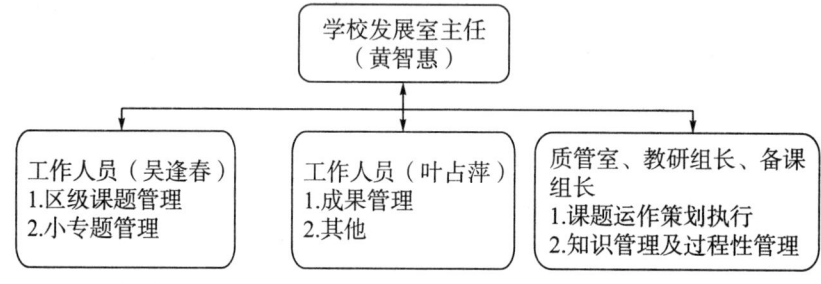

图2 发展室人员构成及分工

二、立足人力资源开发，着力构建校本培训体系，注入学术力

祝国寺小学发展室通过校本培训打造学校核心竞争力，提升教师团队学术力。我们深知，一所学校的核心竞争力是教学高质量，形成教学高质量离不开优质的课程，而教师是课程的直接生产者。提升学术力的关键在于教师，所以，我校发展室着力构建促进教师专业化发展的校本培训模式，打造学校核心

竞争力，以提升整个团队的学术力。

我们以"善于学习，追求更好"的培训理念引领教师积极投身于校本培训，努力提升自身素质，走专业化发展之路。为此，我们构建了校本培训框架（见图3），并不断丰富校本培训内涵。

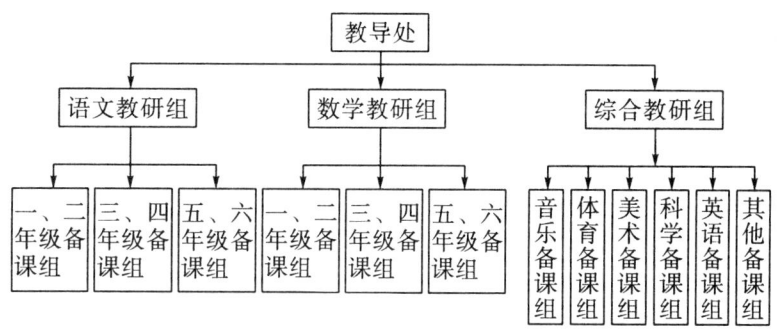

图3 校本培训框架示意图

（一）专注教师专业发展，提升学术力

1. 以职业生涯规划为突破口，注入一种积极向上的力量。

我校发展室确定了以帮助教师做好职业生涯规划为突破口，促进教师专业发展的自觉要求，提升教师专业素养。鼓励教师将个人规划与学科教研组和学校规划融合起来，实现个人行为与团队精神和目标的融合，最终达到共进共赢的效果。在工作中，督促教师按照职业生涯规划的阶段目标规范自己的教育行为，实现自我进步。

2. 教育科研专项培训。

科学技术是第一生产力。我们强调：科学发展、实效科研、科学地提升质量。基于这个理念，我们在加强教育科研导向，营造浓厚的科研氛围的前提下，做了以下工作。

（1）重构科研管理框架，施行扁平化管理，全程全域进行科研指导，增加管理深度，提升科研效益。

（2）用"扑克式"小专题管理策略加强小专题管理。

（3）以学校龙头课题"作业设计的管理与实践研究"带动全校科研课题的研究，科学规划，化整为零。

（4）加强教科研队伍建设。随着祝国寺小学教科研氛围的日渐浓厚，研究型教师群体的逐渐壮大，教师的素养也得到了更大的提升。

（二）引领专业发展理念下的教研组培训，加快团队学术力提升

1. 加快教研组建设，为教师营造充满活力的专业成长空间。

我们开展的基于专业发展理念的教研组建设，致力于改变以往事务性组织的面貌，将学科教研组功能进行重新定位，如"激励专业发展""切磋教学技艺""创建知识共享平台"等，注重教师教研的主体性、开放性和研究性，为教师营造充满活力的专业成长空间。其中，教研组长的培训是近一年来校本培训的重中之重，对教研组长委以重任，牵线搭桥，大力培养。

2. 从聚焦问题到主题引领的行动研究，不断激发教师的实践智慧。

我们主要以"主题"统领各教研组有效课堂研究。如我校2009—2010学年度上期的语文教研组的"习作课堂教学"研究、"有效作业设计"研究；数学组的"复习课教学"研究；综合组的"学科过程性评价研究"都已经收到较好的效果。初步形成了"问题——主题——专家引领——实践反思——专家点拨——实践反思"的操作模式。通过螺旋式上升的主体性培训，教师的专业素养提高了，专业能力增强了。通过这样的教研组内的专业修炼，解决了困扰我们老师的各种问题。

3. 领衔学校全域开展"课堂观察"，更新教师课堂教学观念。

祝国寺小学发展室十分重视课堂评价的改革。从2007—2008学年度的泛评，到2008—2009学年度的"2+2"评课，再到2009至今的"N表观课"，勾勒出了我们对"有效教学评价"研究的轨迹。

2009年10月至今开发的学校"N表观课"，目标指向的重点是课堂时间有效利用、课堂目标达成率。"学生课堂注意力微格观测表"和"学生作业随查抽样"是"N表观课"的主观察表，还辅以自助菜单式的"学生回答关键问题统计表""教师课堂行进路线图"和"教师抽问分布图"等。课堂观察表使用因课而异，因人而异。通过课堂观察表的开发与利用，追本溯源，转变了教师的课堂教学理念，帮助教师找到了影响教学效果的基本因素，改善了老师的教学行为。

三、构建祝国寺小学"交互式课程群"，助推学校优雅转身

祝国寺小学发展室根据学校"明德善学、和谐发展"的人才培养目标，我们初步构建了"交互式课程群"，分别是学科课程、中介课程、"五动空间"实践课程。

（一）学科课程的目标和内容

落实国家地方课程的知识性课程。

（二）中介课程的目标和内容

如果说学科课程传授给学生的是基础知识，而解决问题需要的是基本技能，那么，在"基础知识"和"基本技能"之间则应该有一个"中介课程"。这个中介课程的作用就是填补、弥合"双基"的空白，连接"双基"的桥梁。我们可以借助中介课程，培养学生的实践能力和创造能力。

（三）"五动空间"实践课程

基于培养学生核心能力的四大领域和六大能力，我们提炼出"五动空间"实践课程。我们通过学科课程、中介课程、"五动空间"实践课程灵活构架起学校的课程框架，我们把这个课程框架暂定为——交互式课程群。

目前，在上级领导和各级专家的指导下，学校发展室初步构建的"交互式课程群"已经在学校全面实施。"交互式课程群"的构建与实施，能够助推学校上一个新的台阶，实现一次优雅转身。

四、取得的成果

近年，祝国寺小学发展室蓬勃发展，科研团队逐步稳定成熟，科研骨干生机勃勃，科研新苗茁茁壮成长。

在学术力的助推下，祝国寺小学乘势发展，各项工作都取得了突破：教学管理连年获得区级表扬；学校第一个区级课题"农民工子女人际交往的引导研究"顺利结题，第二个区级课题"涉农学校学生作业设计的实践研究"进展顺利；小专题研究从最初获奖率的空白，到以后每年获奖稳定在4~5项；祝国寺小学老师还应邀参加"锦金合作交流"的专题讲座（《营造家庭良好阅读氛围的研究》）、参加市内外区学校的科研辅导（到双流区双华小学）；上个年度，祝国寺小学管理团队还参加了区级交流专题发言；各级获奖、发表论文无论是数量上还是质量都逐年上升。

祝国寺小学与其他学校相比，取得的成绩还微不足道。但相较祝国寺小学的过去而言，这些"转身"和"成绩"却是极其重要的。

如果说取得的成绩是育人理念的改变，是教学行为的改良，是专业底气的积淀，是破釜沉舟式的"二次突围"的外显。那么，管理体制的重新"洗牌"就是祝国寺小学人敢于自我修正的气魄！

无论是学校管理体制的改革，还是课程内容的不断优化，祝国寺小学领导班子的心中装着"人"。学校发展室通过为学校各项工作注入学术力,提供学术支撑,把握锦江教育脉搏,以祝国寺小学特色的校本培训方式培养人、发展人、成全人。今后,我校发展室将一如既往引导老师们深挖学术力内涵,助推学校走科学发展和学术发展之路。

浅谈小专题研究与教学工作一肩挑老师的收获[①]

——教科室管理体悟

祝国寺小学地处三圣花乡,毗邻龙泉山脉,学校前身是一所乡中心小学,多年来交通不便,信息闭塞,学校教科研工作起步较晚,始于1999年末,到目前为止,学校教科研工作仍处于发展爬坡期。在此期间,笔者一直工作在学校教育科研工作第一线,见证了我校教育科研工作从无到有的发展历程,我校科研工作经过了以下三个时期。

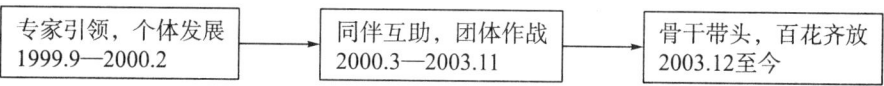

第一阶段完成1个课题:"家校互动和谐"。子课题:"关于家庭教育观念的转变研究"。7人参与研究,占教职工总人数的14%。

第二阶段完成1个课题:"培养城乡接合部学校学生文明习惯的实践研究",12人参与研究,占教职工总人数的24%。

第三阶段完成3个大课题,中国教育协会"十一五"重点子课题:"促进研究型教师成长的学校评价研究""农村学校文化反哺学生家庭文化的研究""校园生态环境和谐的研究"。此外,近几年累计完成了21个小专题,每学年参与研究人员达到100%。

四年前,我校借成都市城市整体东移发展之机,搬迁到新校舍,我们思考学校在拥有了"新衣"的前提下,也应拥有崭新的面貌,焕发勃勃生机。

教学质量是学校的生命线,学校要发展,质量要提升,教师要进步,怎么办?请教专家。地处偏远的我校如果只靠专家的亲临指导,那无异于涸辙之鲋,怎么办?只有一个方法——自救!拿什么自救呢?此时,适逢锦江区进修学校发展室在全锦江区积极实施小专题研究之际,而小专题研究的特点一是研究内容切入点小,二是研究时间短。小专题研究这不正适合我校的校情吗?从

[①] 本文2008年6月发表于《时代教育》,获得成都市课程改革征文三等奖。

此以后，我校走上了小专题的研究之路。

一、小专题研究，力促教师成长"根深叶茂"

学校在不断的发展壮大中，新进了一大批刚从学校毕业的大学生。这批大学生充满朝气，但实际的教学经验几乎为零。一两个新教师可以手把手教，三四个新教师还可以一节节课带，可陆续来十几个新教师，就是个相当棘手的问题了。如何保证新教师一年站稳讲台，三年成才，我们思索着……

子曰："学而不思则罔，思而不学则殆。"韩愈先生也说："行成于思，毁于随。"所以，在新学期前，我们就对新教师进行岗前培训。树立"问题即课题，工作即研究，效果即成果"的教育理念，鼓励新教师在即将开始的教育教学工作中寻找规律，发现问题，通过科研课题，解决问题。

果然，我们的新教师在工作之初都遇到了不同程度的问题。其中有一位班主任，也是该班的语文老师，常常为如何与家长打交道而苦恼，毕竟，她也是刚刚从家长的呵护中走出来的新生代老师啊！但是总不可能永远不和家长打交道吧？当这位老师遇到这个问题的时候，教科室建议她做一个这方面的专题研究，探索与家长沟通的途径。

她经过反复的思考和教科室的论证，她与同伴确定了以"周末亲子俱乐部的实践研究"为研究的小专题。小专题就是针对本区域学生家长没有习惯与孩子一起过周末的现象，开展一次周末亲子俱乐部活动，以加强家校联系，促进家校沟通。在这个小专题研究中，该教师陆续开展了"三月三，风筝天""我是快乐的野炊家""康乃馨之恋"等一系列周末亲子俱乐部活动。在活动中，这位老师与家长沟通顺利，配合默契，达到了预期的效果，该小专题研究一年后顺利结题并获奖。

紧接着，该教师又针对该班实际情况和北师大版教材特点，因时制宜，确定了"传承文明系列课题——从小做个诚实的孩子"这一小专题。通过研究实践，贯彻新课标方针，培养学生诚实的良好品质，该小专题研究又获得了锦江区"优秀课题"的奖项。

通过连续几年的磨砺，该教师现已成长为学校语文组骨干教师和教科室工作人员，她现在是大课题研究的负责人并参与指导其他小专题的研究。

小专题研究不仅为教师提供了对典型的教学问题的解决方式，也是培养新教师的摇篮，更是让新教师一年站稳讲台，三年成才的不二法门。

二、小专题研究，唤醒教育情感，造就心灵慧根

苏霍姆林斯基说过："如果你想让教师的劳动能够给教师带来一些乐趣，使每上课不至于变成一种单调乏味的义务，那你就应当引导每一位教师走上研究这条幸福的道路上来。"

中青年教师作为学校的中流砥柱，在我校教师队伍中了相当大的比例。学校在这一阶段发展中，"瓶颈效应""中年效应"纷至沓来。特别是"瓶颈效应"制约了我们绝大多数老师的发展，这一部分老师，有着相当长的教学经历，积累了不少的教学经验，取得了不错的教学成绩，但是，要往纵深发展却很难。究其原因，一是从业时间太长，过了事业的冲动期。二是科研意识不强和科研成果较少，导致教学水平很难有更大的提升，指导能力也有限。对这部分的老师，我校教科室组织力量，请专家帮他们把脉诊断，找出制约发展的原因，然后共同商议，确定研究切入点开展研究，解决存在的问题。

我校五年级语文组的老师平均教龄超过 15 年，从业时间最短的老师也近 13 年。这个组老师的特点是专业知识扎实，教学手段多样，与家长沟通娴熟。教学成果特点是：基础扎实，阅读一般，习作过关。专家组指出，该组老师阅读教学可以进一步加强。该备课组内部的研讨，也决定以"阅读训练"为突破口做小专题研究。通过教科室论证，赞同该组教师剑指阅读训练，提升教学水平，最终确定"亲子美文共品，营造良好阅读氛围的研究"为小专题研究方向。

在该小专题研究过程中，该小专题组老师抓"家庭小书架"的创建，创设亲子品文的阵地；制作亲子品文卡，推荐美文；以一学期数次的家长开放日为平台，开展亲子共品美文的分享会，通过家校联谊，总结成果。

该小专题在研究的过程中，经过了无数次的专题研讨，打破了 3 个教师教学中各自为政的坚冰，活动方案设计解放了教师经验的桎梏，教案设计也日臻完善，案例的撰写使教师与学生的心贴得更紧了。一学期以后，整个五年级学生语文考试平均分都在 100 分以上（总分 105 分），是全校总体成绩最好的一个年级。

教师从事研究的目标是追求自身的专业化成长，改善和提升实际的教学行为和能力，而小专题研究提供了解决特定教育问题，分享实际教育经验，不断反思的平台。

科研与教学犹如一对孪生兄弟，教而不研则浅，研而不教则空。两者相辅

相成，缺一不可。而小专题研究有利于教师在探索氛围中实现知识和技能、过程和方法、情感态度和价值观的全面发展和升华。因此，教师要善于从常态教学中培养科研的敏感，发现问题，唤醒教育情感，将思考升华为思想，凝成智慧，最终服务于教学。

缘定"祝三"①

——三问三答推进"祝三"教育联盟工作

一、缘起：肖校长的电话

2016年4月，一个春风和煦的日子，我接到了来自成都市校长研修班金堂三星镇小学肖相金校长的电话。肖校长再次向我提出："真诚地希望借锦金教育联盟平台，能与祝国寺小学携手结对，助推学校发展……"这已是作为我同学的肖相金校长第二次抛来橄榄枝，我不能只当是同学间的寒暄而已。其实我不是不愿意结盟，上一次肖相金校长提出来，我也有认真思考，但确实有难处和顾虑。所以，我认真地在电话中把对两校达成联盟交流的顾虑，向肖校长进行了坦诚的沟通，见表1。

表1 达成"祝三"两校联盟交流沟通表

	锦江区祝国寺小学黄智惠校长	金堂县三星镇小学肖相金校长
沟通内容	情况： 1. 祝国寺小学是科研强校、特色明、质量好，但目前正处于拆迁过渡时期，过渡校区的校舍简陋 2. 祝国寺小学在中心城区，但地处锦江区最偏远的地理位置 3. 祝国寺小学班额少，生源96%来自外来劳务工人员子女 顾虑： 祝国寺小学可以引领金堂三星镇小学发展吗？金堂三星镇小学的老师们愿意与祝国寺小学的师生携手共同进步吗？	回答： 金堂三星镇小学虽然地处金堂中心城区，但是生源情况与祝国寺小学相似，祝国寺小学硬件暂时不够，但是办学品质高，软实力强。 总之，祝国寺小学的教学经验更接地气，比较适合三星镇小学目前的发展状况

---

① 祝三：指锦江区祝国寺小学和金堂县三星镇小学。本文是成都市重点课题子课题"促进教师专业化发展的'祝三'对话实践研究"的过程性案例。本课题获得了2017年度成都市优秀课题称号，此文获得了成都市基础教育课程改革2018案例征文比赛一等奖。

基于肖校长对祝国寺小学的信任和结对的真诚,以及我俩共同的教育理念,让我最终放下了顾虑,经向上级汇报请示批准,"祝三"两校于2016年4月携手踏入了"锦金"教育联盟平台正式结对。两校申报了"促进教师专业发展的'祝三'对话的策略研究"的省级课题,以课题研究的形式推进两校结对工作,聚焦提升两校教师专业发展,构建对话机制,探索对话策略,总结对话经验。

相识容易相处难。对于没有结对经验的两校来说,结对之后的"祝三"怎么对话,对话的内容是什么,两校怎样持续推进工作,等等,我和肖校长又陷入了深思。

二、缘定:我们就这样干

问题一:"祝三"怎么对话?

"祝三"怎么对话是两校首先要解决的问题。有来有往谓之"对话",构建一套适宜的对话模型是开展结对工作的前提。

答案:构建"祝三"对话模型,确定对话原则、方式、内容等。

自从认证结对以来,我和肖校长立足于两校校情,确定了以"平等、互助、开放"为对话原则,明确了提升教师专业素养为对话核心目标,构建了以常态式对话、互助式对话、开放式对话三种方式进行互动的对话模型,见图1。

图1 "祝三"对话模型

常态式对话以聚焦教师专业素养，基于两校正常教育教学秩序的情况下而进行的常态互访对话；互助对话指"祝三"两校取长补短，引领对方发展而进行的互助对话；开放式对话则关注两校目前需要或准备发展的方向，但在双方均不能为对方提供支持和帮助，需要借助第三方的共学对话。

三种对话方式旨在两校互动发展的不同内容，效果显著。比如2016年11月16日，在三星镇小学举办了"以小专题推广促进教师专业发展"的区（县）级现场会。当时三星镇小学一年级的新生人数较往年相增多，又正值三星镇小学教师新老更替，因而小学低段语文识字教学工作遇到困难。祝国寺小学语文教研组正好在低段识字教学方面有相关研究成果，所以就举办了该活动。

这是比较典型的取长补短式的互助对话活动，促进了两校语文组对于"随文识字"的深入研究，并将祝国寺小学低段教学中识字的"五读法"的教学成果在金堂县进行了推广。

问题二:"祝三"对话的内容是什么?

找准对话内容。因为两校是"自由恋爱"结对,所以两校共同发展提高的愿望更加真切。但哪些措施能够促进教师专业化发展呢?双方的优势短板是什么?

答案:梳理对话的内容清单,确定对话内容,见图2。

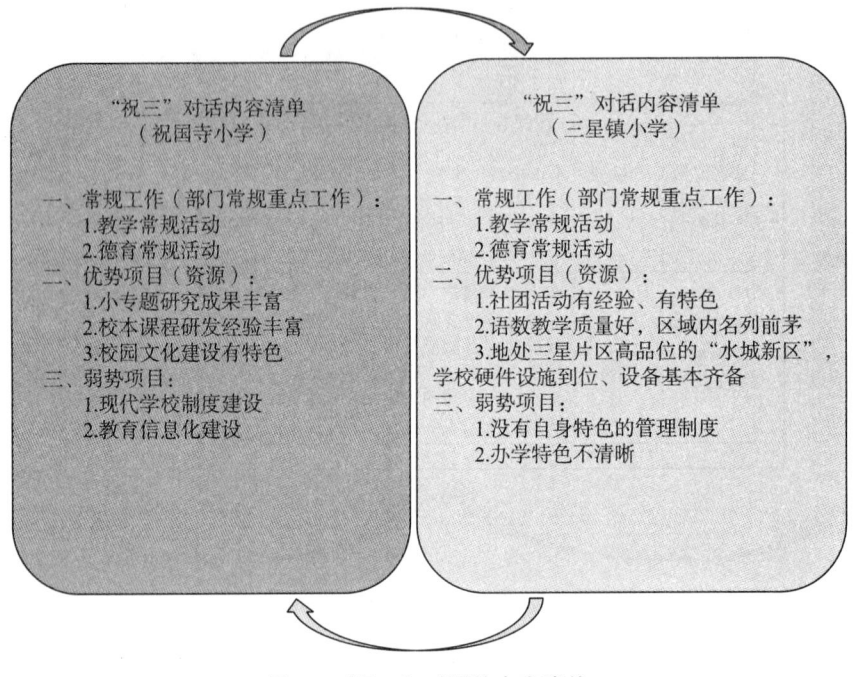

图2 "祝三"对话的内容清单

"祝三"两校从常规工作、优势项目(资源)、弱势项目(资源)三个方面梳理了"祝三"对话的内容清单,两校基于本校的发展需求和工作计划,结合对方内容清单协商交流的内容和时间节点。

1. 常规工作:以教育教学的重点工作为主。

2. 优势项目:以资源整合、引领对方发展为主。

3. 弱势项目:由两校利用各自的平台资源,争取学习观摩等机会,共同参与实践学习,以向外需求帮助为主。

从以上对话内容可以看出,这三类内容既有共性,又有个性。共性是两校常规工作都是紧抓教育常规和德育常规不放手。个性是祝国寺小学的优势项目是小专题研究、校园文化等;三星镇小学的优势项目是社团活动有特色和硬件齐备。这样正好在不同工作面形成坡度,利于取长补短互相学习。无论是共性还是个性的清单项目,两校相继使用三类对话方式落到实处——真实的对话。

问题三:两校怎么持续推进工作?

两校的对话是牵一发而动全身的事情,每一个环节都会影响整个交流活动的推进和落实,怎样才能保障"祝三"对话持续推进呢?

答案:建立"祝三"对话管理框架,保障对话持续推进。

"祝三"对话的三级管理框架是一柄双刃剑,顺利使用的先决条件是两校内部的三级管理框架的完善和正常运行。我们期待的"祝三"对话的工作是常态的,只有将"祝三"对话的所有活动融入教师日常工作中,这个项目才是真正为教师服务的。所以两校在现有的人员配备基础上,依托本校的管理框架,构建了"祝三"对话的三级管理框架(见图3),以提升教师专业素养为联盟发展目标,在不同的管理层级中,分别围绕学校发展规划、交流机制、制度建设、活动实践等方面,保障两校联盟对话实效开展。

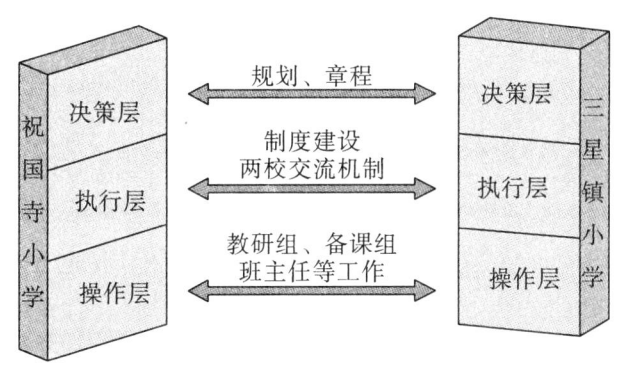

图3 "祝三"对话的三级管理框架

1. 决策层:保障提升教师专业素养有规划。学校发展规划决定学校未来的发展方向,学校发展可以推动教师发展。所以学校决策层通过办学章程、发展规划的制定,为两校联盟发展中提升教师专业素养、培养研究型教师,提升办学水平创造先决的条件。

2. 执行层:保障教师专业素养提升有秩序。两校交流对话需要制度的保障,适宜的交流、对话及制度建设,能保障两校教育教学秩序正常开展,交流活动也可以常态有序进行。

3. 操作层:保障教师专业素养提升有载体。对话中,两校依托各自的教研组、备课组、班主任等正式群体,合理进行资源整合、利用,为教师专业素养发展提供可行有效的教育教学实践活动。

正如前面提到,两校的三级管理机制与"祝三"对话措施高度匹配,两校合作计划与活动一体化保障了对话工作的顺利推进。以决策层为例,两校决策层在对话中,关注依法治校的配套制度建设,三星镇小学借鉴祝国寺小学制定了《金堂三星镇小学办学章程》,并以此为蓝本。有了制度的保障,两校在提升教师专业素养、培养研究型教师方面更加有效地落实推进。

三、惜缘:我们未来怎么走

风一程,雨一程,回首千帐灯。我们锦江区祝国寺小学和金堂县三星镇小学经过两年多的对话,结下了深厚的友谊,促进了教师专业化发展,还借此项目建立了对话模型、厘清了对话的三级管理框架。在双方不断的蜗行摸索中,我们也在反思和调整,下一步两校将继续完善促进教师专业发展的教师发展"五润课程",培养自己的名师大家。

教研篇

借助思维导图进行语文教材理解[①]

学生要实现以建构知识、发展能力、获得意义为目标的深度学习，必须回到"学生—学习—学科"这三大课堂教学的原点上，这三大原点规定了教师课堂教学的主体、活动、内容。教师的学科教材理解方式对内容的把握起着至关重要的作用，教师要实现对学科教材理解中的深透度、简洁度与准确度，可利用可视化工具——思维导图来加以实现。

一、何谓思维导图

思维导图是英国"记忆之父"托尼·巴赞提出的一种可视化思维方式，是放射性思维的一种表象。它模拟大脑处理事务的自然方式，调用左脑（逻辑、顺序、文字、数字）和右脑（图像、想象、颜色、空间感、整体思维）所管辖的不同思维范畴，全面发掘人的身体、语言、社交、记忆、创造、精神等方面的潜能；思维导图借助颜色、图像、符号将思维过程"画出来"，把枯燥的信息变成彩色的、容易记忆的、有高度组织性的图，完整地将抽象的思维过程形象化，帮助人们改善思维，提高学习效率。思维导图主要有四个特征：注意的焦点清晰地集中在中央图形上；主题的主干作为分支从中央图形向四周放射；分支由一个关键的图形或者写在产生联想的线条上的关键词构成，不重要的话题以分支形式表现出来，附在较高层次的分支上；各分支形成一个连接的节点结构。所以，思维导图能够直观地、有层次地显示出篇章的组织结构、连接方式以及一些重要的观点及事实证据，便于人的理解与表达。思维导图的这四个特征可以帮助教师建立结构化的学科知识体系，厘清学科线索，把握学科精髓和灵魂，从而解决学校教师自身的专业知识整体化、结构化缺失等问题。

[①] 本文2016年1月发表于《基础教育改革》，2016年6月被人大复印报刊资料《小学语文教与学》全文转载。获得成都市教改论文评选一等奖，在成都市教育学会教育改革与实验专业委员会年会上做大会交流。

二、如何利用思维导图理解语文教材

(一)"三读"中形成教材知识整体结构

1. 一读：一放一收，初读《义务教育语文课程标准》(2011年版)摸规律。

一放：在梳理小学语文教材（北师大版）体系之初，要回到原点——《义务教育语文课程标准》。根据课标描述，先罗列出各册知识点。

一收：将小学语文第一册到第十二册教材训练点整理出来，然后将整理要点汇总。

2. 二读：二放二收，引入思维导图找亮点。

二放：从一读中看出知识点显得散乱而庞杂，根据新课标精神，我们尝试从宏观层面发现小学语文学科可以具体分为内容与水平两个方面（图1）。其中，内容主要由性质与功能、要点与结构、知识与能力、价值与意义这四大板块组成。我们以"要点与结构"为例，引进了思维导图进行整理。

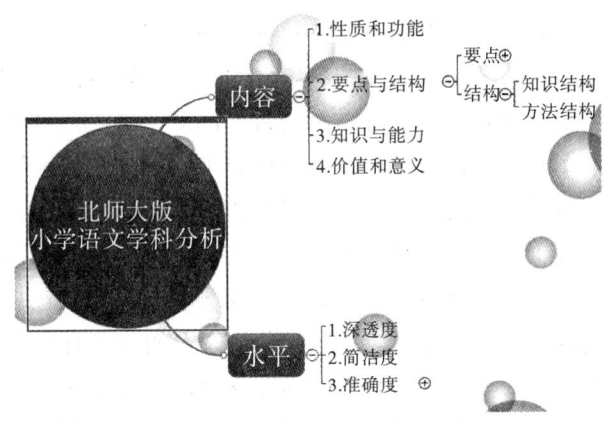

图1 教材解读大框架

二收：老师们在相互交流中进一步修改、完善自己的解读资料，同时将纸质的思维导图录入 MindManager 软件。该软件功能丰富，简单易用，快速上手，特别适合于进行思维导图的创建和管理，加深了对教材内容的理解。

3. 三读：三放三收，交流提炼出成果。

三放：尽管初步梳理出了教材体系中的知识结构体系，但是梳理出来的结果仍然不能清晰明了地表现出各教学内容的纵向脉络。此时，我们通过研读发现新课标中所涵盖的识字与写字、阅读、习作（低段为写话）、口语交际、综合性学习这五大板块的内容,根据知识与能力的关系,可以用基础知识和基本能力来概括。因此,我们继续研究整理资料,按照知识与能力的框架分别进行进一步梳理。

三收:在教师梳理出解读的成果后,集中进行各自理解的阐述。在聆听他人阐述的同时,提出自己的意见和建议,通过这样不断地交流、碰撞、完善,我们逐步提炼出清晰、直观的小学语文教材知识结构体系图的 MindManager 版本。

(二)在把握结构中把握整体

1. 掌握北师大版小学语文教材知识结构体系整体架构。

按照基础知识和基本能力初步解读出小学语文教材知识结构体系,如图 2 所示。

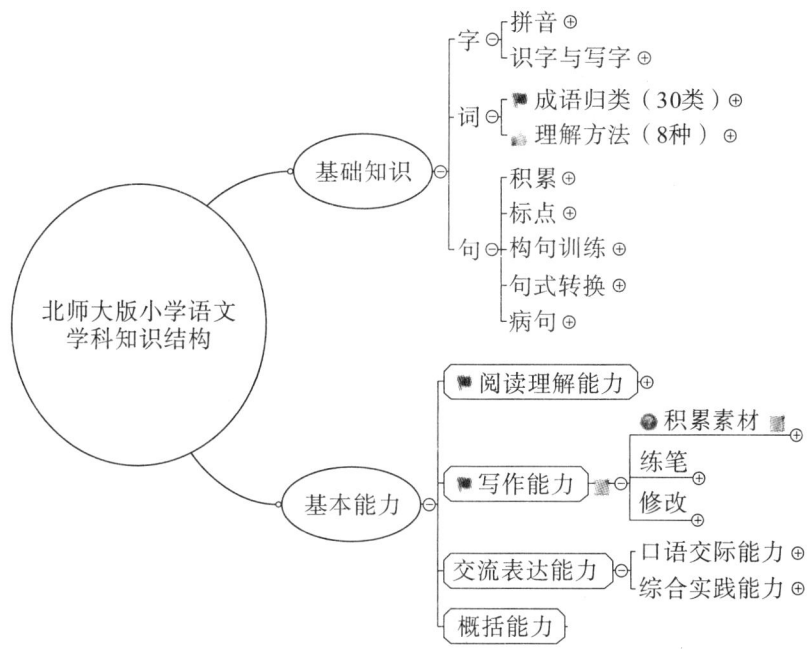

图 2　北师大版小学语文教材知识结构体系

有了这样的学科知识结构体系图,教师就能制定准确的教学目标,再也不会出现目标"越位"和"不到位"的现象。

2. 掌握教材体系的纵向脉络。

在梳理出语文学科知识结构体系的同时,还将重点放在梳理每一知识点的纵向生长脉络上。新课标将小学语文教学目标与内容分为"识字与写字、阅读、写作（低段为写话）、口语交际、综合性学习"这五大板块，以基础知识中对"字"的部分解读为例。

（1）基础知识。

基础知识分为字、词、句三大板块，如图3所示。

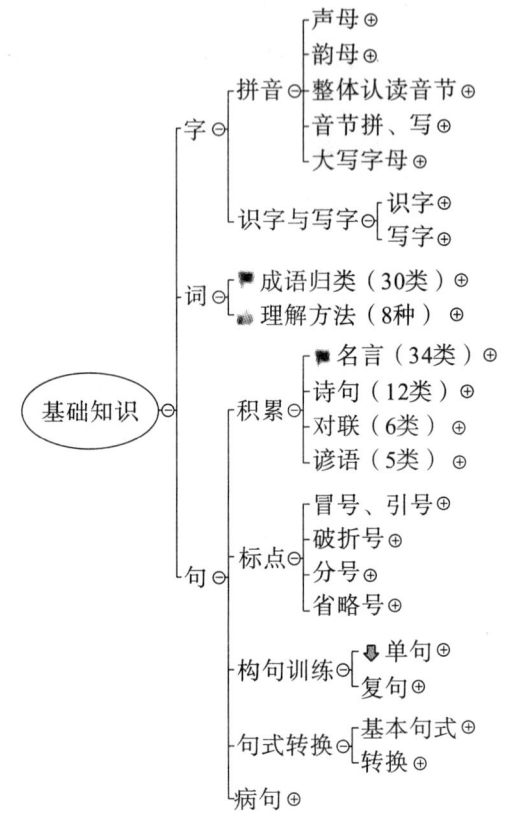

图3　基础知识三大板块截图

①字。

关于识字量。字是表达意思的最小单位，小学段新课标明确指出识字与写字的要求："认识3500个左右常用汉字。能正确工整地书写汉字，并有一定的速度"。从我们整理出来的资料可以看出：从一年级到六年级，识字量是先上升再逐渐下降的，识字任务是先重后轻的，到六年级下学期，让学生的识字量累计达到3000个左右，那么学生的识字任务就完成了（图4）。

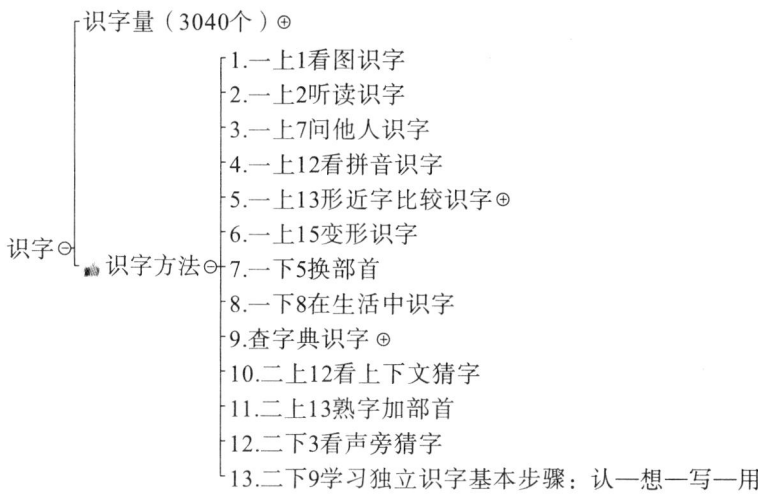

图 4 识字方法的教材解读截图

由此，引起了我们的思考：识字高峰在 1~2 年级，而现在孩子 6 岁入学，要在 8 岁左右学习前 1500 个左右（1~2 年级）汉字，占小学段总识字量的 1/2，这实在不是一件易事。这就告诉我们老师——低段的识字教学必须加强，让学生在兴趣中学习至关重要。如教师可以通过字词游戏（字谜）、记字比赛、拆字比赛或者顺口溜来调动学生的识字积极性，激发学生的识字兴趣，在快乐的学习氛围中完成识字教学任务。

关于识字方法。整个小学阶段的识字任务非常重，因此教给学生正确的识字方法尤为重要。教师分解任务，利于学生掌握。我们利用思维导图工具进行梳理，就能达到这样的效果。从图 4 中可以看到，尽管在六年小学阶段学生都在识字，但是识字方法主要集中在第一学段（1~2 年级）。图 4 也显示了北师大版小学语文前四册教材呈现的 13 种识字方法，但这些方法并不是孤立的。学生能灵活掌握并综合运用，就能完成独立识字的目标。

但有些方法也是不遵循教材序列的。例如，一年级下册第 8 单元"在生活中识字"，但并非要等到学第 8 单元才学习这个识字方法，这说明我们在教材的序列要求中可以根据学情适当提前或推后。值得一提的是，这么多的识字方法中，拼音识字是最主要的方法，也是最重要的方法。因此，我们把拼音知识也划入"字"的板块。

②词。

我们在基础知识"词"的板块中，结合教材的呈现，梳理了 8 种词语理解的方法，见图 5。

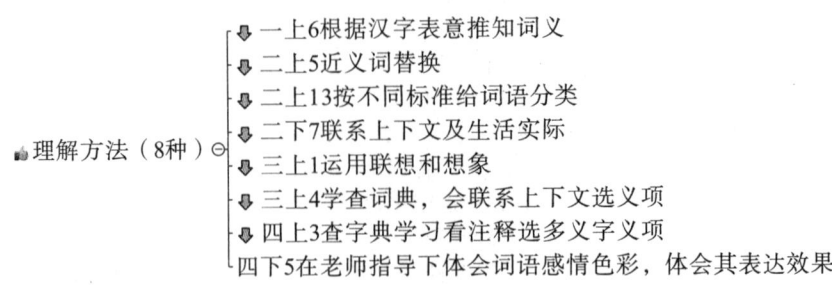

图 5　词语理解的 8 种方法

③句（略）。

(2) 基本能力。

如图 2 所示，基本能力分为阅读理解能力、写作能力、交流表达能力和概括能力。我们主要研读阅读理解、写作和交流表达能力。以阅读理解能力和写作能力为例。

①阅读理解能力。

阅读教学是小学语文教学的重要环节。它既是识字的重要途径，又是进行听说读写训练的主阵地，更是学生思维训练的重要平台。新课标从阅读的基本技能（朗读、默读）、阅读的感悟、理解能力、阅读积累、体会标点符号的用法和阅读的习惯等，对小学三个学段提出了明确而具体的要求，这些要求既有很强的针对性，又有明显的梯度。

关于阅读理解能力的训练点。我们认真学习新课标，对十二册教材进行了梳理，分为了 14 个部分（图 6）。这 14 个部分呈序列排列，每一部分的训练点从第一学段到第三学段有层次呈梯度排列。这样，学生的阅读理解能力才能逐步实现螺旋式上升。

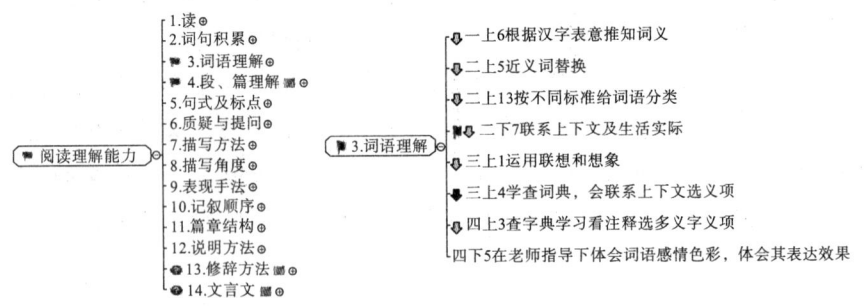

图 6　阅读理解能力训练点

关于词语理解能力的训练序列。我们还发现学生词语的学习是小学语文教学的重要内容。新课标明确提出了积累、理解和运用三个不同层次的要求。而学生理解词语是教学中的一个难点,新课标对词语的理解又提出不同的要求。

新课标分别在小学三个学段对词语的理解提出了"了解""理解""推想"的要求。第一学段强调的是"了解",要培养学生了解词语的意思;第二学段,要求学生理解词语的意思,体会课文中关键词句表达情意的作用;第三学段,要求学生利用第二学段学到的理解词语的方法去理解词语的意思,并辨析词语感情色彩,体会其表达效果。

阅读理解能力的培养,第一学段是启蒙阶段,第二学段则是基础阶段,如果在第二学段学生的基本理解能力还没有形成,就很难适应第三学段乃至中学阶段的阅读要求。所以,第二学段对词语的理解教材指导得非常详细,起到了明显的承上启下的作用。新课标提出,第三学段的要求是能联系上下文和自己积累的知识,推想课文中有关词句的意思,辨别词语的感情色彩,体会其表达效果。所以,我们利用思维导图来解读教材,形成小学阶段的知识结构体系。这样,更有利于我们把握教材。

②写作能力。

写作能力是对自己的知识积累进行选择、提取、加工、改造的能力。简单来说,写作能力就是学生的书面表达能力。我们在认真学习新课标的基础上,通过对教材、教参的整理,将其所呈现的有关培养学生写作(低段称为写话)能力的内容整理出来,通过梳理呈现如图7所示,具体分为积累素材、练笔、修改这三部分。积累素材是写作的基础,积累越厚实,写作就越有基础;练笔是写作能力训练的核心,练笔越多,书面表达越熟练;修改是提高写作能力的助推剂,养成修改习惯,有助于提高学生思维的深刻性和批判性。

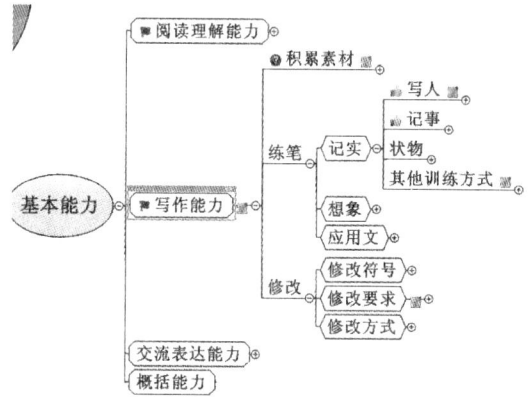

图7 写作能力板块解读框架截图

我们利用思维导图工具 MindManager 解读小学语文教材，梳理出小学语文教材的知识结构体系和教材体系的纵向脉络，既为推进学生的深度学习奠定了基础，又为教师专业发展注入了营养。

涉农学校课内外作业"三阶分层"设计与动态管理研究[①]

随着改革开放和城市化进程的推进,大量农村剩余劳动力涌入大城市。这固然能够增加农民的收入、促进城市经济建设,但由于城市外来务工人员以农村青壮年为主,他们把子女带在身边随工作变动而频繁流动,或将子女留在原籍由年迈的父母或其他亲属代为监护,由此,产生了流动儿童、留守儿童这两类特殊群体。这些孩子们的教育问题十分严峻,祝国寺小学就是其中一个缩影:有约占75.3%的流动儿童和12.8%的留守儿童。如何给这些孩子最合适的教育,如何让这些流动儿童、留守儿童学有所教、学有优教是我们必须解决的课题。

第一部分 担当责任,直面问题——课题的研究背景

一、现状:"流动、留守"儿童 +"三三三"的教师队伍结构

近年来,区域内不断通过学业监测等手段来强化教育质量意识。连续多次的监测反映了我校教育质量不高、教育质量不稳现状,由此我们开始寻找原因,并找到了"人"这个因素。"人"是办学中的最重要的因素,找到学校教育质量不高、不稳的原因,必须抓住办学中的"人"来分析。学校中的人,一是学生,二是教师。我校的生源主要由流动、留守儿童构成,这两类孩子有个性也有共性。

(一)流动学生的主要特点

学业成绩差异显著,学习习惯差,家庭学习环境差。

我校有占75.3%的外来务工人员子女,来自各地的学生的学业情况差异

[①] 此文是学校课题成果,黄智惠主持主研并撰稿。本文获得成都市优秀教学成果三等奖。

显著，原因多种多样，有的是因使用教材的版本不同，有的是因频繁转学，有的是没有固定的监护人等，诸多因素导致他们学业情况差异大。再有，父母工作繁忙、文化层次较低、对子女关注度低，导致流动学生整体水平较低。他们大多数都是租房居住，居住条件和学习环境较差。

（二）留守学生特点

总体学习成绩不好，学习习惯差，家庭学习环境差。

我校以前主要招收锦江区祝国寺村村民的孩子。在近年城市化进程中，祝国寺村民转变为市民，整体拆迁导致本土学生生源锐减，特别是优质生源锐减。我校目前大约有12.8%的留守儿童，这些留守儿童普遍呈现以下问题：一是在家无人有效监管导致学习习惯差；二是拆迁租住房屋，家庭学习环境差，学生总体上学业成绩都不理想。

客观条件下，就是这样的学生结构，我们的责任和担当就摆在这里。我们该如何适应呢？无法改变学生，我们就只有改变自己适应学生，让这些流动儿童、留守儿童学有所教、学有优教是我们义不容辞的责任。

（三）教师特点

"三三三"师资结构是我校教师的主要特点。祝国寺小学原是一所农村小学，2004年才划归锦江区管理。目前学校教师结构主要是"三三三"的状态：约1/3的乡招聘教师（长期代课教师）；约1/3的师范毕业生；约1/3的新聘大学生及成都市一二圈层学校调入教师，另有少量其他来源教师。由于历史遗留问题，教师长期处于地域的边缘化和专业发展边缘化，从而形成"优秀教师留不住，普通教师没提高"的困境，以至于老师教得苦、学生学得累。

二、课题："补位"与"补偿"

《国家中长期教育改革和发展规划纲要》（2010—2020年），明确了教育改革和发展的指导思想，提出了"提高质量"的工作方针。在工作方针框架之下，锦江区的统测、监测、统考已经形成序列，正逐步形成体系。面对区域的要求，我校面临"流动、留守"儿童和"三三三"教师队伍结构的现状，如何有效提高学生的学业质量，这对我校学生和教师都是艰巨的考验。

要提高流动、留守儿童的学业质量，我们就要知道他们缺失什么。流动、留守儿童有两个缺失：一是家庭教育的缺失，二是知识的缺失。针对家庭教育缺失就需要"补位"。"补位"该补什么，一是补父母的位，二是补家庭教育的位。针对流动、留守儿童知识的缺失就需要"补偿"，但"补偿"又补什么呢？

补偿流动留守儿童家庭教育的缺失，以及他们因家庭教育的缺失而形成的学习差的后续性补偿。"补位"与"补偿"都是针对性的补偿，如何"补位"，如何"补偿"，都需要我们认真研究并落实到位。

三、出路："匹配"与"分层"

针对课题找出路，我们确定了"匹配"与"分层"的思路来解决问题。而"匹配"与"分层"必须成为学校培养学生的基本思路，怎么落实"匹配"与"分层"的思路呢？"匹配"是鉴于学生家庭学习环境差、学习习惯差、学生成绩差异显著这三个事实。"分层"是基于分层教学理论，课程分层和教学分层是分层教学最主要的途径。

我校选择的教学分层可以从目标分层、内容分层、方式分层这三方面入手。就目前我校的具体情况来看，目标分层、内容分层是考验教师分层教学的能力，我校教师暂时还不具备；方式分层又囿于教学条件，也行不通。硬件不具备，软件不允许，所以我们就选择了最适合我校、最具有操作性和可行性的"作业练习的分层"来落实。由此，我们确定了课题——"涉农学校课内外作业'三阶分层'设计与动态管理研究"。

该课题主要是指以提升学业质量为目的，教师根据我校农民工子女占绝大多数的实际情况，用"三阶分层"方式专门为学生设计的课堂内外练习的研究。我们希望通过研究，使教师能形成作业设计的基本观点，构建作业设计与管理的模型，形成课内外作业设计的事实模式，减负增效，最终提升学生学业质量。

第二部分 统筹策划，阶段推进——课题的研究历程

一、规划统筹，规范研究

在本课题中，我们根据"准备—实施—总结"分步骤开展研究。在研究的核心实施阶段，我们又分三步走：第一步，初步尝试阶段——改变教师观念，增强作业设计意识；第二步，实验阶段——有目的、有序列地进行作业设计实践；第三步，深入研究阶段——紧扣课程标准、聚焦课堂，以提高教学效果为目的进行作业设计，课题研究具体如图1所示。

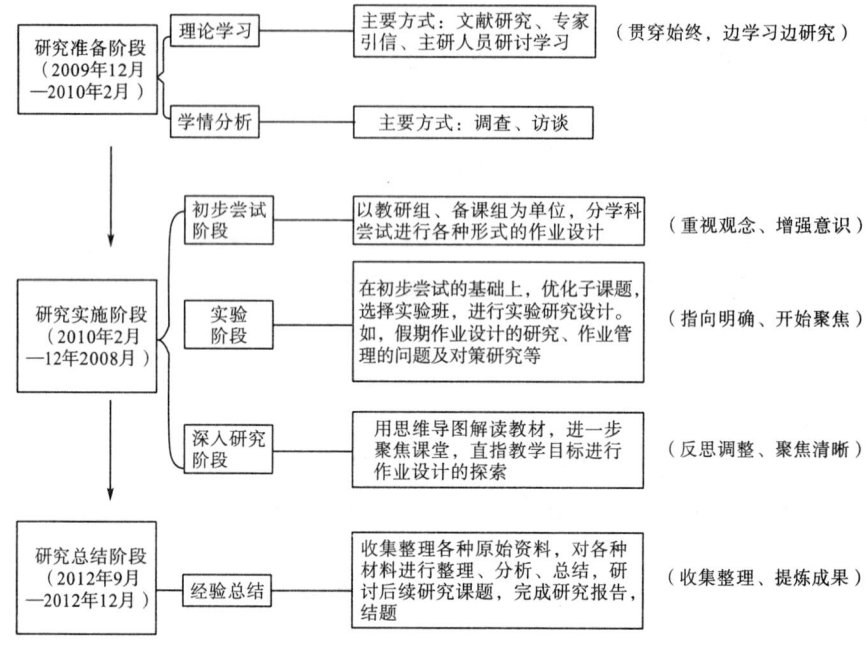

图1 课题研究三步走

二、聚焦中心，扎实研究

在课题"涉农学校学生课内外'三阶分层'设计与动态管理研究"中，我校运用自上而下和自下而上的方法组织实施，探索出了"三阶分层"的作业设计操作方式。这一切，源于我们对作业设计深度聚焦。

（一）聚焦内容：招标与自主选择

我们在研究内容上，主要使用两种形式：一种是由教科室预设的子课题，如"预习作业设计的研究""课堂作业设计的研究""家庭作业设计的研究""学困生作业设计的研究""假期作业设计的研究"等。一种是自选课题，如"涉农小学作业管理的问题及对策研究""农村小学低段学生数学作业管理的问题及对策研究""'三步法'作业设计提高四年级学生阅读理解力的策略研究""小学二年级写话主题式训练研究"等。总之，无论是招标课题还是自主选择课题，研究内容聚焦在"作业设计""作业管理"上。

（二）聚焦方式：三阶分层

"三阶"分层，首先，是三个阶段。从作业前、作业中到作业后三个阶段。其次，是三个阶梯：基础性作业、拓展性作业、探究性作业。再次，是通过三个阶段、三个阶梯，经历三种水平：现有水平、发展水平和可能水平。

同时，"三阶"体现了两个动态变化的过程：①作业水平的不断拓展，从基础性作业、拓展性作业到探究性作业；②学业水平的不断发展，从现有水平、发展水平到可能水平。"分层"已在前文有所涉及（"三阶分层"的相关模型将在第三部分呈现），在此不再赘述。

第三部分　变革实践，总结策略——课题的研究成果

一、认识成果

（一）基本观点

1. 以流动与留守儿童为主的学校，应当确定一种基于"补位"与"补偿"的育人观念。

2. 以流动与留守儿童为主的学校，需要确定一种基于"匹配"与"分层"的育人模式。

3. 根据流动留守儿童的学业现状，需要从目标、内容、方式三个维度设计出与之相匹配的作业。

（二）基本框架

1. "三阶分层"作业设计与动态管理的模型，如图2所示。

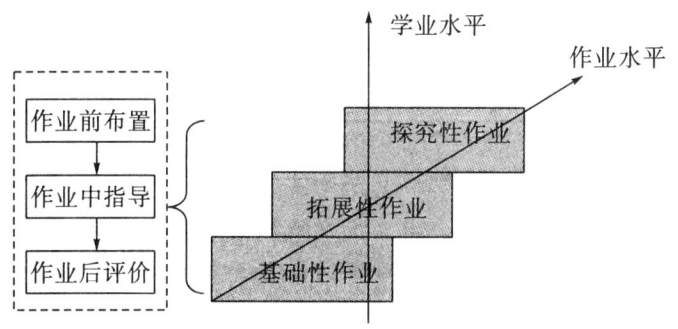

图2　"三阶分层"作业设计与动态管理的模型

2. 作业水平分层框架,见表1。

表1 作业水平分层框架

作业	水平	学困生	学中生	学优生
目标		保底	提高	反思
内容		基础性作业	基础性＋拓展性	基础性＋拓展性＋探究性
方式		背诵式、抄写式为主	纠错式、整理式、实践式为主	综合式、自创式、多元实践式为主

二、操作成果

(一)课堂作业"三阶分层"实施模式

在我校课堂作业"三阶分层"的实施中,根据教学目标、内容、方式和不同层次学生的最近发展区,作业前要充分考虑分层布置。学困生主要设计抄写式、背诵式为主的作业,学中生主要设计纠错式、整理式、实践式为主的作业,学优生主要设计综合式、自创式、多元实践式为主的作业。如图3所示.

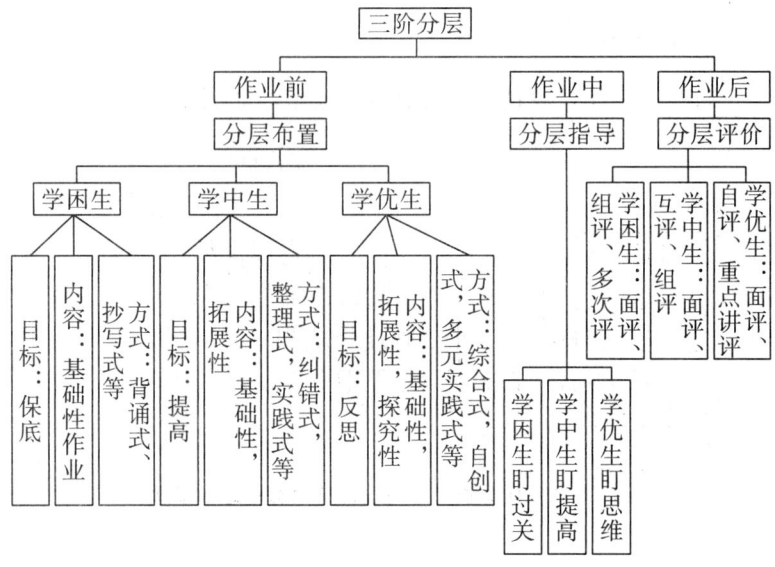

图3 祝国寺小学课堂作业"三阶分层"实施模式

在课堂作业的练习中,教师相继分层指导。指导学困生主要盯过关;指导学中生主要盯提高;指导学优生主要盯思维。同理,在作业评价中,依然采用分层评价方式。学困生主要采用面评、组评和多次评为主;学中生主要采用面评、互评、组评为主;学优生就主要采用面评、自评和重点评价为主,见表2。

表2 各种作业举例

作业类型	举例
抄写式	语文:抄写生字、生词、名言警句……
背诵式	语文:背诵古诗、段落……
纠错式	语文/数学/英语:作业改错,小卷改错……
实践式	语文:调查家乡的特产,调查名胜古迹,错别字,做家务…… 数学:到超市买一两样东西,保留小票…… 美术:周末写生……
整理式	语文/数学:用思维导图整理单元学习内容……
综合式	语文/数学:自制一份单元考试试卷,班级交流分享……
自创式	数学:根据9+6编一道数学应用题……
多元实践式	数学:设计一份班级春游的乘车计划,注意考虑人数、车辆、价钱……

(二)课外作业"三阶分层"实施模式

和课堂作业"三阶分层"实施范式类似,根据教学目标、内容、方式和不同层次学生的最近发展区进行操作。但是也有不同,比如在课外没有老师的监控,只有把监控的任务适当分解给家长。考虑到家长群体的文化素质整体较低和学生的分层状况,在课外作业的练习中请家长根据自己孩子的情况进行监控:指导学困生主要盯做完;指导学中生主要盯做对;指导学优生主要盯做好。同上,在作业的评价中依然也用分层评价方式。

(三)"三阶分层"作业设计的管理模式

"分层设计、梯次流动"是"三阶分层"作业设计的动态管理模式。"分层"是学校基本的学生培养思路,一是学生的分层,二是作业的分层。学生的分层是动态流动的,会根据学生学业进退情况做梯次调整。

根据"分层设计、梯次流动"的作业设计的动态管理模式,我们总结了五个策略。其中,策略一、二、三是共通性策略,策略四是课堂作业策略,策略五是课外作业策略。这五个策略相辅相成,各有侧重,互为补充,见表3。

表3　课内外作业实施策略

分类	名　　称	使用原则
共通性策略	策略一：因人之异，各取所需	相辅相成
	策略二：注重趣味，主动作业	
	策略三："菜单"多样，自主搭配	各有侧重
特殊性策略	策略四：短小精干，目标明确（课堂）	互为补充
	策略五：双控保底，注重整合（课外）	

1. 策略一：因人之异，各取所需。

以前大部分教师布置作业"一刀切"，对学生个体没有针对性，导致了学生的作业做不完、效果差。为此，我们思考这两种现象的根源并出具对策。

如图4所示，兴趣和能力是作业质量保证的前提。学生没有兴趣就激趣，学生能力不足就分层，学生做不完就自选。所以，在作业设计中必须关注激趣、分层和自选。

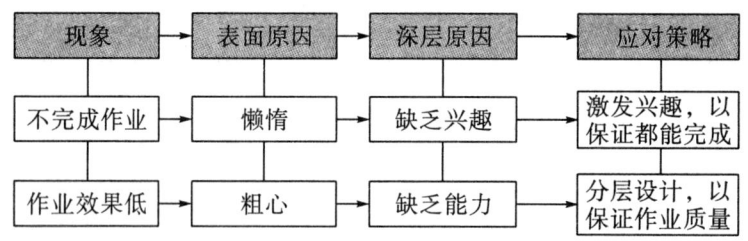

图4　针对学生作业不同情况实施的对策

（1）学生分层、梯次流动。

准确定位学生，明确学习任务。根据学生学业成绩，把学生分成学习优秀生（以下简称"学优生"）、学习中等生（以下简称"学中生"）和学习困难学生（以下简称"学困生"）三类。并根据每一组的特点确定阶段主要学习目标内容和方式。同时，这样的层次划分并非一成不变，而是动态流动的，根据学生学业进退情况做梯次调整。

【案例】孙老师教学四年级一班数学作业时，把班上的学生分成了三层，见表4。

表 4 四年级数学作业分层要求

名称	特点	主要学习任务
提高组 90分以上 （学优生）	学习积极性高，思维灵活，有较强数学学习能力，数学基础知识掌握得非常牢固，也有一定的知识迁移能力	加强思维的训练
潜力组 70~89分 （学中生）	学习自觉性相对较高，思维相对较灵活，数学基础知识掌握得相对较好，但有时在解决问题方面还不够灵活	学会用所学知识解决问题，提高知识迁移能力
强化组 70分以下 （学困生）	学习上缺乏一定的主动性，基础相对差一些，表现在计算准确率不高，不能灵活运用数学知识解决实际问题	加强计算的练习，使得各类计算题能做得又对又快，运用所学知识解决实际问题

（2）作业分层，指向明确。

有了对学生的分层，我们可以有针对地正视学生学习能力差异的客观现实，找准每个学生的最近发展区，为他们量体裁衣，设计相应的作业。

学优生以高阶思维训练为主。可做拓展型、探究型、开放性作业，把握概念的关键特征，加深对知识的理解和应用。通过带有思考性、创造性的作业，培养学生的探究意识、创新精神、知识迁移能力，促进他们思维品质的优化和提高。而学中生以基础知识的综合运用为目标设计作业。在打好基础的前提下，综合灵活运用知识，提高综合能力及分析问题解决问题能力。学困生以夯实基础为目标，只要求做基础性的作业，并且适当减少他们的作业量，以减轻他们的课业负担以保证其作业质量，继而形成良性循环。如我校刘老师教学北师大版小学数学六年级上册正负数的课堂作业设计，见表5。

表 5 正负数的课堂作业设计

课堂练习题	设计意图
1. 小明家、小红家、学校、超市在同一直线上（如下图），小明家在西，小红家在东。 小明家　　　　　　学校　超市　　　小红家 西├──400米──┼─100米─┼─200米─┤东 （1）小明、小红的速度都是每分钟走50米，他们相遇时，在学校的（　），离学校（　）米。 （2）小明向东走了600米，后又向西走了100米，这时，小明在学校的（　），离学校（　）米。	此题为基础性练习，通过学习，大家要在生活情境中体会负数的意义，会用负数表示日常生活中的问题，全班学生都能正确计算出结果

续表

课堂练习题	设计意图
2. 小光参加数学竞赛，试卷共20道题。答对一题得5分，答错或未答一题得－2分。小光最后的总分是79分，小光一共做对了几道题？	此题为综合性练习，进一步加深对负数意义的理解，让学困生晓得遇到这类的题如何解答，学中生能理解题意，并能正确解答
3. 计算： 4－（－9）　　　1－（－8） －3－（－7）　　－11（－9）	此题为拓展性练习，学生要知道正负可以相互抵消，让学优生能进一步开拓思维，为进入初中学习打下基础

2. 策略二：注重趣味，主动作业。

俄国教育家乌申斯基认为："没有丝毫兴趣的强制性学习，将会扼杀学生探求真理的欲望。"因此，教师在设计课堂作业时，应遵循趣味性原则和生活性原则，充分考虑小学生的心理特征和生活经验，尽量选择生活化和趣味性较强的背景作为作业设计的素材。

（1）巧设题型，练中得趣。

教师的作业设计应把握不同的年级、不同的学科设计形式多样、趣味性强的作业。把听、说、读、写与演、唱、画、做相结合，让学生充分动手、动脑、动口，把技能的培养贯穿于活动中。以下是我校叶老师在教授北师大版小学一年级数学《十几减9的退位减法》的课堂作业设计，见表6。

表6　游戏　抛方块

1. 教师说明规则：每组发一个方块，每个方块上都写有6个数，抛动方块后，用朝上的一个数减去9，大家抢答得数是几。在组长的安排下，每人轮流一次，比比你们组里谁抢答得又对又快。 2. 小组游戏，评出优胜。 3. 大组决赛，评出冠军。请获得冠军的同学说一说，你是用什么方法算得又对又快的。

将知识的巩固蕴于游戏，既激发学生兴趣，又练习了应该掌握的学习内容；既训练了学生思维的深刻性和敏捷性，又训练了学生批判性的思维。

（2）联系生活，体验"得趣"。

教师设计作业时，问题素材的来源应该最大限度地贴近学生的生活实际，学生完成作业的过程应该是学生生活的一部分。只有这样，学生才会带着一种高涨、激动的情绪进行作业和思考，才会期待下一次作业，成为一个学习的热情者和主动者。

【案例】 李老师在小学四年级下册第三单元《小数乘法》的复习课时，设计了这样一道课堂练习题，《填写发票》，见表7。

表7 文兴文化用品商店发票

第003574号

购货单位：祝国寺小学　　　　　　　　　　　　　　　　2010年9月15日

货名	数量	单位	单价	金额				
				百	十	元	角	分
白粉笔	35	盒	1.50					
彩色粉笔	18	盒	2.50					
白报纸	15	张	0.38					
蓝墨水	5	瓶	3.72					
胶水	4	瓶	3.40					

这道题的设计就不同于以往单纯的计算，更注重的是数学问题生活化，把一些枯燥无味的纯数学问题变换为生活问题。学生通过做题既练习了小学数学的乘法和加法，又与生活问题接轨，还可以锻炼学生运用数学知识解决实际问题的能力。这类联系现实生活，让学生体验得趣的方法非常有益。

3. 策略三："菜单"多样，自主搭配。

从作业形成的情况来看，我们常用的作业形式有指定性作业、自选性作业和自编性作业。指定性作业是我们大部分老师经常使用的作业形式，因为这样的作业针对性较强，便于批改讲评。自选性作业就是让学生根据所学知识内容，教师指定作业范围，让学生自主选择完成，这类作业让学生有一定的作业自主权，通常情况，在语文学科中使用相对较多。比如：写作文。自编性作业是指让学生根据所学知识内容，自编相关内容。这类作业更具有开放性，可以发挥学生的思维能力。例如：数学学科中经常有"请你提一个数学问题，并自己解答"；还有数学老师为了提高学生的计算能力，经常让学生自己编10～20道口算题并且完成。

作业设计多样化，作业选择能自主。在设计作业时，不仅精心设计基本题，而且设计一定数量的自选题型，让学生可以自主选择，使学生的思维得到充分的训练。

例如陈老师教学北师大版小学数学三年级下册《长方形和正方形的面积计算》的课堂作业，设计了如下一组课堂作业，并提出要求：让学生根据实际情况自主选择其中一题来完成，学有余力能提前做完的学生可以继续完成其他题目,见表8。

表8 面积计算作业设计

1. (1) 一个长方形的长8厘米、宽5厘米,它的面积是多少平方厘米
   (2) 一块菜地是一个长方形,长27米,宽13米,它的面积是多少
2. (1) 一个长方形的长16厘米,长是宽的4倍,它的面积是多少
   (2) 用边长是6厘米的两个正方形拼成一个长方形,拼成的长方形面积是多少
3. 一个边长为8厘米的正方形的面积与一个长方形的面积相等,已知长方形的面积是多少

4. 策略四:短小精悍,目标明确。

课堂作业设计和课外作业设计既有共性,又有个性。同样的孩子,在学校完成的作业和在家完成的作业可以完全不一样。我们必须以我校"流动、留守"学生的实际情况设计短小精悍、目标明确的作业,特别是课外作业尤其要注意。如魏老师在《用冰取火》课文的作业设计,见表9。

表9 《用冰取火》作业设计

作业设计	设计意图
前置性作业: 单元整体预习(前四天)	培养孩子整体把握单元的意识;清楚在本单元学习中,我们会学习哪些知识;了解我们学完本单元后,将会得到哪些收获
回家做家务: (1) 一做:记清顺序(前三天) (2) 二做:记清工具、材料、怎么做的(前两天) (3) 三做:想想为什么做?做的结果怎样(前一天)	为《用冰取火》第六自然段的学习埋下伏笔;为写句子奠定操作基础;为单元习作奠基
课堂练习: 语文天地3题。加表示顺序的词语,加"终于"这个词语	激发兴趣,巩固有顺序的语言表达能力
背诵第六自然段	积累有顺序表达、有"工具、材料、怎么做的"句式;为习作奠基
《小状元》P20第六题	巩固练习
课后作业: 练笔:仿照日积月累第三题,试一试写写你做的家务。注意写清材料、工具和做的过程(写在P39)	这是单元训练要点,要有计划地循序渐进地推进

5. 策略五：双控保底，注重整合。

"双控保底"是在保证学习目标的基础上控制时间和控制量。课外作业是整个教学工作的一个重要组成部分，是课堂教学的延伸。要严格控制作业量以减少课外作业时间，做到减负高效。

"注重整合"是设计整合性的课外作业。学科整合，创新课外作业就是一条激发学生的作业兴趣的有效形式之一。加强本学科与其他学科的联系，为学生解决问题提供有力的文化支撑，学生从学科联系中吸收丰富的营养，更全面地理解该学科的深刻内涵。以数学学科为例。

"数、美整合"——绘画类作业。吴老师在《欣赏与设计》这一内容教学时在教学后设计了这样的一个综合实践作业——"小小设计师"，具体要求见表10。

表10 "小小设计师"教学要求与作业设计

作业设计	设计意图
1. 学生运用平移、旋转、对称等知识设计一幅美术作品	让学生通过自己去创作，进一步巩固平移图形以及画轴对称图形的方法。同时，也可以培养学生细心、耐心等习惯
2. 给自己设计的作品取一个名字	赋予此项作业的趣味性，发挥学生的创造性
3. 学生对作品进行说明。比如，绘画中的哪一部分是通过其他哪部分平移得到的	训练学生的表达能力，同时，教师可以对学生本单元知识掌握情况做一个检测，以了解学生是否真正掌握了平移、旋转和对称

结果，一天以后，学生交来一份份精彩纷呈的作业，这是一次交得最整齐的作业，而且部分后进生居然成了这次交作业的"领头羊"。

另外，还有"语、数整合——日记类作业""数学与生活实践整合——想象设计类作业"等其他形式的整合。

（四）保障策略

保障策略主要有三条：一是指针对涉农学校解决学生作业本"脏乱差"的表面问题运用"318策略"（图5）；二是针对我校对教师作业的管理效果差，运用"三开发"来保底；三是利用思维导图解读教材，提高教师专业水平。

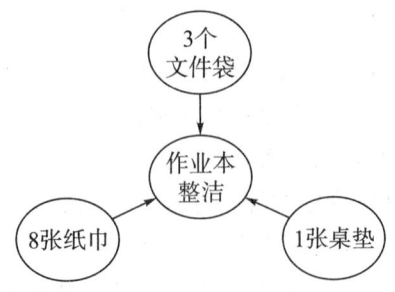

图 5　318 行动示意图

(1)"318 策略",全面解决学生作业的"脏乱差"问题。

"整洁"就是整齐、干净,整洁是表象,是我们进行作业管理实践研究的铺垫和前提。对于我们涉农学校,让作业干净,书写工整不是件简单的事。在研究中整合养成教育,创生了"318 策略",基本解决了作业的"脏乱差"的问题。

"318"即 3 个文件袋 + 1 张桌垫 + 8 张纸巾。3 个文件袋是请家长为学生准备 3 个文件袋放在书包里,分别装语文、数学、其他作业。这样,不仅保证了学生们各科的作业整齐,学生们还渐渐领会了书包学具需要整理,会整理书包学具了。

1 张桌垫是请家长给学生准备一张桌垫,让学生回家后,一定要将桌子擦干净,垫上一张桌垫(报纸、挂历也行),再开始写作业。观念决定行为,自从有了这个提示做法之后,学生们的作业,油渍污迹明显减少。

8 张纸巾是为了解决学生们在学校写作业时能保持作业本的干净,我们想出了办法,要求学生每天至少准备 8 张纸巾到学校。每一张的具体用途都有安排,包括上洗手间、午餐……经过一段时间的训练,学生们的课桌能保持干净,手也能保持干净,学具也能保持干净,自然,也就保证了学生们在学校做练习时的作业本也就干净了。另外,在低年级,让学生给新作业本"穿衣服",即用包书皮的方法来解决这些问题。

无论是"318 策略"还是"穿衣服方法",基本解决了我校学生作业本的"整洁"问题。

(2)"三个开发",划定学校作业保底规范。

一是开发了《作业指南》。为了减负增效,实施精细化管理,加强作业管理,规范作业行为,提高教学效率。我们依据我校目前实际情况,通过教研组"民主化"的推进方式,做出了祝国寺小学特色的《作业指南》。《作业指南》分为"校级规范"和"备课组规范"。涉及以下内容:作业种类、内容、作业量、格式要求以及任课教师布置作业要求、职责要求、检查制度、奖惩等。经过几年的实践，我校教师均能在《作业指南》的指引下，达到作业设计规范保底的要求，如图6、图7所示。

祝国寺小学作业指南

（试用稿）

作业是教学过程中一个重要环节，是课堂教学的延伸。为了减负增效，实施精细化管理，加强作业管理，规范作业行为，提高教学效益，依据我校目前实际情况，制定本"作业指南"。分为"校级规范"和"备课组规范"。内容主要包含：作业种类、内容、作业量、格式要求以及任课教师布置作业要求、职责要求、检查制度、奖惩等。

图6　祝国寺小学作业指南

祝国寺小学作业校级规范

一、作业种类，内容，呈现方式：

1. 作业种类：作业分为课内作业和课外作业两类。

2. 作业内容：有练习，测验；背诵和朗读课文；默写，预复习内容；各类报告及教师所布置的与教学相关的任务。

3. 作业呈现方式：

各类练习，报告和默写等书面方式；背诵，朗读，预复习等面检方式；体育，音乐等自主锻炼方式。

二、课外作业量：

1. 课外作业量：按成都市关于中小学课程管理的有关规定执行。

2. 课外作业量监控：

①学校通过各班班主任填报《班级作业情况记录表》，及时了解各班作业情况。

②班级作业总量超过规定时间，学习委员或班长可向班主任汇报，经调查核实，并征求任课教师意见后，适当进行调整，如意见不统一时，事后报教导处备案。

③班主任、年级主管、教研组长，每周相机进行作业总量调查，及时与任课教师沟通。作业量明显偏重或偏轻时，及时向教导处汇报。

图7　祝国寺小学作业校级规范

　　二是开发了"作业反馈记录表"。同样的学校，不同的班级，作业管理的情况不一样；同样的班级，不同的学生，作业完成的情况也不一样。老师为了能有效地管理好学生作业，开发了"作业反馈记录表"，目的是针对我校学生"不做作业、不交作业、不改错、逃避老师二次批改"的实际情况达到"揪出—记全—辅准"的目标。帮助教师全面掌握学生学习情况，进行查漏补缺，以提高教学质量。"作业反馈记录表"使用效果非常好，图8是我校刘老师开发的作业反馈样表。

	星期一		星期二		星期三		星期四		星期五	
	练	口算	练34	口算	练	口算24	练	口算	练	口算
A		○	╳			╳				
B		☆	☆			☆				
C		☆	╳							

图 8　作业反馈记录表

三是开发了假期作业本。鉴于我们学生的具体情况，我们专门为学生设计了《假期作业册》。这本暑假作业册比以前的纯暑假作业册的内容更全面，更具有指向性和适用性。作业册目录具体编排如图9所示，包含了家校沟通、师生关系沟通、学科整合、练习等。其中，学习计划和学习小结的撰写是四年级语文的应用文写作目标。

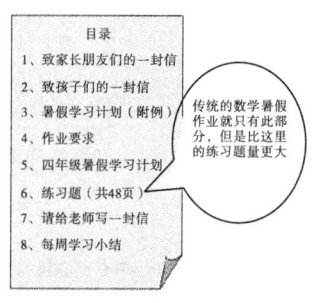

图 9　假期作业册目录

（3）核心修炼——以思维导图解读教材，提高教师作业设计的目标性。

作业设计的功能，对学生来说，一是练习巩固并获得新知；二是反馈强化。对于教师来说，作业的功能还在于检验教师对于"教什么"是否明确，明确"教什么"就是明确"教学目标"。明确教学目标，才能明确作业设计目标；明确了作业设计目标，学生的练习巩固才有意义，才能有效提升学生学业质量。

我校用思维导图解读教材，解决了涉农学校作业内核问题——教学目标。通过这种修炼，让教材知识框架在教师头脑中建立起来，提高了教师的专业水平，进而提高教师作业设计的目标性。

①帮助教师掌握教材知识结构的整体架构（以语文学科为例）。

为回到课堂这个"原点"，我们用思维导图工具进行教材解读，帮助教师掌握北师大版小学教材知识结构体系整体架构并捋清教材体系的纵向脉络，如图10所示。

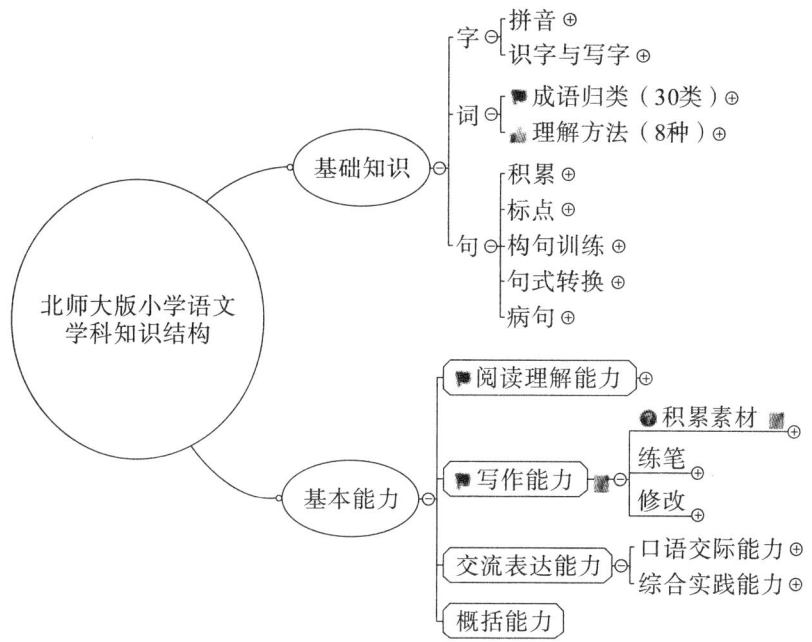

图10 北师大版小学语文学科知识结构体系缩略图

有了这样的学科知识结构体系图，教师们就能制定准确的教学目标，再也不会出现目标"越位"和"不到位"的现象。

②帮助教师把握重点，解读学科思想（以数学学科为例）。

授之以鱼不如授之以渔。学生来学校不仅是学习知识的，更重要的是学习方法和思想。学会用已知解决未知，建立结构化的学科思想，致力于学生终生学习终身发展。所以，学科思想的渗透、了解、掌握尤为重要，这是教育的目标和境界。

如图11所示，"以化归思想在图形测量中的渗透为例"。在小学阶段，常用的数学思想方法有：化归思想方法、数形结合思想方法等。2011版新课标新增了数学基本思想，强调了在教学中渗透数学思想方法的必要性。

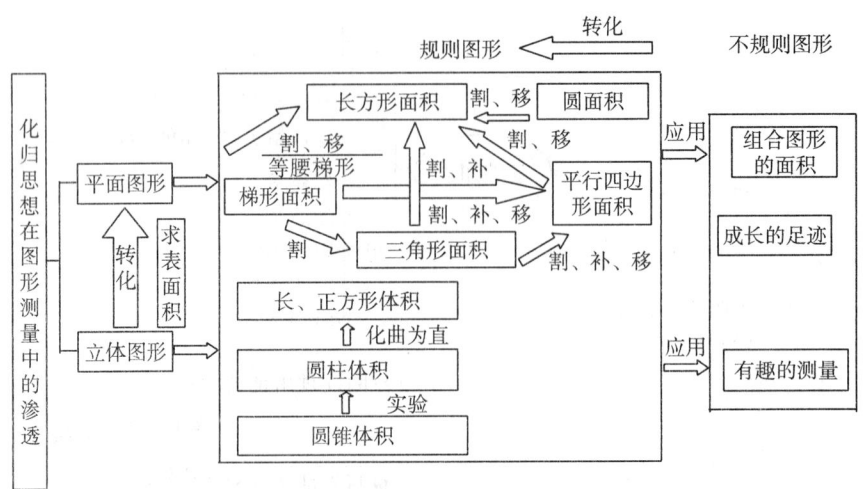

图 11　归化思想在图形测量中的渗透

我校教师以思维导图解读教材的专业化修炼,是作业设计能力提高的核心。教师只有在全面透彻地把握教材,才能明确教学目标,提高教师作业设计的能力。

第四部分　效果突出,提升显著——课题的研究成果

一、学生的学业质量稳中有升

通过近三年的研究和实践,学生的作业本整洁了,作业书写更加规范,作业交得更齐,作业正确率也提高了。我校学生的学习质量稳步有升,在2010、2011、2012学年度连续三年在锦江区教学质量发布会中受到表扬,基本达到了减负增效的阶段目标,见表11、表12、表13。

表 11　课题研究前后学生作业情况统计表

时间	作业完成率	作业正确率	作业整洁率
研究前	85.3%	72.4%	75.2%
研究后	99.1%	91.7%	95.7%

表12　课题研究前后学生学业成绩纵向统计表

时间	及格率	优生率	标准差
研究前	93.1%	67.4%	18.63
研究后	98.8%	83.9%	12.05

表13　课题研究后学生学业成绩横向统计表

学校	及格率	优生率	标准差
祝国寺小学	98.8%	83.9%	12.05
F校（同区同类学校）	94.7%	78.6%	20.3

二、教师的专业发展态势良好

（一）科研成果

通过近三年的科研研究和实践，提高了教师的科研意识和水平。学校开展的小专题研究共有20多项，其中，获锦江区一等奖的有3项，锦江区二等奖的有5项，锦江区三等奖的有5项，见表14。教师撰写论文的数量增多，各级获奖也逐渐增多。

另外，教师以此为出发点，又生发出了其他的专题研究，如关于学科课程建设方面的研究、特色课程实施的研究、课堂提问策略研究等。教师的专业发展积极健康地发展，一派繁荣，生机盎然。

表14　近年教师科研成果荣获区级以上奖励情况一览表

时间	课题成果（含小专题）获奖	论文、教学设计获奖或发表	举办培训讲座	小专题立项
2009年	1	3	0	5
2010年	5	9	3	8
2011年	5（1个一等奖）	15	5	11
2012年	3（1个一等奖）	18	9	16
累计	14（项）	45（篇）	17（次）	40（项）

（二）其他物化成果："两库一图"

我校教师不断学习，不断研究，超越自我，更新了对作业的内容和功能的认识；增强了设计符合班情的作业的能力。目前，已经形成了"两库一图"：第1~12册课堂作业设计资料库，第1~12册单元小卷资料库，第1~12册学科知识点框架思维导图。我校"两库一图"根据教材变动、班情不同每年更新。

三、良好的研究成效在市内外产生较大影响

我们的研究工作规范而扎实,不仅在校内形成了良好的研究氛围,在校外也获得了较好的社会效益和得到推广。2012年12月,我校相关成果在成都市教育改革与研究论文评选中获得一等奖,并在"基于学生学习力提升的教学改革"学术研讨会上交流推广;2012年5月18日,区级主题研讨会"教材解读的新思路和新策略"在我校隆重召开,交流推广我校利用思维导图解读教材的研究成果,得到了与会专家和领导的好评;2012年4月,区级课题督导评估现场会中,我校校本课题研究工作获得了一等奖;2011年5月,我校在锦江区教育管理工作会上做了《目标与规则——作业设计与管理的出发点》的主题发言,得到了与会专家同行的好评。

第五部分 存在的问题及反思

一、"三阶分层"操作方式还需要进一步细化

目前,我校区域经济类型在不断变化,学校要转型,生源还在继续调整。我校的课内外"三阶分层"的作业操作法在具体操作中,还会遇到特殊复杂的情况。所以,我们的"三阶分层"操作要与时俱进、不断调整,将"三阶分层"做细是下一步努力的方向。

二、教师的专业修炼还需要进一步加强

我们将继续向优质学校学习,借助区域内外专家和教育管理机构的力量,提升教师的专业水平,让教师的作业设计日臻科学合理,使学生学业质量的提升具有可持续性。

三、如何从根源上真正地解决流动、留守学生的教育问题

流动、留守儿童的教育问题单靠学校是不能从根本上解决的,学生的教育问题必须是家、校、社会三方面共同努力和谐共振,要从根源上真正地解决这些孩子的教育问题,需要家、校、社会等各方共同努力。

弘扬人本管理，铸就幸福课堂[①]

一所学校的核心竞争力是高质量的发展，高质量的发展离不开优质的课程，而教师是课程的直接生产者，所以，增强学校核心竞争力的重要途径是高度关注教师的专业化成长。我们遵循"以人为本，开放包容"这一办学理念，施行"人本管理"，树立以教师和学生为本的管理思想，努力实现学校的人性化管理，促进学校的内涵发展。

一、师本管理，刚柔并济治心之道

学校人本管理，就是以学习为基础，通过组织、教育和培训，充分发掘学校中的智力资源，不断提升教职工的各种能力，从而提高学校整体效能的活力。人本管理的核心要素在"人"，人的因素包括三方面内容：一是人的行为的规范，二是"知人善任"，三是人的素质的提高。通过"管人"来"规范管理"，通过"对人的深入了解"来"任免职位"，通过"提高人的素质"来达到"从管理到不管"。我们学校"以师为本"的管理就是紧紧围绕教师队伍行为的规范与素质的提高在开展。

（一）刚性的制度建设是师本管理的骨架

我校的前身是一所村小，师资结构复杂，教学质量不稳定。在推进城乡均衡发展的大背景下，要实现学校的第一次"突围"，只有紧紧抓住教育质量不放松。可是，我校绝大多数学生都是进城务工农民工子女，家庭、家长很难依靠，只有向课堂的40分钟要质量，但复杂的师资，不理想的生源，犹如两座大山压在学校身上。

权衡再三，我们决定以帮助教师做好职业生涯规划为突破口来提升教师专业素养，形成规范的校本教研文化。任何行为文化的形成，必须经历制度约束、强力推进的过程。只有当按制度办事真正成为自觉行为时，师本管理才能

[①] 本文2010年1月发表于《四川教育》。

发挥实效。为此，我们制定了"完善制度—管理模式构建—评价反思"实施策略来推进校本教研文化的形成。

首先，我们根据现实情况不断修订完善学校的管理制度。我们在遵循以往制度的原则上，又增加了培训制度以及办公室管理等相关制度。其次，构建了校本研修三级管理模式："自控—组控—校控"。自控的重点是"落实到位"，组控的重点是"合作交流"，校控的重点是"指导服务"。最后，落实评价，持续激励。

除此之外，我们高度重视教师的个人职业生涯规划。通过校本研修的方式，引领教师制定三年规划、一年规划等。并将学校三年规划公示全校，鼓励教师将个人规划与学校规划融合起来，实现个人行为与团队精神及目标相融合，最终达到双赢的效果。这样，一方面，规范教师个人行为，以目标驱动行动；另一方面，增强团队意识，凝聚了团队力量，形成了朝气蓬勃，积极向上的优良教风。

（二）柔性的人文关怀是师本管理的血肉

1. 公平公正，凸显人文。

截至目前，我们"通过制定公平、激励、可行、刚性的规则来规范教师行为和柔性的自由裁量相结合"的管理模式已经初见成效，基本能够实现两者的动态均衡融合。如：由于我校地处锦江区最偏远的地段（锦江区与双流区的交界处），教师上下班、参加区域内外的学习等活动在路上需要花费相当多的时间。所以，一方面，学校会严格执行考勤制度；另一方面，外出学习（通常是下午结束）的老师则不用回学校。又如：学校每周全体教师工作例会的时间一般控制在30分钟以内，而业务学习时间则通过校本研修的方式一周会有2.5~3小时，学校灵活的管理更加凸显了对教师个人专业发展的重视。通过"师本管理"的尝试，老师们的工作能力得到了很大提高，工作态度有了明显转变，工作热情也十分高涨。学校的发展让教师心里充满了愉悦，更多的教师已自觉地参与到学校的活动中，提高自身素质已经逐渐成了教师的需要。

2. 分层引导，"名师"坐镇。

"青年教师要打磨，骨干教师要激励，老年教师要关怀"，这是我们为三个不同年龄层面教师服务的方针。提供技术帮助，让青年教师三年内站稳讲台；提供发展平台，让骨干教师登上更高的发展平台；适当减轻负担，让老年教师尽其所长完成任务。

在区域内教育高速发展的现实条件下，我们学校不能成为涸辙之鲋，全部寄希望于外力，要实现学校教师素质的整体提升，教师能力的整体提高只有

"自救"。所以，我们成立了校内"名师工作室"，名师工作室以区学科带头人为主持人，主要吸纳35岁以下的青年教师进入名师工作室，跟着学科带头人进行主题研究，跟岗研修。这样，不仅能为青年教师提供优质的学习机会，也能历练我们的"名师"，提升不同层面教师的专业实力，实现双赢。

二、生本管理，五彩画笔描绘快乐童心

（一）三级课程体系，保障特色发展

"让每一个孩子健康而持续地发展，努力提供最适合学生发展的教育"，这是我们的理想教育。为此，我们建立健全了三级课程体系，从学校实际出发，精心规划三级课程标准。在认真执行国家和地方课程的基础上，努力开发特色校本课程。

我校选修课程分为必选和自选两部分，学生根据自己的情况选修感兴趣的科目。必选科目有"生命与生活""经典诵读"，这两科选修课是地方课程。自选科目有"快乐年画""校园足球""英语小话剧"，这三科是校本课程。其中，"快乐年画"不仅是美术课程的延伸，也是我校校园文化特色发展项目；"校园足球"是我校体育的特色发展区域；"英语小话剧"主要以"英语小话剧社"的形式开课，是英语课的有益补充。国家课程、地方课程和校本课程三课一体，竭力提供最适合学生发展的教育。

（二）快乐年画，五彩人生

我校原本地处成都市锦江区祝国寺村沙发城，由于城乡统筹规划，周边的居民、环境发生了很大的变化。我们在做校园文化策划的时候，有一位来自绵竹的老师提议校园文化以他家乡的"绵竹年画"为特色。这个提议是否可行？我们对社区文化、校园文化进行了普遍的调查分析。我们发现：我校周边的居民来自四面八方，尤其以打工者居多，普遍具有勤劳质朴的美德；我们的学生普遍呈现动手实践能力强的特质；校内环境清幽雅致，花木丛生。基于我校环境和学生情况，我们正式提出以绵竹年画为特色的校园文化建设方案，经过上级相关部门和专家的论证，同意了我校的校园文化建设方案。

众所周知，绵竹年画与天津杨柳青年画、山东潍坊杨家埠木板年画、江苏苏州桃花坞木刻年画齐名为中国四大年画，素有"四川三宝""绵竹三绝"之美誉。绵竹年画是世世代代民间画师们勤劳和智慧的结晶，体现巴蜀人民乐观向上的思想情感和古老的民族风尚。

我们在打造校园文化的时候，一要凸显绵竹年画的色彩艳丽、经典搭配，

二要凸现绵竹年画题材"孝德"之主题。我校在环境上主要营造三个层次。第一层次是走进校园，一眼就能望见的校园内的"快乐年画"主题墙。主题墙有专业画师的经典绵竹年画作品，有我们老师的作品，还有学生自主设计制作的年画作品。整个主题文化墙主题突出、版块分明、色彩艳丽、搭配经典，让每一位踏进祝国寺小学的师生都感受到浓浓的快乐之意。第二层次是主教学楼走廊的二十四孝图及形形色色的正红底子的年画特色校园提示语，彰显中华民族的孝德传统，突出对中华美德的颂扬与传承，让快乐年画时时处处与我们相伴。第三层次是教室的班级文化，最显眼的是各班内墙上以立轴为底的国学警句的陈列，警句陈列不仅营造出教室浓浓书卷气，也表达了我们对传统文化经典的向往与推崇。

我们希望全校师生每天浸润在以年画为特色的校园文化中，沐浴国学，感受经典，传承中华传统文化，健康快乐成长。

基于核心目标下的目标链的建构思考与实践[①]

一、变革的缘起

（一）必然走向变革：长期困扰我们的大事

清晰地记得 2009 年我刚到祝国寺小学的时候，一位语文老师和我说："黄老师，我工作认真，教学负责，但是真的很累，特别是期末考试前的复习。平时按照教材教课，到期末复习的时候，几乎又是重新把整本书从头到尾再教一遍。学生做大量的练习题学生做得辛苦，我教得更辛苦，可效果却不尽如人意。这是怎么回事呢？"这样的状况在祝国寺小学不是个例，是长期困扰语文老师的问题，而且这个问题普遍存在，导致我校语文调研考试排名长期处于全区末尾。问题普遍了，就不仅仅是问题，而是"大事"了。穷则思变，要解放学生和解放教师思想，我们必须思考变革，主动变革。

（二）偶然发现"金子"：家常教研引发的大事

在一次教研组活动中，我和老师们研讨《小镇的早晨》一课的教学设计中关于这一课"到底该教给学生什么"的问题。教学参考书上教学 4 个要点提示我们：教学这篇课文，除了达到"学会生字、理解新词、练习有感情地朗读"之外，更重要的一个目标是——"体会先总后分、由分而总的描写顺序、练习找段落的中心句"。那么，一方面，我们认为"体会先总后分、由分而总的描写顺序，练习找段落的中心句"应该是这一课的"该教给学生的目标"。另一方面，从读写结合这个长远目标考虑，教学这一课还应该达到一个更重要的目标——教会学生如何围绕一句话来写，如何在自己的习作中也运用"总分""分总"的结构来写。根据以上分析，我们把这课的目标聚焦在"总分"二字，确定这课的核心目标：运用总分结构写一段话。我们想，如果能在这课当中基本达到"运用总分结构写一段话"这一核心目标，就是实现了"一课一得"。

[①] 此文于 2015 年 3 月发表在《成都教育》。

如果每一个知识点能力点都能用"一课一得"的模式实现,那么势必提高我们的教学效益。想到这里全体语文老师如获至宝,撸起袖子开始行动。

目标确立了,教学假设才能确立;找准核心目标,"假设教学过程"才能有的放矢。同时,因为课前确定了"核心目标",在课末的目标检测就容易设计出与核心目标匹配的作业,这样作业设计也终于"有根"了。基于以上缘由,我走上了"基于核心目标下的目标链的建构"的探索之路。

二、"核心目标"及"目标链"概念的辨析

核心目标:"三维目标"知识哲学下的最重要、最中心的目标。

目标链:"三维目标"的落实取决于教师的洞察力。教学目标不是单一的,与之匹配的问题也不是单一的。但我们实现教学目标 A 之际,就得设定其下位目标以及相应的下下位目标。他们之间相互关联,形成一个复杂的体系,这就是"教学目标链"。

三、我们的行动一:思维导图解读教材,锁定核心目标

祝国寺小学是成都市锦江区一所薄弱学校。这样一所底子较薄、积淀不够的学校怎样才能实现教学质量稳步提升、教育品质不断提高,在迷茫与困惑中,锦江区教师进修学校发展室、贺慧副校长带领我们回到"原点",用思维导图进行教材解读提升教师专业能力。通过思维导图解读教材,帮助教师锁定"核心目标",找准重点,建立知识序列,授课时做到有的放矢。

(一)胸中有丘壑,功到自然成

学科基本结构是教材的线索和逻辑,掌握北师大版教材的"全景图"非常必要。北师大版教材重生活、重"四基",框架不足、内容跳跃是其基本特点。根据教材特点,要发挥教材的优势消弭其劣势,要求我们一线教师必须对学科基本框架了如指掌。所以,我们克服困难,解读北师大版小学语文教材知识结构体系,掌握了北师大版小学语文教材知识结构体系整体架构。语文学科知识结构一二级框架如图 1 所示,基本知识中关于字的板块局部展开图如图 2 所示。

我们将北师大版小学语文学科知识结构分为基础知识和基本能力两部分。基础知识主要涵盖字词句相关内容,基本能力主要涵盖阅读理解能力、写作能力、交流表达能力、概括能力四板块。这套思维导图软件有打开扩展功能,可以不断往纵深处打开内容。反之亦然。囿于本文篇幅,这幅思维导图全景无法全部呈现,将在后面相关内容中呈现部分。

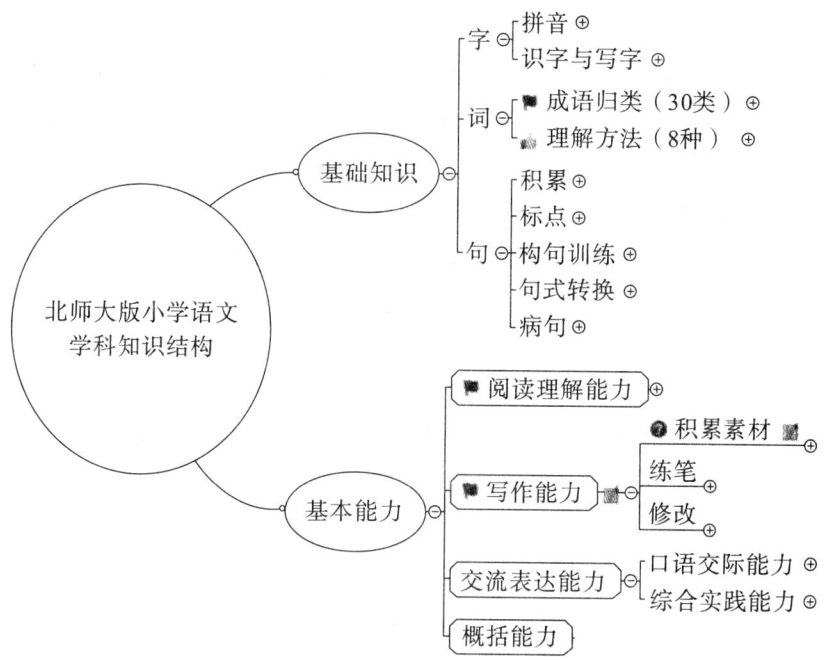

图1 语文学科知识结构一二级框架

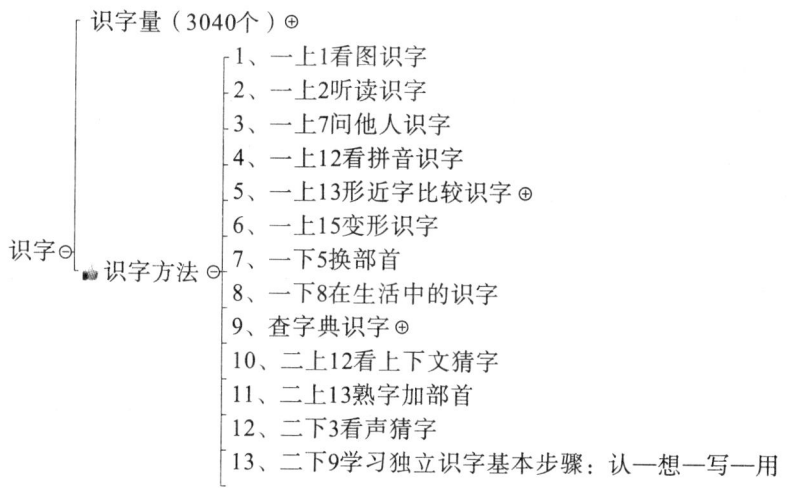

图2 基本知识中关于字的板块局部展开图

有了这样的学科知识结构体系图，教师们就能制定准确的教学目标，不会出现目标"越位"和"不到位"的现象，提高了教师的专业发展水平和教学质量。深钻研、讲出来、全过关。目前这套语文思维导图方法，已经成为祝国寺小学校本培训探索研究迈出的第一步，是全校语文老师的必修课程。

(二)纵横相贯通,点滴日见功

掌握教材"全景图"并不够,通过教材知识结构框架,理顺教材体系的知识能力发展的纵向脉络,打通纵向知识生长脉络与单元横向布局,才能在日常的教学中做到一课一得。

我们在梳理语文学科知识结构体系的同时,还重点研究每一知识点的纵向生长脉络。2011年版课程标准将小学语文教学目标与内容分为"识字与写字、阅读、写作(低段为写话)、口语交际、综合性学习"这五大板块。窥斑见豹,可见一斑。因限于篇幅,本文仅详述我们对基础能力中对"阅读理解能力"的解读部分。

正如图1所示,我们把基本能力分为阅读理解能力、写作能力、交流表达能力和概括能力四个板块。限于篇幅,此文仅详述我们对"阅读理解能力"的解读部分。

阅读教学是小学语文教学的重要环节。它既是识字的重要途径,又是进行听说读写训练的主阵地,更是学生思维训练的重要平台。《义务教育语文课程标准》(2011年版)从阅读的基本技能(朗读、默读)、阅读的感悟、理解能力、阅读积累、体会标点符号的用法和阅读的习惯等,对小学三个学段提出了明确而具体的要求,这些要求既有很强的针对性,又有明显的梯度,充分体现了《义务教育语文课程标准》对小学各个学段阅读教学的不同要求。

1. 读懂课程标准,整理纵向词语理解能力的训练序列及要求。

通过研读课标我们发现,阅读理解能力的领域非常宽,阅读理解从词语的理解开始,也是学生学习小学语文教学的重要内容,课程标准明确提出了积累、理解和运用三个不同层次的要求。

见表1,《义务教育语文课程标准》(2011年版)分别在小学三个学段对词语的理解提出了"了解""理解"和"推想"的要求。

第一学段强调的是"了解",要培养学生了解词语的意思;第二学段,要求学生理解词语的意思,体会课文中关键词句表达情意的作用(图3)。教材是这样呈现的。

表1 小学语文三学段对理解词语的要求

学段	理解词语的要求
第一学段	结合上下文和生活实际了解课文中词句的意思
第二学段	能联系上下文,理解词句的意思,体会课文中关键词句表达情意的作用

续表

学段	理解词语的要求
第三学段	能联系上下文和自己的积累，推想课文中有关词句的意思，辨别词语的感情色彩，体会其表达效果

理解方法（8种）
- 一上6根据汉字表意推知词义
- 二上5近义词替换
- 二上13按不同标准给词语分类
- 二下7联系上下文及生活实际
- 三上1运用联想和想象
- 三上4学查词典，会联系上下文选义项
- 四上3查字典学习看注释选多义字义项
- 四下5在老师指导下体会词语感情色彩，体会其表达效果

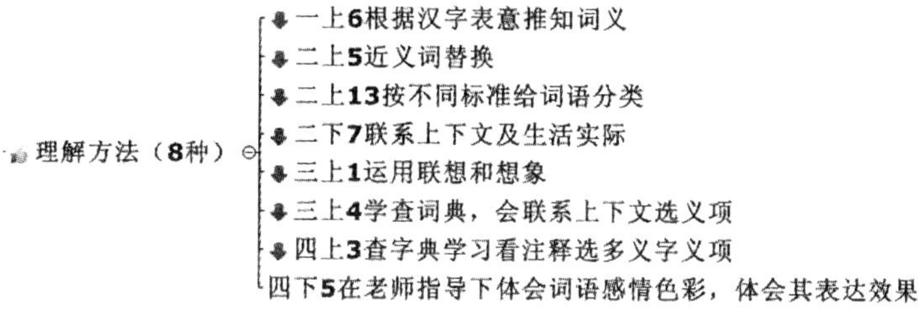

图3 小学语文第二学段对理解词语的要求

第三学段，教材没有呈现出来。这一学段要求学生利用第二学段学到的理解词语的方法去推想词语的意思，并辨析词语感情色彩，体会其表达效果。

理解能力的培养，第一学段是启蒙阶段，第二学段则是基础阶段，如果在第二学段学生的基本理解能力还没有形成，就很难适应第三学段乃至中学阶段的阅读要求。所以，第二学段对词语的理解教材指导非常详细，起到了明显的过渡作用。课程标准提出，第三学段的要求是能联系上下文和自己的积累，推想课文中有关词句的意思，辨别词语的感情色彩，体会其表达效果。所以，我们利用思维导图来解读教材，以便在我们头脑里对小学阶段某一个知识点形成了一个知识结构体系，这样更有利于我们把握教材。

2. 读熟教材，找出纵向阅读理解能力的训练点。

我们在认真学习新课程标准的基础上熟读教材，对北师大版12册教材进行了梳理。单就阅读理解能力的培养的知识点我们就提取出14个部分，如图4所示：这14个部分呈序列排列，而每一个部分的训练点从第一学段到第三学段呈有层次的梯度排列。这样，学生的阅读理解能力才能逐步、螺旋上升地得到培养。

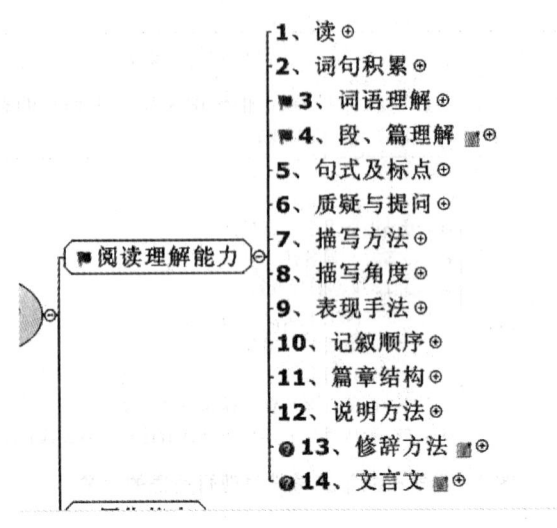

图 4 培养阅读理解能力知识点

其他的知识点，我们都是这样按照年级、单元找出其训练序列。

胸中有丘壑，纵横总相宜。通过思维导图解读教材，建立了教学观念和教学行为的若干中间环节的联结，促进了我校教师对课堂教学内部的若干原点问题深入思考。用"回到'原点'，突破'双基'，强调'结构'，注重'整合'，聚焦'机制'"的思路突破了制约课堂教学改革向纵深推进的一大瓶颈。教师运用思维导图，能清晰地看到每一个训练点在教材中的分布，将这些教材要求烂熟于心，做到既瞻前又顾后，有计划有步骤地进行教学，切实提高我们的教学效率，让老师教得清楚，学生学得轻松。

四、我们的行动二：概念图分解核心目标，构建目标链

通过思维导图解读教材，我们锁定每课的核心目标后任务并未完成，还需要落实到每堂课中，因此就必须将核心目标分解，构建目标链，因为教学的过程就是实现目标链上子目标的过程。

如前文所谈到的，《小镇的早晨》是北师大版三年级上册第四单元的一篇主体课文。课文描写了我国江南水乡小镇——桃源的早晨安静、热闹、忙碌的景象，反映了改革开放给小镇带来的勃勃生机，表达了作者对生活的热爱。全文一共五个自然段，按照"总—分—总"的顺序排列，第一自然段先总，介绍小镇的地理位置；中间三个自然段分别介绍小镇安静、热闹、忙碌时的特点；最后总结全文。这篇课文，立意新，结构严谨，语言精巧，是一篇值得学习的

好文章。

（一）目标框架

基于对课文的以上分析，我搭建了本课的目标框架（图5）

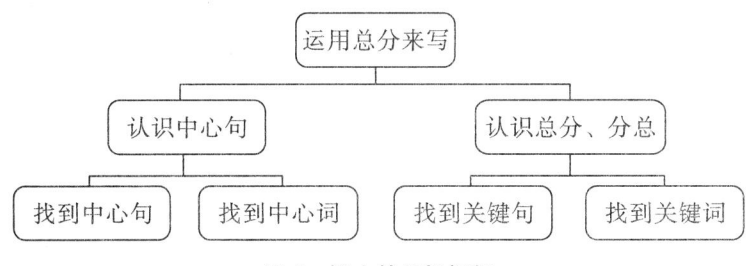

图5 课文的目标框架

（二）课时划分

基于以上的教学目标考虑，我将本课的教学分解为三个课时：

1. 第一课时初读课文认识生字词后，整体感知小镇的特点。通过交流汇报，理出文章行文思路，初步感知文章分总的结构特点。

2. 第二课时在老师引导下通过第二自然段的学习，深入理解中心句的概念，理解总分的写作特点。小组内讨论学习第二段，自学第三段，再次感受总分的特点，充分体会中心句的表达效果。

3. 第三课时，在老师引导下运用总分结构描写校园的早晨。

（三）思路设计举例

以第二课时为例，对思路设计进行剖析（图6）。

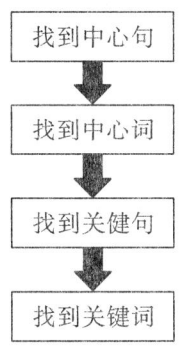

图6 思路设计

第一步：自由读第二自然段，找到这一段的中心句，用"＿＿＿＿"勾画完整句。

第二步：齐读这个中心句，用这句话中的一个词来形容小镇的特点，向学生提问会用哪个词,用"△"标出来。告诉学生这叫中心句的中心词。

第三步:自由读第二自然段余下的句子,向学生提问是从哪些句子中感受到小镇很"安静"的,要求试着读一读找到的句子。

第四步:找到关键词。指名说句子要求齐读这个句子。向学生提问是从这个句子中的哪些词感受到小镇"安静"的,并用"●"表示出来。最后让学生练习朗读这个句子,试着读出小镇的"安静"。

(四)学法点拨

1. 讲解核心概念。这些句子都在写小镇"安静",所以第二自然段开头就用一句话告诉我们——小镇的早晨是安静的。这个句子就叫"中心句",结合板书讲解全段的构段方式是"总—分"。

2. 提炼学习方法。我们在学习自然段时,首先要先找到自然的中心句,再在中心句中找到中心词,然后从自然段中找出能描写中心词的句子,用"●"找出了句子中心词的关键词,最后用朗读来表现这个特点。

3. 辅助使用学法。用这样的方法自学第三自然段,在小组内交流,每组派代表在全班交流,齐读第三自然段。

4. 独立运用学法。让学生独立学习第四自然段,老师巡视检查。

5. 总结全课。因为小镇的早晨是安静的,我觉得它很美;因为小镇的早晨是热闹的,我也觉得它很美;因为小镇的早晨是忙碌的,我还是觉得它很美。所以我要大声地说:"啊,多美的小镇的早晨!"这句话出现在第五自然段,这句话是对前面内容的总结,我们把它叫作全文的"总结句"。结合板书,讲解"总——分——总"的全文构篇思路。

五、课后反思

通过《小镇的早晨》第二课时的教学,学生基本理解了"中心句"的概念,初步感知了"总—分""分—总"的构段、构篇方式,为下一课时仿写"总分"结构的片段练笔打下基础。

围绕这节课的核心目标设计的关于在总分结构段落中"找到中心句、中心词"的课后练习的检测显示表明,90%以上的学生能够找到总分段落的中心句。所以,这种"基于核心目标的目标链的建构"的设计思路是可行的。

除了《小镇的早晨》这堂课,我们还进行了《惊弓之鸟》《美丽的小兴安岭》《用冰取火》等课例的研究,都取得了理想的效果。

周小山教授曾经说过:什么样的课是好课?一节课能让85%以上的学生掌握这节课85%以上的知识的课就是一节好课。

学科基本结构乃是教材的线索和逻辑。我的"基于核心目标的目标链的建构"的行动研究正是以这为原点开始,沿着其思路设计的课能够达到这样的标准,取得比较明显的效果,说明我寻找"核心目标,建构目标链"的思路是正确的。

指向中段学生语文概括性思维培养的研究报告
——"善思"课程开发的研究[①]

概括能力是学生语文素养的重要能力，而概括能力提高其实质是概括性思维的发展，所以概括性思维的培养尤为重要。概括性思维具有很强的综合性，可小学生的概括却以形象概括见长，因此，将概括性思维训练提到语文教学的重要地位十分必要。课题组老师抓住语文的概括性思维的培养做了一些研究：以学情为基本点，开发了指向语文中段学生概括性思维培养的"善思"校本课程，并总结了"善思"课程的开发经验。

第一部分　直面问题　剖析探究——研究动因

一、现状

1. 我校学生语文"理解与分析"水平高分段明显低于同区域平均水平，反映出学生概括能力差，概括性思维能力较弱。

我校中段学生普遍表现出阅读理解能力较差（低于全区平均水平）。如图1所示，2012年我校与锦江区学生阅读理解能力比较检测报告，从报告反馈的各内容指标上的具体得分情况可以看出，在"理解与分析"指标上，我校低分段学生（得分在60~70分）较集中，明显高于锦江区平均水平；而高分段学生（得分在90~100分）较少，明显低于锦江区平均水平。由图1可见学生在"理解与分析"方面水平较差，反映出学生语文分析与综合能力差，概括性思维较弱。

[①] 黄智惠主持主研撰稿，为第一作者，第二、三作者分别是魏静芳、刘洋。此报告获得锦江区小专题研究一等奖，获得成都市教改论文评比一等奖。

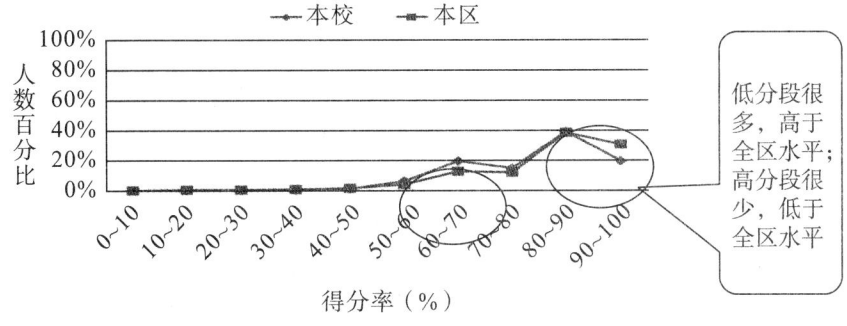

图 1 阅读理解能力对比

2. 语文学科课程目标指向不明,结构性不足,实施时畏首畏尾。

目前,我们中段语文老师已有语文学科课程建构的意识,有规划、有实施与反思、有总结,能在一定程度上实施课改。但还是存在四个明显的不足:一是中段语文课程的指向不明确,抓不住中段语文培养目标的核心要素和难点;二是语文学科课程的实施计划整体性结构性不足,表现为零散的课时堆砌毫无章法;三是语文学科课程实施计划与学校的顶层设计的延续、衍生和呼应不足;四是教师在这次课改的实施中有些畏首畏尾,怕大刀阔斧的课改效果不好,影响学校的教学工作。基于以上四方面的不足,从我校目前提高教学质量的实践教学现状来看,部分教师仍然采取题海战术,让学生进行大量的题型训练。这样做不仅剥夺了学生的休息和学习其他知识的时间,而且让学生对这门课失去兴趣,长此以往,得不偿失。

3. 涉农学生家庭学习环境较差,阅读氛围、阅读习惯差。

目前祝国寺小学正处于搬迁过渡阶段。学校校舍紧张,教学辅助用房严重不足。学校现在没有图书室、没有阅览室。图书也打包保存,没有办法向学生全面开放,打乱了原来学校由图书室支撑学生课外阅读的常态。而当我们想向家庭借力的时候,学生家庭又是"三差"突出:学习环境差,阅读氛围差,阅读习惯差。学生大多数是农民工子女,其中三年级学生农民工子女占72.3%,四年级学生农民工子女占71.1%。他们中绝大部分家庭收入微薄,以租住附近农民的住房生活,家庭环境普遍较差,学习环境更是谈不上。学生们的父母多以在工厂、工地打工或者在市场做小生意为生,他们平时忙于生计,无暇顾及学生的学习。学生的父母绝大部分只有小学文化甚至有的还是半文盲,他们大多只重视与满足孩子基本吃饱穿暖的生存需求,关于阅读等方面的精神需求无暇顾及,不买书、不存书、不读书,所以缺乏阅读氛围,长此以往,在这样的家庭环境下自然谈不上培养孩子的家庭阅读习惯。

二、我们的认识

概括能力是学生语文素养的重要方面。历年语文"考试"都将能力概括为识记、理解、分析综合、鉴赏评价、表达应用和探究六个能力级别，其中"综合"应为概括性思维的体现，但表述较模糊，具体阐释中多处出现"分析"字样，却没有"概括"一词。分析是概括的基础，但概括则是分析的目的，理解、鉴赏评价、表达应用、探究乃至识记，无不以概括为基础。而概括能力提高，其实质是概括性思维的发展，所以对学生概括性思维的培养尤为重要。概括性思维具有很强的综合性，可小学生的概括却以形象概括见长，因此，将概括性思维训练提到语文教学的重要地位十分必要。

章志光主编的《心理学》指出，所谓思维的概括性，包含两层意思：第一，能找出一类事物所特有的共性并把它们归结在一起，从而认识该类事物的性质及其他类事物的关系。第二，能从部分事物相互联系的事实中找到普遍的或必然的联系，并将其推广到同类的现象中去。

要提升我校中段学生语文学业水平，其核心是提升中段学生的分析与概括能力。要提升分析与概括能力，其核心是提升概括性思维，要提升学生概括性思维，就必须在语文教学中的听说读写训练中落实。所以我们在实际工作研究中进行的概括性思维训练并非是孤立单一的，而是要落实在平时的教学工作中。比如找中心句、找关键词、复述、缩写等方法概括主要内容，都是概括性思维训练。

基于以上认识，我们提出了"指向中段学生语文概括性思维培养'善思'课程开发的研究"小专题进行深入研究。

三、概念界定

中段学生：在本小专题的研究中具体指小学三四年级的学生。

语文概括性思维：本小专题指中段学生厘清思路，准确、简练地表达的能力。一般包含找中心句概括、复述课文内容概括、抓关键词句概括、缩写概括等训练点。

"善思"课程："善思"课程在本小专题指面向全体学生的基础课程（主要是国家课程中的语文）、面向分层的拓展课程（主要是以校为本的大单元整合与学科内的主题类小课程）和面向个体的探究课程（主要是综合实践类的课程）的总和。赋予语文科课程"善于思考、擅长思维"的特征，并将这三类课程开发、整合、融合、优化，构建祝国寺小学中段语文"善思"课程。其目标指向聚焦在"提升学生概括性思维能力"，包括课程实施计划、课程内容制定、课程实施管理及课程评价等相关配套内容。

"指向中段学生语文概括性思维，培养'善思'课程开发的研究"，是指在祝国寺小学总体课程"三层四域十二板块"的框架视野下，聚焦学生概括性思维，开发三四年级的语文科"善思"课程，促进学生概括性思维提升的研究。

四、研究目标及内容

（一）研究目标

1. 通过语文科"善思"课程的研究，建设我校小学语文中段的语文学科"善思"课程。

2. 通过语文学科"善思"课程的建立，提升学生概括性思维能力，提高教学质量。

（二）研究内容

1. 运用思维导图对《义务教育小学语文课程标准》（2011年版）小学语文教材进行全面解读。

2. 聚焦小学语文中段教材，对照《义务教育小学语文课程标准》（2011年版），进行大单元整合、解读与梳理。

3. 学习概括性思维相关内容，加强阅读课程中思维品质的挖掘和培养。

4. 建立中段语文学科"善思"课程。

5. 聚焦学生概括性思维能力的提高，大力开展教学实践。

五、研究方法、对象及历程

（一）研究方法

本课题以行动研究法为主，辅以文献研究和案例研究等方法。行动研究法贯穿小专题研究始终，文献研究法主要用于课题的前端分析，包括对资料的收集、整理和鉴别，案例研究法主要用于对课题案例的收集、分析，问卷调查法用于研究活动前期，用以收集材料、归因分析，访谈法主要用于对学情的理解分析。

（二）研究对象

祝国寺小学三年级一班、四年级一班学生。

第二部分 统筹规划 阶段推进——小专题的研究历程

我们的研究分为：学习与计划、实践与反思、总结与提升三阶段。

一、第一阶段：学习与计划阶段（2013年7月—2013年8月）

1. 学习理论（课程理论、思维品质理论）。

利用网络等多种途径，查阅各种资料，学习各种有关小学语文课程思维品质、概括性思维、课程论、语文课程论的相关理论知识。

2. 制订计划（研究计划、课程计划）。

运用问卷调查法、访谈法了解学生现状，并做深入分析，拟写语文学科"善学"课程实施计划，根据不同年级段学生的知识已有能力以及阅读应达到的相应水平，制定具体的阅读辅导方法，撰写立项申请、研究方案以及具体实施计划。

2012年的锦江区小专题研究评比检测，反映了我校学生在理解与分析能力维度的得分与锦江区平均水平差距较大。于是，我校教研组针对这一问题进行原因分析，并制定了对策，每周增设一节阅读思维训练课，要求教师在开学初拟写课程计划并按计划开展教学工作。

二、第二阶段：实践与反思阶段（2012年11月—2013年5月）

通过一段时间的实践，我们发现，我校开展思维训练课程与基础阅读课程联系不紧密，以致学生思维能力的提升不够快。于是，我们把思维训练融入常规课堂教学，要求教师在备课中更加注重解读课程标准和教师参考用书，并结合学生实际情况，有针对性地进行教学设计。

当我们把思维训练融入教学常规课堂后，又有了新的发现：我们这种把思维训练融入常规课堂没有落实到位，有些浮于表面。促使我们不得不思考：如何在常规教学中落实思维训练。我校在认真研读《义务教育小学语文课程标准》（2011年版）提出的概括性思维方法，不断调整，并结合教材内容，设计了相应的"善思"课程，有针对性、系统性、集中性地分类训练。这样，能将常规课堂与校本课堂相结合成交互式课堂，使学生的概括性思维能力得到了提升。

三、第三阶段：总结与提升（2013年6月—2013年8月）

在研究的第三阶段，我们根据前两个阶段的实施情况以及学生概括性思维能力的不断提升，逐步梳理出研究过程中有特色的材料，形成《指向语文中段学生概括性思维培养"善思"课程开发的研究》报告。以学情为基本点，开发了指向语文中段学生概括性思维培养的"善思"校本课程，并总结了"善思"课程的开发经验。

第三部分 变革实践 总结升华——课题的研究成果

课程建设的最终目标是促进学生的全面可持续地发展。我校中段语文教师聚焦课程建设，围绕提高学生概括性思维的目标，整合资源，不断探索，总结出课程建设研究成果。

一、认识成果

1. 语文中段"善思"课程，是指向概括性思维培养的三类课程的总和。
2. 概括性思维培养的"善思"课程的实施，主要遵循围绕听说读写语文学科特点在日常教学中的灵活应用。

二、操作成果

（一）关照"善学文化"，构建语文学科"善思"课程结构

1. "善思"课程的文化结构。我们语文学科"善学"课程特别注意关注整体与局部的结构化（如图2所示），祝国寺小学的课程构建已经有结构化的特征，学校围绕"善学文化"为核心，结合"培养身心健康、品行优良、基础扎实、自信自强、特长鲜明、动手能力强、思维灵动、视野开阔"的学生具体目标，形成了"三层四域十二板块"一体的四棱锥课程体系。三层次是：基础课程、拓展课程、探究课程；四领域是语言与阅读、数学与科技、艺术与审美及品德与健康。三层次四领域将课程自然划分为十二板块共四十余门课程，组成了祝国寺小学课程体系。

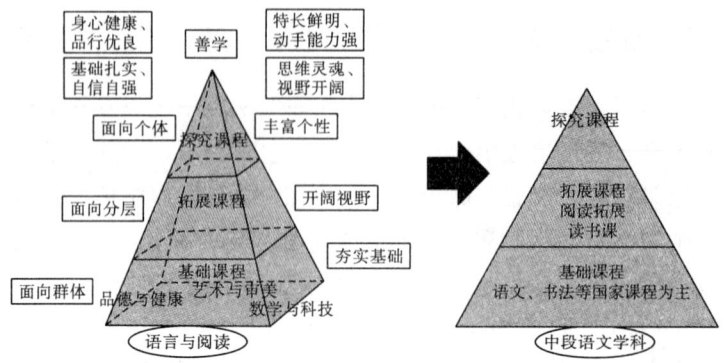

图 2 "善思"课程结构

语文学科"善思"课程,隶属于学校"三层四域十二板块"中"语言与阅读"这个领域中的一部分。通过语文学科的基础课程、拓展课程、探究课程的立体建构,形成语文学科课程整体框架。基础课程建设中,我们不仅重视学生基本素质和基本能力的培养,还注重培养学生自主学习、主动探究、合作交流的可持续发展的学习能力。拓展课程以深挖教材、实践体验、培养兴趣、发展特长为宗旨,进行课程的开发与建设。探究课程以整合资源、学以致用为指引,最终发展学生的语文综合能力和培养学生良好的阅读思维品质。

2. "善思"课程的组织结构。如图 3 所示的展开框架图中,能清晰地看到语文学科课程在学校课程框架中的位置,隶属于语言与阅读板块。由基础性课程"语文"、拓展性课程"拓展阅读"、探究性课程"读书"构成。

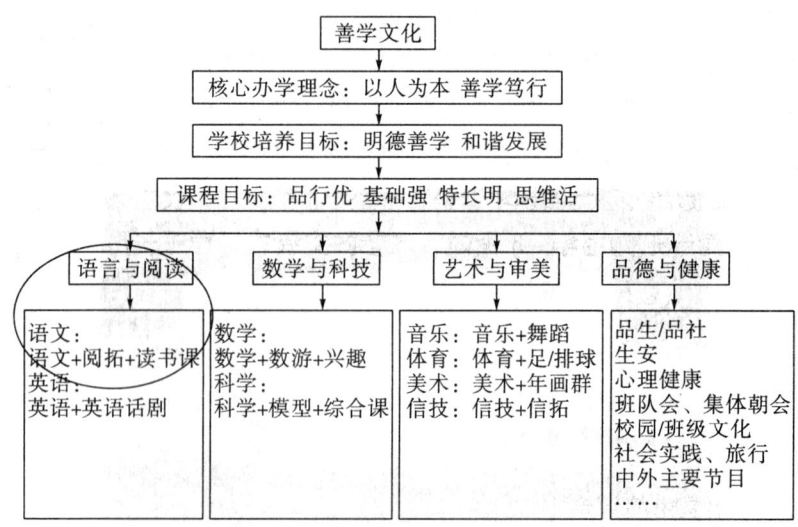

图 3 课程展开框架

3. "善思"课程的逻辑结构。我们的语文学科"善思"课程由"一核五能"构成,以培养概括性思维为核心目标,以找中心句概括、找关键词概括、找时地人事概括、复述概括、缩写概括五个方面的概括能力点为依托进行建构,如图4所示。

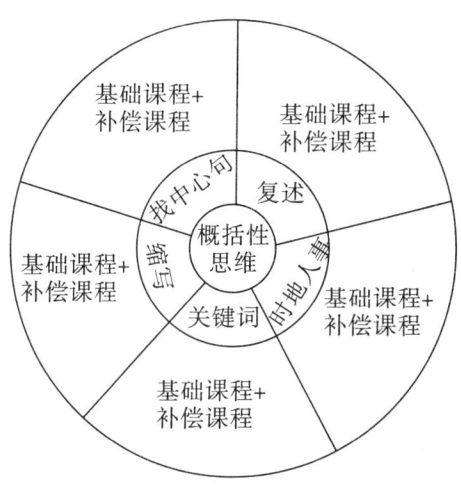

图4 "善思"课程的逻辑结构

(二)关照生源现状,制订"善思"课程实施计划

1. 注重学情分析,策略对应。

每一个学生都是不可复制的,每一所学校也是不可以复制的。只有依据生源特点制定课程实施计划并切实实施,才是真正有用的计划。所以,我校教师撰写的语文课程实施计划,必须充分分析学情,对症下药,见表1(节选)。

表1 基于SWOT的班级学情分析表

	内容	策略
优势 Strength	1. 大部分学生养成了良好的学习习惯 2. 认同语文的重要性 3. 阅读兴趣逐渐生成 4. 大部分能认真完成作业 5. 喜欢表现自我	1. 强化已有良好的学习习惯,改进不足之处 2. 多渠道扩大阅读量 3. 表扬、鼓励力求形成良好氛围 4. 提供展示机会

基于SWOT的班级学情分析表 续表

	内容	策略
劣势	1. 部分家长对语文的重视程度不够 2. 个别学生缺乏积极好学的精神 3. 个别学生学习基础薄弱，成绩较差 4. 优生不优，差生很差且比例较大	1. 加强家校沟通，强化家长对语文学科的认识 2. 树立榜样，鼓励学习，形成氛围 3. 个别辅导，家校合作 4. 辅差培优，缩小差距
机会	1. 学校以"善学"文化为核心培养"善学少年"，促进每一个学生个性发展、快乐成长 2. 学校本着"减负、提质、增效"的工作思路整合国家课程、地方课程、校本课程 3. 开发基础、拓展、探究三种课程 4. 在实现全体学生发展的同时，尊重差异、适应需求	1. 抓住学校学科课程建设的机会，重构语文学科课程 2. 落实"减负、提质、增效"的工作要求 3. 尊重学生个体差异
威胁	1. 超过2/3的学生属于农民工子女，父母文化程度普遍较低，有的甚至是文盲 2. 忙于生计的父母们不仅无暇辅导孩子的学习，有的甚至连孩子的日常生活也照顾不周 3. 家庭收入有限，在学习上能获得的经济保障远低于城市学生 4. 经济条件与意识的制约，导致学生课外阅读量很低 5. 学校硬件设施差 6. 所面临的校际竞争很激烈	1. 作业尽量当面批改 2. 关心学生生活 3. 强化阅读意识 4. 多渠道提供阅读途径 5. 强化竞争意识，鼓励学生不断进取上进

注：我校四年级只有一个班，共50名学生，其中有3名学生为本学期刚转入。农民工子女37人，本地学生13人。

(2) 注重以学定教，方法多样。

语文学科课程实施方式的多样性是我校课程建设的重要内容。这要改变在具体的课程实施中"讲授最有效"的桎梏，变"课堂讲授"为"依内容定教法"。"善思"课程实施方式多样性，见表2。

表2 锦官驿小学非遗课程实施表

课程领域	课程类别	课程类型	课程内容	年级						课时安排	实施方式					
				一	二	三	四	五	六		课堂学习	主题活动	活动体验	专题讲座	论坛报告	玩中学
国际理解	锦小非遗	必选	非遗小讲堂	●	●	●	●	●	●	每周三七彩空间20分钟						●
			一二年级空竹	●	●					每周课时						●
			三年级瓷胎竹编			●				每周1课时						●
			民间体育游戏	●	●	●	●	●	●	约每学期2课时						●
			24节气与我同行	●	●	●	●	●	●	约每学年24次			●			
			传统节日课程	●	●	●	●	●	●	传统节日相机		●				
			锦小娃万里行	●	●	●	●	●	●	每期至少两次寒暑假、节假日		●	●			
		自选（传统手工创制）	瓷胎竹编			●	●	●	●	每周1课时50分钟长课	●					●
			绳编			●	●	●	●	每周1课时50分钟长课	●					●
			棕编			●	●	●	●	每周1课时50分钟长课	●					●
			面塑				●	●	●	每周1课时50分钟长课						●
			剪纸				●	●	●	每周1课时50分钟长课	●					●
			蜀绣				●	●	●	每周1课时50分钟长课	●					●

我们语文学科"善思"课程实施的方式已经从以前单一的课堂讲授扩宽为课堂学习、主题活动、活动体验、专题讲座、论坛报告、玩中学这六种课堂实施方式，根据课堂内容选择最适合的方式进行教学。比如：基础课程的语文主要是课堂学习；拓展课程"中秋之花"聊天会主要就是用主题活动的方式；探究课程"书香班级文化创建"就采用玩中学的方式。

（三）遵照概括性思维培养目标，制定"善思"课程实施内容

1. 比对《义务教育语文课程标准》（2000年版），锁定学期培养目标。

目标决定路径。遵照概括性思维培养目标，必须要在课程实施中"落地"。我校中段语文学科"善思"课程指导思想明确提出：在课程建设中坚持以"善学"文化为核心培养"善学少年"。尊重差异，适应需求，促进每一个学生个性发展、快乐成长。基于课程标准和这种核心思想的指导，我们不断尝试课堂教学改革，强化教学常规管理，深化课题研究，大力开发校本课程，提高学生语文的学习能力，帮助学生爱上读书，使学生的语文素养进一步提升，帮助学生构建基本的人文素养。所以我们特别强调：在制定语文学科课程实施计划时，比对《义务教育语文课程标准》（2000年版），锁定学期培养目标。其基本指向是要求教师以培养学生阅读兴趣，提升其思维品质为目的，挖掘文本中的思维能力培养的方向，并在教学目标中体现出来。为让"善思"课程目标更加明晰聚焦，基于《义务教育语文课程标准》（2000年版）将语文课程所划分的五个知识板块，我们将四年级上册语文课程目标更加细化和具体化，见表3。

表3 四年级上册语文课"善思"课程目标表

	课标表述	本册目标细化
识字与写字	1. 对学习汉字有浓厚的兴趣，养成主动识字的习惯 2. 累计认识常用汉字2500个，其中2000个左右会写 3. 会使用字典、词典，有初步的独立识字能力 4. 能使用硬笔熟练地书写正楷字，做到规范、端正、整洁；用毛笔临摹正楷字帖	能够独立完成识字学词的任务，养成主动识字的习惯，能规范、端正、整洁地书写正楷字 1. （认字210，写字180）×80%，书面表达错别字率≤2% 2. 学写摘录笔记，交流展示自己的摘录笔记，提高阅读能力，养成阅读习惯（摘录笔记的要求：必须写、经常写，养成习惯）

四年级上册语文课"善思"课程目标表　　　　　　　　　　续表

	课标表述	本册目标细化
阅读	1. 用普通话正确、流利、有感情地朗读课文 2. 能对课文不理解的地方提出疑问 3. 能联系上下文理解词句的意思，体会课文中关键词句在表达情意方面的作用。能借助字典、词典和生活积累理解生词的意义 4. 初步把握文章的主要内容，体会文章表达的思想情感 5. 能复述叙事性作品的大意，与人交流自己的阅读感受 6. 在理解语句的过程中，体会句号和逗号的不同用法，了解冒号、引号的一般用法 7. 学会略读，初知文章大意 8. 积累课文中优美的词语、精彩句段，诵读优秀诗文，在诵读过程中体验情感，领悟内容。背诵优秀诗文 12 篇（段） 9. 养成读书看报的习惯，课外阅读不少于 40 万字	学习独立地阅读课文，养成良好的阅读习惯。 1. 能对课文不理解的地方提出疑问，会分类处理所提的问题 2. 体会课文中重点词句在表达情意方面的作用，并与他人交流自己的阅读感受 3. 初步把握文章的主要内容，体会文章表达的思想情感，能复述叙事性作品的大意 4. 积累课文中的优美词语、精彩句段，在诵读过程中体验情感、领悟内容 5. 继续练习默读，学习略读，快速获取信息 6. 培养学生筛选信息的意识 7. 鼓励学生大量阅读课外书籍，本期要求学生课外阅读量不少于 10 万字
习作	1. 留心周围事物，乐于书面表达，增强习作的自信心 2. 能不拘形式地写下见闻、感受和想象，注意表现自己觉得新奇有趣的或者印象最深，或者最受感动的内容 3. 愿意将自己的习作读给别人听，与他人分享习作的快乐 4. 尝试在习作中运用自己平时积累的语言材料，特别是有新鲜感的词句 5. 根据表达的需要，使用冒号、引号 6. 学习修改习作中有明显错误的词句 7. 课内习作每学年 16 次左右	1. 能不拘形式地写下见闻、感受和想象，注意表现自己觉得新奇有趣的或者印象最深，或者最受感动的内容 2. 愿意将自己的习作读给别人听，与他人分享习作的快乐 3. 尝试在习作中运用自己平时积累的语言材料 4. 根据表达的需要，正确使用句号、逗号、问号、感叹号、冒号、引号 5. 学习修改习作中有明显错误的词句，培养修改习作的习惯，习作≥12 次 / 学期

四年级上册语文课"善思"课程目标表　　　　　　　　　　续表

	课标表述	本册目标细化
口语交际	1. 能用普通话交谈。在交谈中能认真倾听，并能就不理解的地方向他人请教，就不同的意见与他人商讨 2. 听他人说话能把握主要内容，并能简要转述 3. 能清楚明白地讲述见闻，并说出自己的感受和想法 4. 能具体生动地讲述故事，努力用语言打动人	1. 在交谈中认真倾听，能把握主要内容，并简要转述 2. 能清楚明白地讲述见闻，具体生动地讲故事 3. 能够有理有据地进行交流和评价
综合性学习	1. 能提出学习和生活中的问题，有目的地收集资料，共同讨论 2. 结合语文学习，观察大自然，观察社会，书面和口头结合表达自己的观察所得 3. 能在老师的指导下组织有趣味的语文活动，在活动中学习语文，学会合作 4. 在家庭生活、学校生活中，尝试运用语文知识和能力解决简单问题	1 能提出学习和生活中的问题，有目的地收集资料，共同讨论 2. 结合语文学习，观察自然和社会，运用书面和口头结合的方式表达自己的观察所得 3. 尝试运用语文知识和能力解决简单问题 4. 综合性活动≥4次/学期

（2）聚焦概括性思维培养目标，梳理"善思"课程内容。

依据课标，紧扣课本，是我们语文学科"善思"课程建设的核心思想。建构语文学科"善思"课程，我们首先必须忠诚于《义务教育语文课程标准》（2011年版），在《义务教育语文课程标准》（2011年版）的指引下紧扣课本实施教学。所以，为祝国寺小学语文学科中段"善思"课程顺利落地，从课程设置图中也比较有序地整理出中段的语文概括性思维的5个能力点的内容，并归纳总结，见表4（以四年级上册为例）。

表4 四年级上册"善思"课程能力点分析

概括性思维训练点	国家课程（基础课程）	补偿性课程篇目	原因
1. 找中心句	《草原》《中国结》《林中乐队》《"三颗纽扣"的房子》	《青蛙》《铁杵磨成针》《生物的刺》《小草》《故乡的湖》	杂：知识点杂。新课标明确要求中段学生"能体会课文中关键词句表情达意的作用"，中心句在训练学生概括课文内容及表情达意上有着重要地位，但课文中呈现的中心句训练点杂而无序，形式单一，补充课程重在强化训练寻找不同形式出现的中心句，并归类练习
2. 复述课文内容	《看桥人》《邮票是怎样诞生的》《秦皇岛的来历》《诺言》《一枚金币》《少了一个马掌钉》	《风》《鲁班造伞》《礼物》《时光老人和流浪汉》《聪明的小高斯》	难：水平难。新课标明确要求中段学生"能复述叙事性作品的大意"，教材中呈现的文章训练形式单一，缺乏梯度，补充课程重在以"帮""扶""放"的梯度设计训练点，力求既让优生"吃饱"也让差生"不挨饿"
3. 按时间、地点、人物、事件概括主要内容	《爸爸的老师》《散落的钞票》《深山风雪路》	《有志者事竟成》《购买上帝》《放风筝》《一个小村庄的故事》《石头里的学问》	少：篇目少。新课标明确要求中段学生"能初步把握文章主要内容"，概括叙事性文章主要内容是训练学生概括思维的基本形式也是学生要掌握的一种重要方法，但教材中呈现的训练点很少，补充性课程重在补足练习篇目，并以梯度的形式呈现序列以求达到"人人掌握，人人会用"
4. 抓关键词句概括要点	《走月亮》《落花生》《飞夺泸定桥》《桥之思》《罗斯福集邮》《"扫一室"与"扫天下"》	《换伞》《人类的秘密仓库》《含羞草》《小草》《爱石头的科学家》	乱：编排乱。新课标明确要求中段学生"能理解词句的意思，体会课文中关键词句表情达意的作用"，抓关键词句理解句意并概括要点是中段概括能力的训练难点，课文中呈现的训练点形式散乱，缺少章法，补充性课程除了数量上的补充对练习的形式也进行了归纳梳理，重在帮助学生掌握概括要领

四年级上册"善思"课程能力点分析　　　　　　　　　续表

概括性思维训练点	国家课程（基础课程）	补偿性课程篇目	原因
5. 缩写	《散落的钞票》	《包公审石头》《一只鸭子》《一袋干粮》《小英雄雨来》《精彩的运动会》	缺：缺训练点。缩写课文是概括能力的延伸和对概括思维的更高级的要求，四年级上册只出现了一处训练点，但在四年级下册中会出现更多练习点并要求学生落实到笔头上。补充性课程重在补足四年级上册中训练点的缺失并为四年级下册的强化练习打好基础

从表4可以看出，"善思"课程中的基础课程主要以国家课程语文为根，以拓展课程和探究型课程为必要的补充。根据《义务教育语文课程标准》（2011年版）与北师大版《语文》教材的对接与比对，我们发现，目前我校使用的北师大版教材对概括性思维的培养不同程度地呈现出"杂、难、少、乱、缺"的问题。有的是课本呈现的知识点杂；有的是对概括性思维培养的水平要求高；有的是知识点涉及的篇目少；有的是教材中相似知识点编排乱；还有的是课标有要求而缺教材知识点。基于以上原因，我们以语文教材为出发点，对"杂、难、少、乱、缺"的情况分别采取辨析、整理、归类、搭梯、增补增加等措施进行补充性教材开发。总而言之，"抓标扣本"是我们充分挖掘国家课程并进行必要的校本化开发，是我们开展语文学科"善思"课程建设不变的"经"。

（四）关照"善思"课程实施，让概括性思维培养"接地气"

"接地气"的课程实施就是不仅有高屋建瓴地课程规划，而且还能够在平时的日常课中方便地运用。所以，我们祝国寺小学语文教师在制定指导措施时，要求教师制定出阅读课程的类型，根据五个不同能力训练维度制定不同的课程实施思路，总结在三类课程中提升学生概括性思维的做法的基本思路和基本方法。

1. 基本思路——明确"病因"，对"症"下药。

思路决定出路。有病治病，对症下药方能药到病除。目前我校使用的北师大版语文教材对概括性思维的培养，不同程度地呈现出杂、难、少、乱、缺的"病"。所以我们根据五种"病因"，拟定"除病"基本思路，见表5。

表 5　概括性思维培养问题解决方法

病因	"除病"基本思路	国家课程语文	补偿课程
杂	整理+整合	《草原》 《中国结》 《林中乐队》 《"三颗纽扣"的房子》	《青蛙》 《铁杵磨成针》 《生物的刺》 《小草》 《故乡的湖》
乱	归类+整合	《走月亮》 《落花生》 《飞夺泸定桥》 《桥之思》 《罗斯福集邮》 《"扫一室"与"扫天下"》	《换伞》 《人类的秘密仓库》 《含羞草》 《小草》 《爱石头的科学家》
少	增补	《爸爸的老师》 《散落的钞票》 《深山风雪路》	《有志者事竟成》 《购买上帝》 《放风筝》 《一个小村庄的故事》 《石头里的学问》
缺	增加	《散落的钞票》	《包公审石头》 《一只鸭子》 《一袋干粮》 《小英雄雨来》 《精彩的运动会》
难	分阶搭梯	《看桥人》 《邮票是怎样诞生的》 《秦皇岛的来历》 《诺言》 《一枚金币》 《少了一个马掌钉》	《风》 《鲁班造伞》 《礼物》 《时光老人和流浪汉》 《聪明的小高斯》

2. 基本方法——相对集中，化整为零。

行动决定成败。仅有"对症下药"方法解决学生概括性思维不够的思路还不行，行动跟进是关键。思路有了，怎么实施，什么时候实施，实施用什么策略，实施要注意什么细节，这些都只有通过实践才能证明。

我们的"善学"课程主要采用"相对集中，化整为零"的方法实施。"相对集中"类似于大单元整合实施，把关于概括性思维培养的相同能力点进行整合实施，"化整为零"的方法就是把整块的概括性思维培养点按照课程编排分解在日常课中逐步实施。

如：在北师大版语文四年级上册教材中"抓关键词句概括主要内容"的能

力点安排得比较乱,分别呈现在2、4、5、6、11单元(表6)。所以在学习这个能力点的时候,我们先把这些课文归类,成为"抓关键词句概括要点"的能力组合篇目,再根据教学进度确定学习时间。学习能力点安排原则依然是抓纲扣本,充分用好课本,相继增加补偿性篇目。

表6 学习能力点安排

概括性思维训练点	病因	基本思路	国家课程《语文》	教材位置	补偿课程
抓关键词句概括要点	乱	归类+整合	《走月亮》 《落花生》 《飞夺泸定桥》 《桥之思》 《罗斯福集邮》 《"扫一室"与"扫天下"》	2单元 4单元 5单元 5单元 6单元 11单元	《换伞》 《人类的秘密仓库》 《含羞草》 《小草》 《爱石头的科学家》

3. 基本要义——理清思路,准确、简练地表达。

我们训练学生语文概括性思维的基本要义在于帮助中段学生理清思路,培养准确、简练地表达的能力。那么在日常课的具体实施中,我们就围绕训练学生理清思路、准确简练地表达而努力,理清思路训练——准确思维训练——简练思维训练。

(1) 思议说写,让学生理清思路的训练"过手"。

衡量学生"学到"没有,我们习惯用是否"过手"来说,而非"老师讲没讲"。"过手"就是学生学到了,能运用了,成为学生自己的能力。从信息的输入输出的角度来说,让学生"过手"的关键是学生"输出"。语文科的"输出"就是指"说"和"写"。以词语理解为例,我们总结出"理解本义+理解语境义+说写结合"的方法让学生过手,如我校语文教研组魏老师在讲授《大禹治水》中引导学生对"欣欣向荣"进行了训练的理解,如图5所示。

《大禹治水》课堂实录片段：
师：洪水终于退了，大地又恢复了欣欣向荣的景象。谁来说一说"欣欣向荣"是什么意思？
生：草木茂盛的样子。
师：联系上下文想一想在文中指的是什么意思呢？
生：文中指：洪水终于退了，大地又恢复了草木茂盛的样子。
师：对比课文开头所描写的洪水暴发，人们四处逃荒的场景想一想"欣欣向荣"具体是怎样的景象呢？花是怎样的，草是怎样的，大地是怎样的，人们又是怎样的呢？小组内小声交流一下。
交流后汇报：
生：漂亮的花开放了，小草长出了嫩芽，大地又恢复了生机。
生：花儿开了，草绿了，人们又开始在田地里忙碌，多美啊！
师：这些都是你们仿佛看到的，除了这些你们仿佛还听到些什么，闻到些什么呢？
生：大树长出了新叶，小草发芽了，小鸟在天空自由自在飞翔，还唱着动听的歌。
生：牛儿在路边吃草，五颜六色的花儿开满大地，一阵微风吹来，花儿的香味被送到了很远的地方，田里农民开始播种了。
生：灿烂的阳光照在大地上，河水哗啦啦流着，小鱼不时冒出来吐几个泡泡，孩子们在学校里快乐地玩耍。
师：好，请同学们拿出练习本，把你想到的欣欣向荣的景象具体写一写。

图 5 《大禹治水》课堂训练示意图

【设计意图】

思：教给学生思考的具体方法。

议：议论碰撞，启迪思维。

说：说出想法，思维外显。

写：在充分理解含义的前提下再落实到笔头上写，将思维具体化。

通过"思议说写"这四步，让学生对词语的理解并不只是停留在浅显的理解词义上，通过引导学生多方位具体地说，再将其写下来，以期学生能将其内化并最终掌握这种方法，即是让其理清思路的训练"过手"。

（2）发散质疑，培养概括性思维准确性。

良好的概括性思维能力还具有准确性。思维准确性的外显就是表述的准确性，要培养概括性思维的准确简洁，必须关注培养学生思维品质中的批判性。思维的批判性是指对于某种事物、现象和主张发现问题所在，同时根据自身的逻辑思维做出思考。思维的批判性属于思维的高阶水平，是一种能在独立思考基础上，做出肯定接受或否定质疑的决定，并能进行自我反省的全面思维。我校老师在语文课的教学中总结出，以课堂质疑、随堂辩论的方式来培养学生思维的批判性。例如，如我校语文教研组黄老师在教学《钓鱼的启示》时进行了如下教学设计，如图 6 所示。

> 《钓鱼的启示》课堂实录节选：
> 师：在放走那条大鲈鱼之后，詹姆斯心中是怎么样的感觉？
> 生：悲哀。
> 师：你从"悲哀"这个词体会到什么？
> 生：①他很舍不得放走这条大鲈鱼。②他其实不愿放走大鲈鱼，但面对父亲的要求不得不这样做。③他可能有点后悔了。
> 师：你们认为他后悔了吗？那他该后悔吗？认为詹姆斯会后悔的同学请举手？（三分之一）看来两种观点都各有人支持，那请同学们在小组内找到观点和自己一样的同学联系上下文和生活实际分析一下詹姆斯到底会不会后悔，理由是什么，咱们待会来开个小型辩论会。
> 5分钟后：
> 生1：我认为詹姆斯会后悔，课文后面说了詹姆斯后来再也没有钓到这么大的鱼。
> 生2：我认为詹姆斯不会后悔，课文最后说詹姆斯他为自己和父亲而骄傲，就说明他很自豪自己当时那样的做法。
> 生3：……

图6 《钓鱼的启示》教学设计图

【设计意图】

　　批判反思。在要求的时间内让学生掌握关键信息，训练学生迅速而准确的思维能力。

　　碰撞对话。给予学生充分的思考时间实现学生思想交流，学生与文本间的对话。

　　辩论的过程既是学生充分暴露思维的过程，也是在认识矛盾的基础上围绕教学重难点，让学生自己判断对错。这样一来，学生在认真倾听、捕捉信息的基础上，独立思考，形成自己独特的见解，教师再适时地引发学生展开辩论，可以使他们的认识不断深化发展，从而提高批判性思维，进而培养学生的概括性思维的准确性。

（3）搭梯分步，让概括性思维更简练。

　　概括性思维的较高级阶段是简练性，这对中段孩子来说难度更大。但是我们可以在思路清晰、准确的基础上搭建"梯子"，如魏老师在《捞铁牛》一课的讲授中，引导学生抓人物、时间、地点、事件概括主要内容，如图7所示。

```
填一填,再按照这个顺序说说捞铁牛的主要过程。
_____时候,在_____,_____让人摸清铁牛位置,再让人准备_____,
(时间)     (地点)      (谁)                          (什么)
让船行驶到_____的地方;叫人把_____拴紧,用木料打个架子,让人把绳
           (什么)              (什么)
子一头拴住_____,另一头拴住_____。最后把沙铲到河中,利用水的浮
         (什么)              (什么)
力_____。
(结果)
```

图 7　搭梯分步示意图

通过搭梯子的方法坚持训练,学生能够逐步达到概括准确性。有一点需要说明,中段学生的概括性思维主要任务与高段学生不同,还没有达到归纳小标题、提炼中心思想的水平。中段主要解决思路和准确的问题,到中段和高段的衔接时,我们将重心放在培养概括性思维的简洁性上。基本方法是"搭梯子、分步子",从主要内容概括到小标题概括,再到中心思想概括的培养思路。

(4) 引进思维导图,为训练清晰的思维训练提供支撑。

语言不仅是思维的外衣,图形也能成为思维的外显。思维导图、概念图等为训练学生的清晰的思维提供了帮助,我校中段语文教师引进思维导图进行备课和上课,取得了非常好的效果。

备课:备课中用到思维导图,如魏老师在讲授《捞铁牛》一课时,进行了如图 8 所示环节的设计:这幅用概念图备的课(局部)简洁立体,让教师的授课思路非常清晰。

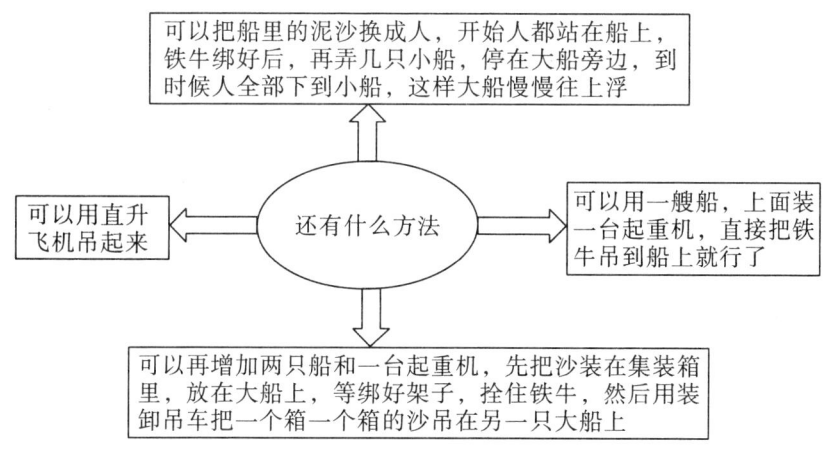

图 8　概念图备课示意图

在讲《捞铁牛》这课中,清晰的思维培养的过程就是引导学生从"想办法

→想别的办法→想更好的办法"的引导过程，让学生想更多的办法，也是思维灵活性的体现。课例中教师先用动手做实验的方法使学生明白铁牛能被打捞上来的原因，进而进一步启发和鼓励学生，想想有更好的办法吗？学生经过横向纵向的对比，评析哪一种办法更有实效性，哪一种不够完善。这样有助于学生的求异思维，促使他们深入思考，激发学生的智慧火花，开动脑筋想出"更好的办法"。

在日常课例结构图运用得比较多的是板书。如刘老师在指导学生阅读《大自然是最好的老师》一文时，引导学生分析问题，解决问题快而正确，首先要加强逻辑思维训练，帮助学生认识思维的过程，学会从什么地方入手、怎样思考问题，让学生学会在脑子中运用概念进行判断和推理。我们在课堂中培养学生思考问题和解决问题的能力，遇到问题能做出准确判断，迅速找到解决问题的办法。这个板书可以帮助我们自己捋清思路，也可以引导学生的思路顺着箭头清晰地前行。老师讲得清楚，学生学的明白，效果非常好，如图9所示。

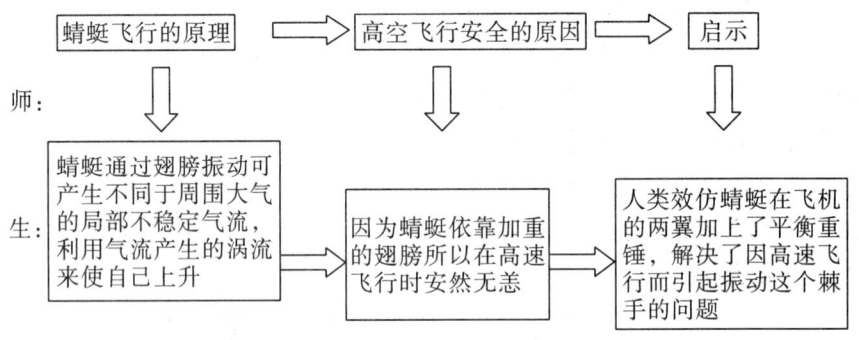

图9 《大自然是最好的老师》日常课结构图

（五）关照课程评价，让概括性思维培养"看得见摸得着"

我们在"善学"课程的建构中特别注重评价管理及措施，采用了以下两类评价方式：

1. 即时评价。

老师评价。每堂课老师根据学生阅读情况即时鼓励、评价，提高阅读兴趣。

学生评价。读书汇报、交流课，生生之间互相评价，提高学生阅读信心。

2. 阶段评价。

中期评价。每本书读完，教师根据学生读书情况，评选"小书虫""采蜜能手"等，并予以鼓励。

期末评价。评选更多的"小书虫""采蜜能手"等,尽量使受表扬学生的范围广一些。

第四部分 效果突出 提升显著——课题的研究效果

一、学生学业水平明显提高

1. 学生学业成绩明显提升。
2. 研究思路对其他年级的影响。

在研究过程中,我将研究的思路和方法在学校教研组内进行交流,引起了各年级老师对培养学生思维品质的重视,特别是更加重视概括性思维的培养。如图10所示:

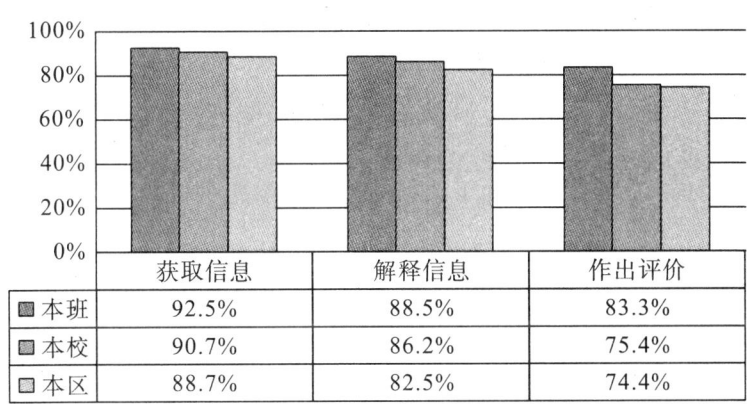

图10 概括性思维思路方法图

二、教师专业素养得到提升

经过一年的研究,在教学中教师不仅能准确把握教材的显性知识点,还能深挖教材中的思维训练,教师驾驭课堂能力得到显著提升,科研能力也得到了提高。

三、研究成果取得了良好的辐射作用

2013年7月,笔者被成都大学聘为"四川省农村中小学教师置换脱产研修项目小学语文班授课专家"。

2014年4月,笔者被聘为"锦江区新锐问道答辩评委"。

2013年7月，笔者被聘为"九寨沟县小学语文骨干教师培训班"授课专家。

2012年12月，笔者在成都市"基于学生学习力提升的教学改革专题研讨会"上做大会发言。

2012年12月，笔者在绵阳市游仙区中小学教师小专题研究培训会上做《成人成事——学校教育科研管理策略》专题讲座。

2012年7月，笔者在邛崃市2012年中小学教师暑期培训中做《学校教育科研管理策略》讲座，获得好评。

2013年5月，魏静芳在全校主讲以培养学生"善思"为主题的公开课（《大禹治水》）。

2013年5月，刘洋在全校呈现了以培养学生"善思"为主题的公开课《包公审驴》。

2013年6月，在以争做"善思"教师为主题的祝国寺小学讲坛上，魏静芳为全校老师推荐了好书《留德十年》。

2013年6月，在以争做"善思"教师为主题的祝国寺小学讲坛上，刘洋为全校老师推荐了好书《孤独六讲》。

2013年5月，魏静芳参加了成都师范大学附属小学小华润分校课题走进祝国寺小学的一系列推广活动。

2013年6月，魏静芳参加了锦江区"品质课堂"项目成果的市级推广活动。

2014年9月，魏静芳走上祝国寺小学讲坛，为全校教师做了关于课程实施计划撰写的讲座。

"懒孩子"终于要做作业了[1]

——一位不爱做作业学生的个案研究

一、导语

小汪是三年级一班学生,个头不高,长得蛮机灵的。我刚刚接触他时,感觉他很"沉稳",无论你对他说什么,他都慢条斯理、不惊不诧。

三年级一班的小组长、课代表经常向我反映:"小汪同学又没有交作业。"后来听又到其他同学反映关于他的"报告",这为我的工作增添了难度。每天"求"他补作业让我焦头烂额,他每天都要耗去我一两节课的时间。如果能够改善他的行为,不仅能减轻我的工作负担,让我解脱出来,有更多的精力照顾别的学生。所以,转变小汪同学不交作业的现象,是让我教学减负高效的一个节点。

我所在的学校,是一所涉农学校。班上学生75%是外来务工人员子弟。孩子的学习几乎全部落在学校、落在教师头上,家长无能为力。所以,我们学校老师为一个目标努力——让全体学生在学校完成课堂学的知识内容,包括预习、复习、辅差、拓展提高等。学校高度重视作业设计的质和量,涉农学校作业设计和管理的研究作为撬动学校发展的龙头课题。

基于以上原因,我开始对小汪同学进行深入的调研,希望通过调研,找到他成为"懒孩子"的原因,并帮助他得到进步。

在本研究中,我采用了访谈法、行为研究法为主要研究方法,并辅以其他研究方法。

---

[1] 本文获得成都市教改专委会论文评选二等奖。

二、研究结果

（一）观察孩子

我经过一段时间的仔细观察，发现小汪不能按时完成作业，有以下问题。

1. 小汪做作业时写字的笔画顺序都不对，写的字特别难看。
2. 小汪做作业时写一笔看一笔，写半个字，看半个字，写字较慢。
3. 别人写作业时，他在旁边参观，他很容易被其他事物吸引，容易分心。

但是小汪还是有优点的。①小汪希望成为一个乖孩子。喜欢黄老师在同学面前，特别是在他妈妈面前表扬他，我这样做了。②小汪的背诵能力较强，我今天也表扬了他。③如果黄老师守着他做作业，他也能认真地完成作业。

对待小汪同学，我把他座位安在教室中间第一排。在我的电话簿里，小汪妈妈的电话我已经存成亲情号码了。

（二）联系家长

经过我积极的沟通，我和小汪妈妈见了两次面，电话通过三次。在一时没有找到小汪妈妈时，还给小汪爸爸打过一次电话、给小汪爷爷打过一次电话，其主题都是表扬小汪同学。

第一次见小汪妈妈，是在开学报到的那天，与家长第一次见面，我与家长做了个"亲子互夸"小游戏，请家长夸夸自己的孩子，孩子有多少优点写多少优点，没想到的是，好多家长居然写不出自己孩子的优点，小汪妈妈就是其中之一。她问儿子"你有什么优点呢"？看到小汪妈妈一副绞尽脑汁的样子，我只能一声叹息。

第二次见小汪妈妈，是在校门口，我牵着小汪同学的小手，送他出去，这时碰到他妈妈。对于这样的家长，我不知道该说些什么。我能做的，只有爱和理解，我能给的，只有爱和理解。对小汪同学的爱，对家长的理解，我确定了帮助小汪的方案：尽量将孩子的学习放在校内解决。

（三）我的做法

9月8日，小汪没有做语文作业，他这次是主动利用午休的时间，到我身边补作业。我问小汪："你不爱黄老师了吗？"小汪同学："爱呀。""如果爱，那么为什么不做作业？"小汪不说话，看着地上。等他补完作业，我放他走了。

9月9日，第二节课后，小汪跑到我身边说："黄老师，下午是你给我们上课吗？"我说："不是。"接着问他："喜欢我给你们上课吗？"小汪说："喜欢。因为你上课很有趣。"

9月15日，小汪一早交不出作业，我装作不知道。下午，布置完作业后，我请他把练习册拿给闵湫懿分发，但练习册总数不够，有3个学生没发到，我对闵湫懿说："他（指小汪）不愿意做，就不用做了，请他回家好好休息，别累着了。"练习册从他手上拿走之后，我亲眼见他表情惶恐起来，不知所措，两眼直愣愣地看着我。

"还有两个孩子没有交作业，我不记得是谁了，到底是谁啊？还是把练习册拿出来，给没有练习册的孩子用吧！"我故意装作忘记是谁，大声地在班上询问："反正你不用，有小朋友想用！"教室没有人承认，都纷纷说做了的。"那就算了吧，明天我看有不愿意做的，就拿出来。"教室鸦雀无声，都在唰唰唰地写作业。只剩下可怜的小汪依然惶恐。小汪从来没有得到这样的"厚爱"，一时不习惯了。他能意识到没有做作业，是非常不光彩的事情。

9月21日，又开始做课堂练习了。小汪没有练习册，有些淡淡的哀愁。我笑眯眯地对他说："小汪同学，你先休息吧。别累着你了！"他呆呆地看着我。

我却再没有正眼看他，只是用眼角瞟他。发现他正在读《同步阅读》，不认识的字，正在查字典呢。

9月24日，中秋节。好不容易放假，想着好好睡个懒觉，居然梦中也是这些"捣蛋鬼"！

9月28日，我晕！人家郭俊豪都能耐心地背诵，小汪居然提出"除非送给我一个橡皮擦，我才背诵"这样奇怪的要求！我没有回答，嗯，也许他需要一个橡皮擦吧，明天送一个给他，我倒要看这个臭小子还要怎样！

10月25日，大约又过了两周，小汪同学每天都做了作业的，这里有两个可喜的变化。一是课堂作业全部按时完成，得益于他们的小组长，"捆绑交作业"策略看来发挥作用了。小组长充分行使权利，督促同组小朋友加油写、不拖拉，注意力集中，否则，会影响小组的进度和"先进性"。二是家庭作业都做了，我每天都装着若无其事的样子关注小汪的作业，作业虽然很潦草，甚至有时候只做了部分，我装作没发现。我想，小汪同学可能原本压根儿就没有写作业的习惯，能做，就已经很给我面子啦！

午餐之后，小汪到我面前坦然地说：黄老师，我来拿作业本做作业。

我知道，小汪今天交的是白板，但同学却不愿意吼他，我总觉得这个娃娃今天有点什么原因，而这个原因，是因为家长。

其实，午餐的时候，教数学的谢老师就问我，是不是小汪又没有做语文作业，我不好意思地笑了一笑。

小汪同学数学作业是全部做了的，不做语文作业，自然是我的问题。但我最近实在是忙，忙得连吃饭的时间都没有了，实在是腾不出时间守他。

写到这里，我突然想到前两天，学姐钟老师对我说："这样忙，实在对不起娃娃。"钟老师的话激起了我的共鸣。

我下周就要外派学习了，班上的娃娃该怎么办呀？还没有告诉孩子们，因为我还没有想好，我该怎么说，腹稿倒是打了。一个朋友教我，最好还是写个稿子吧，把期望都说出来，把担忧都说出来，孩子们懂的。

我再想想吧……

11月4日。今天守了小汪一整天了。如果我是小汪同学，我都会烦黄老师，在他面前晃了一天。不过，效果还是有的。

今天托管课，改正听写错误。

我观察过，只要一开始拿起笔，小汪总是习惯性地先"监督"黄老师，看我有没有监督他。如果小汪发现黄老师监督着他，他就会在黄老师的监督下拿起笔开始慢慢地写。

下课了，放学了，同学们都走了。

小汪同学可怜巴巴地看着我，我依然微笑着蹲守在他身旁。小汪磨磨蹭蹭，终于写完了。小汪长舒一口气，把作业交给我。我满意地笑纳了以后，一声"稍等"，吓得小汪如履薄冰。

"小汪同学，请你在黑板上写出'摇晃'二字。"我无比温柔地要求着，"小强同学，你也顺便写一写吧！"原本在旁边看热闹的小强无可奈何走上黑板。我早想"收拾"他们了，今天机缘巧合了。

一个词又一个词，不断地有小朋友走上黑板，又不断被我"踢走"。呵呵！不合规格的同学，黄老师是不要的！

一统计发现，看似无比懒惰的小汪同学竟然比小强能干，只要他练习过的字，就会写。呵呵！

奖励——小汪同学，今天你的作业减半！

小汪同学偷着乐……

11月的一天，因为我个人原因，我特不想说话，连布置作业都不愿意讲。怎么办呢？正为难之际，恰好与小汪同学四目相对。"懒老师"计划开始实施："小汪同学，请你布置个家庭作业！"小汪那个激动啊，哆哆嗦嗦，依葫芦画瓢布置了："今天听写……"

第二天，我为了锻炼小汪照样不布置家庭作业，又邀请小汪帮我布置。第三天，还是邀请小汪帮我布置。一连一个月，都邀请小汪帮我布置家庭作业。

小汪得到了锻炼,我乐得"清闲"。不知道从什么时候开始,我总是能收齐五十个本子了,呵呵。

(四)讨论

我对小汪不做作业的原因归纳为三方面:作业习惯养成不好;家庭教育环境欠佳;性格温暾,不急不缓。

针对以上情况,我用以下方法予以解决,收到了成效:尽力做好家校沟通工作,引起家庭对孩子学习的重视;尽可能在校内帮助孩子完成学业;每天和孩子亲密接触,近距离监控孩子,随时提醒;同桌互助,一帮一进行捆绑评价,让小汪的同桌时刻提醒他、帮助他。

在研究的过程中,我主要使用了以上方法,收到了一定的效果。

(五)研究的适用性

1. 解释性效度问题。

此项研究中,小汪不做作业仅限于语文学科,在数学学科、英语学科以及其他学科做作业交作业的情况不在这次研究的范围。同时,此项研究仅仅涉及作业分类中的书面作业。并没有涉及口头作业、实践性作业、综合性作业等完成情况。

另外,"懒孩子"要打一个双引号,因为笔者认为,小汪并不是完全意义上的"懒孩子",也仅仅是不做某科作业这方面而言。在其他方面,如参加劳动、运动课等方面,小汪的表现是否"懒",不在此项研究中。

这些问题涉及此研究的解释性效度,虽然我使用多重方法找出他不做作业的原因,并采取了多重方法矫正引导,但没有对以上问题进行深入透彻地研究,但以后还是可以进行更深入的研究。

2. 描述性效度问题。

在研究过程中和小汪家长的交流,并不十分畅通。一方面,囿于家长和研究者沟通的渠道和方法比较单一,并不能够让家长敞开心扉,一吐为快;另一方面,也囿于研究者和家长沟通的时长不够,也影响了对孩子不做家庭作业等原因的挖掘。

还有和小汪的数学老师、英语老师和其他学科老师的沟通不够,因为涉及同事关系和对保护孩子隐私的原因,也只能浅尝辄止。

由于以上种种原因,我对小汪不做作业这一现象仿佛还隔着一层窗户纸,还不能完全捅破。

3. 理论效度问题。

在研究过程中，我又采用了当着全班的面拿走他的练习册的方法，试图激起他的学习热情，希望让小汪明白，做作业也是一种快乐。对于这一方法，我一直惴惴不安，怕伤害了他的自尊心。这是我在研究中临时想起的，并没有经过深思熟虑，担心他有消极抵触思想，让研究效果适得其反。

4. 评价效度问题。

另外，此项评价效度（即研究者对研究现象的价值判断）是否正确，也值得质疑。此研究的一个前提是：不交作业是一个"问题"，不交作业就是"懒孩子"。还假设老师布置的"书面作业"都是必要的和有益的，因此，我假设是学生都应该交作业，而没有给被访者讨论学生不想交作业的动机、必要性和原因。也许随着教师专业化程度的提升，书面作业的量会减少或者没有，那么，这样的"懒孩子"将不复存在。

5. 研究中的伦理道德问题。

在研究中，除了研究了孩子本身，还涉及家庭教育的问题。而家庭成员的文化水平、家长从事的工作、亲子关系等和孩子的教育有一定的相关度，但并非呈绝对的正比。所以，在研究小汪同学不做作业的问题方面，如果要深入研究，还需要审慎。

综上所述，尽管我了解的情况还很肤浅，分析还不到位，但这种情况在我们此次调查的不做作业的学生中具有很大的普遍性。因此，如何想办法了解涉农学校学生在学业上面临的各种困难，如何调动家庭的力量给予他们尽可能多的关注，如何提高他们的学业水平——这是普通的教育研究工作者的责任。

以"乐读法"提高小学一年级学生古诗文积累的实践研究报告[①]

《中国学生发展核心素养》中明确提出，中国学生发展核心素养以培养"全面发展的人"为核心，学生要具有人文积淀，引导学生大量积累经典古诗文就是在培养学生的核心素养——人文积淀素养。我们感觉小学语文教材中存在古诗文不仅数量不足，而且内容较单一，不能达到学生大量积累古诗文的目的。因此，我们梳理出适合一年级学生积累的古诗文篇目，采用"乐读法"中的歌诀体乐读、吟诵来提高学生古诗文的积累量，并设计丰富多彩的活动来激发学生的学习兴趣。于是，我们根据小学一年级学生的年龄特征、认知发展水平以及低段课标要求，撰写了《以"乐读法"提高小学一年级学生古诗文积累的实践研究》研究报告。

一、研究动因

（一）小学语文教材古诗文内容与《义务教育语文课程标准》（2011年版）不匹配

《义务教育语文课程标准》（2011年版）明确提出，"认识中华文化的丰厚博大，汲取民族文化智慧……吸收优秀文化的营养，提高文化品位。培育热爱祖国语言文字的情感……在诵读过程中体验情感，展开想象，领悟诗文大意。通过语调、韵律、节奏等体味作品的内容和情感……"在新课标中，多次提到了引导学生积累大量的优秀传统文化，这些都说明了在小学阶段大量积累古诗文的重要性。可是我们的使用的北师大版的小学语文教材中古诗文不仅数量不足，而且内容单一。

1. 数量不足。北师大版小学语文12册教材中一共只有75首古诗，《义务教育语文课程标准》（2011年版）中要求学生背诵110篇诗文。由此可见，北

[①] 合著，主研。笔者为第二作者，第一、三作者分别是刘洋、魏静芳。本报告获得锦江区小专题研究一等奖，获得成都市教改论文评比二等奖。

师大版小学语文教材中古诗文数量不够,需要补充篇目。《义务教育语文课程标准》(2011年版)三个学段目标中对古诗文积累明确提出如表1所示要求。

表1 《义务教育语文课程标准》(2011年版)中古诗文积累具体要求

学段	目标
第一学段 (1~2年级)	1. 诵读儿歌、儿童诗和浅近的古诗,展开想象,获得初步的情感体验,感受语言的优美
第二学段 (3~4年级)	1. 诵读优秀诗文,注意在诵读过程中体验情感,展开想象,领悟诗文大意 2. 背诵优秀诗文50篇(段)
第三学段 (5~6年级)	1. 诵读优秀诗文,注意通过语调、韵律、节奏等体味作品的内容和情感 2. 背诵优秀诗文60篇(段)

2. 内容单一。北师大版小学语文12册教材中的75篇古诗文,绝大多数都是古诗,词、散文很少,内容太单一。所以,我们必须丰富小学生古诗文的内容。

(二)加强古诗文积累,是促进学生人文底蕴提高的重要途径

学生发展的核心素养以培养"全面发展的人"为核心,分为文化基础、自主发展、社会参与三个方面,综合表现为人文底蕴、科学精神、学会学习、健康生活、责任担当、实践创新等六大素养。文化基础,重在强调能习得人文、科学等各领域的知识和技能,掌握和运用人类优秀智慧成果和内在涵养精神,追求真善美的统一,发展成为有深厚文化基础、有更高精神追求的人。人文底蕴,主要是学生在学习、理解、运用人文领域知识和技能等方面所形成的基本能力、情感态度和价值取向,具体包括人文积淀、人文情怀和审美情趣等基本要点。

引导学生积累经典古诗文就是培养学生的核心素养的人文积淀素养。许多有识之士都在呼唤回归中华民族优良文化传统的今天,如果我们能注重积极引导小学生大量积淀古典诗文,就可以使他们从小获得诸多有益的积累和熏陶,从小便能充分感受并自觉追求那种"腹有诗书气自华"的人文境界,形成更全面的素质和更优雅的气质。

（三）激发学生学习古诗文的兴趣，是实现语文学科内容与学生心灵交融的关键

深度教学[①]告诉我们，教师只有把握住学生心灵，才能激发学生的学习兴趣。教师能否把握住学生心灵的深处，这反映了教师对学生兴趣、情感和思维的把握状况，并决定着学生在课堂中是深度参与还是浅层参与。只有当教师既激发出学生的兴趣、情感和思维，又设计出了持续建构的学习活动以维持学生的兴趣、情感和思维，这样的教学才具有比较完好的深度。

歌诀体乐读、吟诵可以引导学生在声、乐中去感受古诗文的美，激发出学生的学习兴趣和潜力，促进学生与经典文化心灵的交融。经典文化的积淀是需要一个长期的过程，鉴于此，有必要针对提高小学一年级学生古诗文积累的方法进行探索。

基于以上三个原因，我们特别提出了"以'乐读法'提高小学一年级学生古诗文积累的实践研究"这一小专题。

二、概念界定

乐读法："乐读法"是指在古诗文的教学中，以歌诀体乐读、吟诵等欢快活泼的教学促进学生大量积累古诗文。其主旨是学得快乐、练得快乐、收获快乐。"乐读法"适用的内容主要为中华经典古诗文。祝国寺小学的"乐读法"是以歌诀体乐读、吟诵为主要形式，辅以自编诵读以及其他诵读形式。"歌诀体乐读法"指通过有节奏的配合敲打或身体律动，同时辅以声音产生姿态，进而表达意义的一种读书方法。在读古诗文时，语气的强弱、语速的快慢对比强烈，一气呵成。"吟诵"是文人们诵读诗文的传统方式，从先秦开始，通过私塾、官学等教育系统，口传心授，代代相传，流传至今。从一百年以前上溯到三千多年前，中国读书人都是吟诵的。吟诵经典文献，吟诵诗词文赋，吟诵一切作品。吟诵着创作，吟诵着欣赏，吟诵着学习和记忆。吟诵就是汉诗文的活态和原貌。

古诗文：本研究中中华经典古诗文主要取材于《诗经》《论语》《全唐文》《声律启蒙》《唐诗宋词元曲大全集》等历代先贤流传下来的，充满正能量、彰显中华传统美德，脍炙人口的文化精髓。

---

① 李松林著的《回归课堂原点的深度教学》一书认为深度教学的本质内涵是：针对浅层教学及其问题，深度教学乃是以教师把握学科教材本质，触及学生心灵深处和促进学生持续建构为基础，旨在引导学生建构知识意义和生命意义，促进学生持续发展的一种教学形态。

积累：积累本意指为了将来发展的需要，逐渐聚集起有用的东西，使之慢慢增长完善，这里指学生古诗文的积淀。通过量的逐渐增加，从质上提高学生人文底蕴，培养学生核心素养中的人文积淀素养。

以"乐读法"提高小学一年级学生古诗文积累的实践研究，指以歌诀体乐读、吟诵等方式，欢快活泼的教学促进学生大量积累古诗文的"乐读法"，让学生积累蕴含着中华优秀的传统文化和经典古诗文，从而提高学生人文底蕴，培养学生核心素养中的人文积淀素养的实践研究。

三、研究目标

1. 通过研究，提升学生古诗文的积累量，在潜移默化中积淀经典文化。
2. 通过研究，总结出以"乐读法"提高小学一年级学生古诗文积累的实践研究的方法。

四、研究内容

1. 解读《义务教育语文课程标准》（2011年版），进行适合一年级学生的古诗文篇目的梳理。
2. 学习吟诵相关理论知识，整理吟诵和歌诀体乐读教学的资料。
3. 建立健全一年级国学经典课程，培养学生吟诵、歌诀体乐读古诗文的能力，大力开展教学实践。
4. 编写《快乐诵读》教师用书。

五、研究成果

（一）梳理出"乐读法"适用的古诗文内容

我们在研究实践过程中，确定了"乐读法"适用的古诗文内容。一是梳理一年级教材中"乐读法"适用的古诗文篇目，二是梳理一年级教材外"乐读法"适用的古诗文篇目。在梳理古诗文篇目的基础上，编辑指导教师教学的《快乐诵读》教师用书。

1. 梳理一年级教材内"乐读法"适用的古诗文篇目。

一年级教材中古诗文一共有19篇，其中约16篇适合"乐读法"学习。具体篇目见表2。

表2 一年级（上下册）教材中古诗文篇目

	古诗文	歌诀体、吟诵、朗诵、表演	备注
上册古诗文	1.《山村》	歌诀体	节奏感强
	2.《古朗月行》	歌诀体	押韵
	3.《咏鹅》	歌诀体	节奏感强
	4.《对韵歌》	歌诀体	节奏感强
	5.《画鸡》	歌诀体	押韵
	6.《登鹳雀楼》	歌诀体	押韵
	7.《画》	歌诀体	节奏感强
	8.《锄禾》	歌诀体	节奏感强
	9.《九九歌》	朗诵	韵脚不明显
	10.《梅花》	歌诀体	押韵
下册古诗文	1.《静夜诗》	吟诵	平长仄短
	2.《春晓》	歌诀体	押韵
	3.《绝句》	吟诵	平长仄短
	4.《对韵歌》	吟诵	平长仄短
	5. 交朋友名言	朗诵	不完整
	6.《赠汪伦》	歌诀体	节奏感强
	7.《春夜喜雨》	歌诀体	押韵
	8.《长歌行》	歌诀体	节奏感强
	9. 珍惜时间名言	朗诵	不完整

教材内的古诗文篇目比较少，我们必须继续以《义务教育语文课程标准》（2011年版）为准绳，通过寻找适合一年级水平的内容、形式等方式梳理教材外的古诗文篇目。

2. 梳理出一年级教材外"乐读法"适用的古诗文篇目。

北师大版一年级语文教材中编排的古诗文数量较少。一年级上册教材中古诗文只有10篇，一年级下册教材中古诗文只有9篇，远远不能达到"大量积累"。一年级语文教材中古诗文一般为古诗和名人名言，而词和散文基本上没有呈现，篇目的类别太单一。

成都市地方国学教材《成都市国学经典诵读读本》古诗文的数量少，对于我们班级的学生来说内容偏难。用于小学一、二年级的小学初段的经典要义有27句，古诗9首以及《弟子规》全文。平均下来一年级古诗文5首，经典要义 14 句。但是经典要义里面的句子大多选自《论语》《礼记》《左传》等，句意比较晦涩。

总体来看北师大版语文一年级教材加上地方国学教材《成都市国学经典诵读读本》里面古诗文篇目仍比较少，有的内容偏难，不能很好地激发学生热爱古诗文的学习热情。因此我们梳理出适合一年级学生吟诵和歌诀体乐读的古诗文篇目，以一年级上册为例，如图 1 所示。

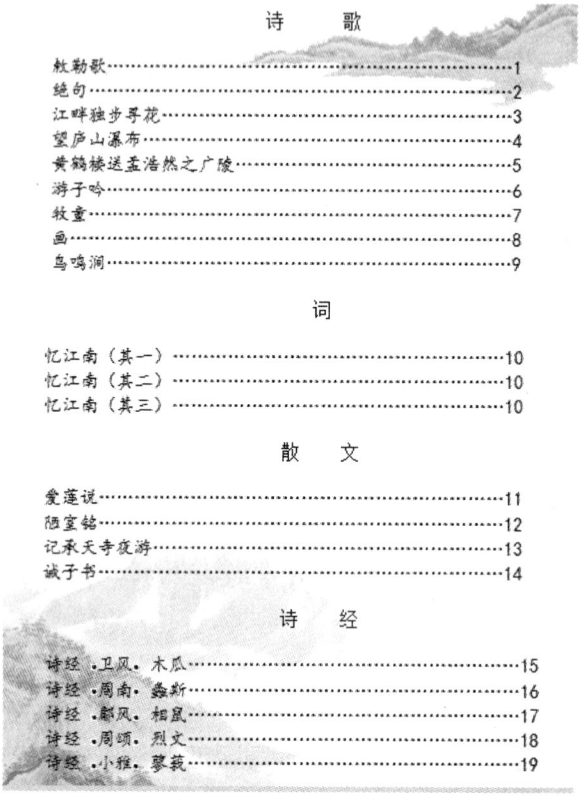

诗 歌

敕勒歌···1
绝句···2
江畔独步寻花·····································3
望庐山瀑布···4
黄鹤楼送孟浩然之广陵·····················5
游子吟···6
牧童···7
画···8
鸟鸣涧···9

词

忆江南（其一）·································10
忆江南（其二）·································10
忆江南（其三）·································10

散 文

爱莲说···11
陋室铭···12
记承天寺夜游···································13
诫子书···14

诗 经

诗经·卫风·木瓜·······························15
诗经·周南·螽斯·······························16
诗经·鄘风·相鼠·······························17
诗经·周颂·烈文·······························18
诗经·小雅·蓼莪·······························19

图 1 一年级学生吟诵和歌诀体乐读的古诗文篇目

梳理适合一年级学生吟诵和歌诀体乐读的古诗文篇目，有助于教师在教学过程中整体把握、分步实施，有的放矢。但在梳理和教学实践过程中，我们发现每篇古诗文都各有特点，有的适合歌诀体乐读，有的适合吟诵，有的适合表演。

（二）编写标有平仄符号的《快乐诵读》教师用书

在梳理适合一年级学生吟诵和歌诀体乐读的古诗文篇目的基础上，我们也发现每篇古诗文都各有特点，有的适合歌诀体乐读，有的适合吟诵，有的适合表演。于是我们大量学习关于吟诵和歌诀体乐读法的理论学习资料，梳理出适合教师教学的古诗文，编写《快乐诵读》教师用书，如图2所示。

图2 《快乐诵读》教师用书

1.《快乐诵读》是教材内容的延展。

《快乐诵读》促进学生产生更多感悟，规范学生行为，是教材的延伸。北师大版语文一年级教材中以主题单元的形式呈现，有时设计的古诗文篇目比较少或者没有。这种情况下，我们的《快乐诵读》就可以补充相应的篇目。比如，我们在学"家"这个主题单元时，引导学生学习《游子吟》和《弟子规》中"入则孝"的部分。引导学生从不同的诗文中去进一步感悟家的温暖、父母对我们的牵挂、我们应该通过实际行动孝顺父母，从而把"家"的主题往各个方向延展开来。

2.《快乐诵读》是教材专题的补充。

《快乐诵读》开阔学生视野、启发学生思维，是对教材进行的适时补充。北师大版语文一年级下册教材中"春天"的主题单元古诗只有《春晓》，我们引导学生补充学习了《江畔独步寻花》《绝句》《咏柳》《送元二使安西》。学生学习这一系列描写春天的古诗文，看到诗人眼中的各个角度的春天，同一主题下可以有不同角度、不同景物，便于启发学生多角度观察，培养他们灵活的思维方法，《快乐诵读》教师用书成了教材的必要的补充。

《快乐诵读》的专题组诗也是对教材的补充。《快乐诵读》有单篇古诗文，也梳理出一系列的专题诗来学习。例如,刘老师在教学《牧童》时,用歌诀体乐读法和吟诵学习了《牧童》后,还和学生一起了解描写古代儿童生活的古诗。如图3所示。

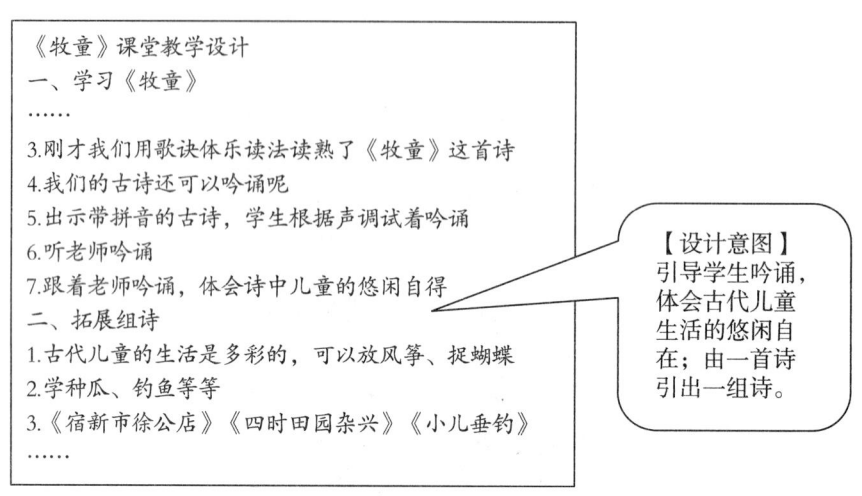

图3 用歌诀体乐读法和吟诵学习儿童生活组诗

《快乐诵读》里面的古诗文,正是对北师大版语文教材的延伸和补充。

(三)总结出"乐读法"实施的合理时间

参研教师在总课时量不变的情况下,充分利用每周的三个早读、每周的一节国学经典课、每天的课前3分钟以及一些零星的时间进行"乐读"课程的教学实施,见表3。

表3 "乐读法"实施的时间

课时安排	具体时间	上课内容
早读	20×3=60(分钟)	教读+练读+品读
国学经典课	40分钟	教读+练读+品读+排演
课前3分钟	3×7=21(分钟)	练读
其他零星时间	30分钟	练读

每周语文三个早读,每个早读20分钟,一周就60分钟,早读时间我们用来学习古诗文新课和练习诵读;每周一节国学经典课40分钟,集中学习古诗文新课、练习诵读和排练古诗文节目表演;每周七节语文课,我们把课前3分钟也拿来练读本周学习的古诗文;课堂剩余时间、做完室内操后的时间等其他零星时间,我们也充分利用来练读古诗文。就这样,我们合理安排、充分利用

一切可以利用的时间进行晨读、午诵、暮读,在同样学习完北师大版语文一年级教材的情况下,还学完了"乐读"课程内容,学生积累了大量的古诗文篇章。

(四)总结出"乐读法"实施的方法

正如前面说的"乐读法"是以歌诀体乐读和吟诵为主要形式,在具体实施时歌诀体乐读法通过读顺诗文、读熟诗文、读出节奏、读出乐趣四个步骤来积累古诗文,在具体实施吟诵时通过:教读学法、练读悟情、熟读生意、乐读生趣四个步骤来积累古诗文。

1. 歌诀。

"歌诀"是为了便于记诵,按内容要点编成的韵文,或无韵但可成文的句子,或可以歌咏而有韵律的口诀、歌谣。"乐读"是带有明快而强烈律动的诵读。而"歌诀体乐读法"是指通过有节奏的配合敲打或身体律动,同时辅以声音产生姿态,进而表达意义的一种读书方法。在读古诗文时,语气的强弱、语速的快慢对比强烈,一气呵成,如图4所示。

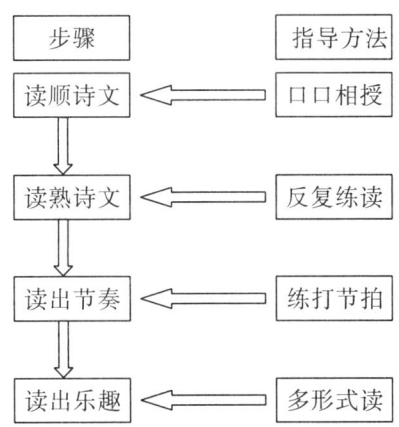

图4 歌诀体乐读法及指导方法

(1)读顺诗文。在古诗文读顺阶段,由于一年级的学生识字量不大,所以开始是老师一句一句教,即口口相授。

(2)读熟诗文。要求学生对古诗文反复练读,达到熟读程度。

(3)读出节奏。在读熟的基础上,教学生练习打拍子感受节奏,读出气势。在教学时,根据一年级学生的年龄特征和认知特点,我们用歌诀体乐读法读的诗文篇幅是由简短到中长篇,具体的步骤也是落实到每一课的教学中。黄老师在教学《爱莲说》一文时,在学生们读熟这篇古文的时候,让学生们加快诵读的速度，并配上手指打节拍，让拗口的古文读来朗朗上口，很有古人读书的韵味，如图 5 所示。

《爱莲说》课堂教学实录片段
师：刚才你们已经读熟了这篇古文，现在请你们加快一点速度读一遍。
生：加快速度读。
师：我们还可以用手指肚拍桌子，打出读书的节拍。
生：听师一边打拍子一边读。
生：打拍子读。
师：有的孩子节奏感很强，一下子就找到了节拍，有的孩子还需要多次练习。现在请跟着老师一起一边打拍子一边读。
……

【设计意图】引导学生按照具体步骤，在熟读的基础上加速、再加上手打节拍，让学生体会古文的节奏感，读出气势。

图 5　教学生读出节奏

（4）读出乐趣。读出节奏后，采用多种形式的分组、比赛读，让学生读出其中乐趣。一年级的学生很大的特点是记忆力非常强，我们要善于抓住这个年龄特征，利用手打节拍或者身体律动，让学生读古诗文时眼、手、口，乃至整个身体都参与进来，让学生们觉得这样的读更有趣。在教学实践过程中，我们还发现，读出古诗文的节奏后，在大人眼中长篇的、拗口的古诗文不知不觉变得简单、顺口了，好像学生们拥有了一种魔法，小脑袋瓜可以装下很多的文章。

江老师在教学《弟子规·谨》时，在读顺、读熟、读出节奏的基础上，引导学生分组打拍子读、分男女生比赛读、一桌一桌接龙读，激发学生读出乐趣。引导学生打着拍子分组读，读出节奏；男女生比赛读，激发学生竞争意识，学生在竞争中读得更起劲；接龙读，在轮流起立坐下的过程中既考查了学生的注意力、反应力，也改变了学生一直坐着学习的状态、活动了身体，改善了课堂氛围，提升了学习古诗文的趣味，如图 6，学生们乐于读，也读出了乐趣。

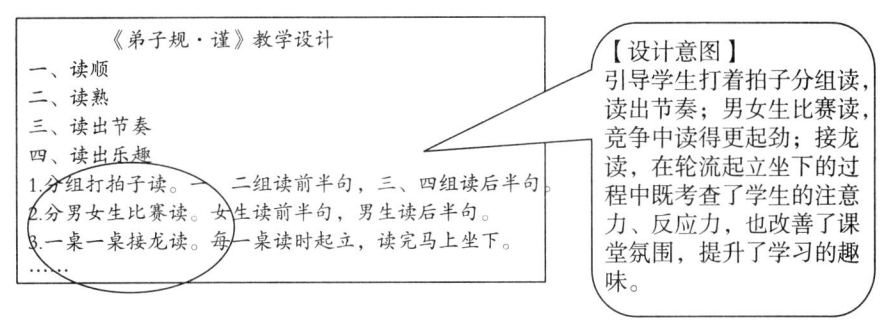

图 6　各种形式读提升学习的趣味

通过这种长期训练，孩子们可以背诵大量的古诗文，它们很多都是中学时代才接触的古文，例如《爱莲说》《陋室铭》《记承天寺夜游》《诫子书》以及《诗经》的一些篇目，现在他们可以背得滚瓜烂熟了。随着他们年龄的增长、知识的增长、阅历的增长，他们自然就会更加理解小学时所积累的古文的意思了。所以在这个阶段，重点应该在大量积累优秀的传统文化篇目，烂熟于心。

2. 吟诵。

古诗文的吟诵是有章可循的，并非随心所欲的吟诵。吟诵是古人从汉语的特点出发，形成的一种创作和欣赏方法。吟诵的规则因文体而分得很细，但大体是平长仄短，就是平声发音长一些，仄声发音短促。平声又分为短平、中平、长平；仄声又包括上声韵、去声韵、入声韵、上去声、入声、上去通押韵，吟诵步骤及指导方法如图 7 所示。

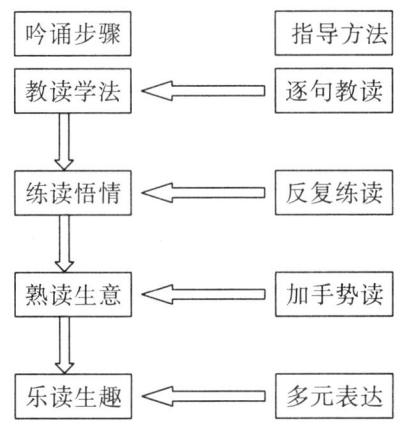

图 7　吟诵步骤及指导方法

（1）教读学法。教师在掌握了这些吟诵的基本规则以后，在引导学生学习吟诵时，逐句教学生吟诵，将吟诵的音律传递给学生。以下以杜甫的一首《绝句》为例，如图8所示。

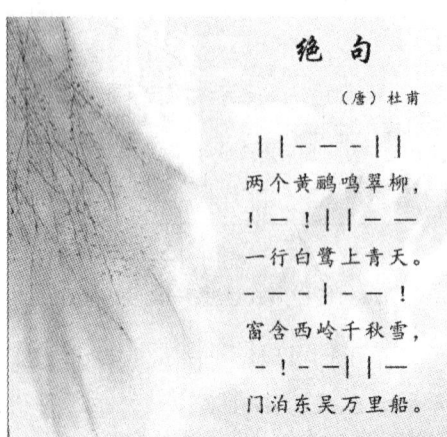

图8 古诗标平仄

"｜"表示去声，"-"是中平，"—"长平，"！"是入声。这些符号代表着吟诵的基本规则：平长仄短，依字行腔，韵字拖音。

其中，格律诗吟诵口诀更适合我们一年级的学生：

  一二声平三四仄，

  入声归仄很奇特，

  平长仄短入声促，

  韵字平仄皆回缓。

口诀中的"一二声"可以对应为我们拼音声调中的一二声，"一二声平"就是声调为一二声的字的字音要拉长；"三四仄"就是拼音声调为三四声的字的字音要短促；但也有一部分字很特别，不管它的声调为几声，它都属于仄声，发音要短促，这类字属于入声字，例如《绝句》中的打上"！"符号的"一、白、雪、泊"是入声字，发音要短促。

教师在吟诵教学时按照这四个步骤，在教读学法时，教师一句一句教学生吟诵；接着，学生听师吟诵，反复练读悟情；加上手势动作可以帮助学生在吟诵时进入意境；多种形式的读促进学生体会趣味。

在吟诵教学中按照这四步进行，可以帮助学生读出趣味，与诗人进行心灵对话。

（2）练读悟情。反复地练习吟诵可以培养学生对语言声音之美的领会，可以体会出作者原本的情感和写作意境。刘老师在教学《敕勒歌》一诗时，引导学生运用吟诵口诀，对应平仄来吟诵出此诗中天地辽阔的意境。在反复吟诵的基础上，体会到人们对生活的热爱。如图9所示。

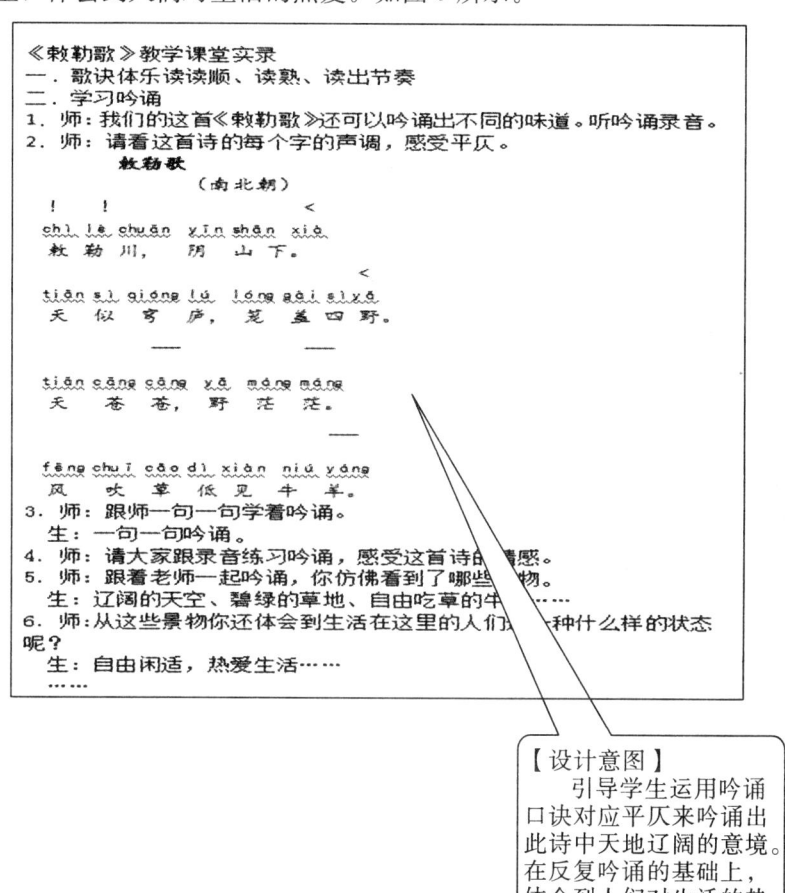

图9 练读悟情

听到这悠长的吟诵，我们仿佛看到了北国草原壮丽富饶的风光，感受到了人们热爱家乡、热爱生活的豪情，境界开阔，音调雄壮，让人回味。

（3）熟读生意。在反复吟诵的基础上，一字一句、抑扬顿挫地吟诵，好像我们也回到了诗人那个时代，用诗人的吟诵调去感悟意境、体悟诗人的情怀，碰触诗人的心灵深处，与诗人进行心灵对话。魏老师在教学《江雪》时，引导学生把握入声字的短促，通过吟诵，感受到柳宗元的情感，如图10所示。

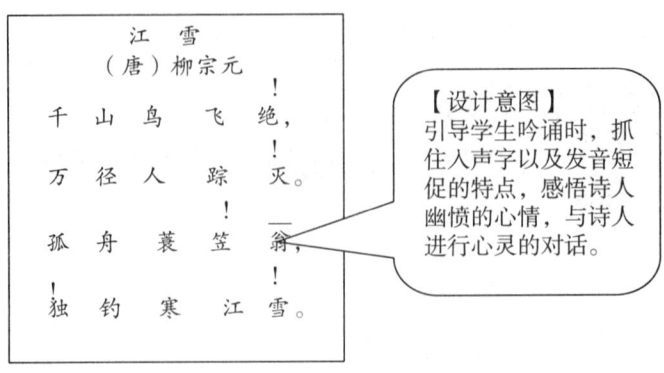

图 10　熟读生意

这首诗中"绝、灭、笠、独、雪"是入声字，发音短促，在反复的吟诵中，我们看到诗人借歌咏隐居在山水之间的渔翁，来寄托自己清高而孤傲的情感，抒发自己在政治上失意的郁闷和苦恼。于是，我们要读出诗人的幽愤与决绝，吟诵的调子也变得幽愤，这就是在与诗人进行心灵的对话。这也是平常的朗读所不能体会的情感。

（4）乐读生趣。深度教学告诉我们，只有当教师既激发出了学生的兴趣、情感和思维，又设计出了持续建构的学习活动以维持学生的兴趣、情感和思维，这样的教学才具有深度。古诗文方面我们设计的多元化的活动极大地激发出了学生的学习兴趣和潜力，促进学生与经典文化的心灵的交融，激发学生学习古诗文的兴趣和学习的持续性。例如，在祝国寺小学八十周年校庆上，刘老师设计出《陋室铭》展演节目，学生们穿上汉服，用大鼓打出节奏，配上《沧海一声笑》曲子，吟诵出《陋室铭》，展现出气势恢宏的场面。学生们觉得吟诵有如此多的方式，学习的兴趣更加浓厚，如图 11 所示。

图 11　《陋室铭》展演

（五）搭建了彰显"乐读法"成果的展演平台

我们在研究中特别注重评价管理及措施，一般采用表演、展示等实践活动作为评价的基本方式，尽量使评价方式丰富一些。

新课标明确要求："应增进课程内容与学生成长的联系，引导学生积极参加实践活动。语文教师要创造性开展各类活动，增强学生在各种场合学语文、用语文的意识，多方面提高学生的语文素养。"教师设计实践活动，并鼓励学生参与到活动中去，把语文学习和实践活动结合起来，既为学生提供了自我展示的平台，又增强了学生的自信，而且还会激励学生继续学习下去。

1. 朝会表演，提升自信。

朝会表演具有很强的实践性、创新性和挑战性。将古诗文有机地融入朝会活动中，一方面，可以激活课堂学习氛围，启发学生的创新思维和想象力；另一方面，也能激发学生参与的积极性，培养语言表达能力。江老师组织学生排练集体朝会节目，把学过的古诗文串联起来，让学生参与到活动中来，为学生的古诗文积累提供了一个展示的平台，如图12所示。

图12 "国学经典助我成长"朝会

学生们在台上展示出与以往不一样的诵读方式，深深地吸引了全校师生的注意；独特的吟诵，把诗文的意境美也演绎了出来，获得阵阵掌声。

我们给了学生展示自我、提升自我的机会，以前胆子小的同学胆量在变大；以前背诵诗文很困难的学生，现在也能比较快速地背诵了；以前不善于展示的同学，现在变得更自信了。由此可见，以集体朝会活动的方式来实践古诗文学习，可以使学生多方面的能力得到锻炼，如图13所示。

```
我爱吟诵古诗文
一、开场
主持人1：中华五千年的悠久历史，孕育了底蕴深厚的民族文化。
主持人2：源远流长的经典诗文，是历史长河中经久不衰的瑰宝。
主持人1：让我们寻着先贤的足迹，去倾听古人的教诲，吟诵圣人的篇章。
二、诵读《弟子规》
主持人2：中国是具有五千年灿烂文化的文明古国，知恩图报，尊老爱幼，待人诚恳……这些优良的传统从古至今都为人所熟知。下面有请一年级二班进行歌诀体乐读《弟子规》。
三、吟诵《望庐山瀑布》《故人西辞黄鹤楼》
四、主持人1：我们的每一首古诗都是一首歌，一首可以和诗人对话的歌。请听吟诵《望庐山瀑布》《故人西辞黄鹤楼》……
主持人1：诵读经典诗文，让民族的文化流淌在我们的血脉中。
主持人2：诵读经典诗文，让民族精神支撑我们人格的脊梁。
```

【设计意图】让学生参与到活动中来，让学习和实践结合起来，在台上展示古诗文积累的同时，提升了学生的自信。

图13 "我爱吟诵"朝会流程

2. 诗词大赛，锻炼素质。

小学阶段是人生记忆的黄金时期，是文化知识和道德品质初步形成的重要时期。中华古诗词历史源远流长，名篇佳作繁多。通过开展丰富多彩的诗词比赛活动，吟诵经典诗词，不仅可以提高学生的记忆力、想象力以及对语言的感悟力，还可以增强学生的文化底蕴，提高人文素养，增强心理素质。因此，我们开展"祝小诗词大赛"活动，如图14所示。

图14 祝小诗词大赛

在诗词大赛中，学生积极参加竞赛，增强学生的文化底蕴，提高人文素养，增强心理素质，如图15所示。

```
            一年级诗词大赛题目
一、必答题：背诵古诗四首
题目一：《黄鹤楼送孟浩然之广陵》《牧童》《村居》
《古朗月行》
题目二：《夜宿山寺》《画鸡》《游子吟》《望庐山瀑布》
二、必答题：补充古诗
补充《登鹳雀楼》后两句
补充《春夜喜雨》后两句
三、抢答题
1.请背诵一首描写动物的诗歌。
2.请背诵一首含有数字的诗歌。
3.请背诵一首描写过年的诗歌。
```

【设计意图】引导学生积极参加竞赛，增强学生的文化底蕴，提高人文素养，增强心理素质。

图 15　祝小诗词大赛一年级题目

千百年来，唐宋诗词闪烁着耀眼的艺术光芒。我们在长期的国学经典教学中，引导学生们认识了飘逸豪放的李白，沉郁顿挫的杜甫，清扬畅丽的白居易，凄婉优柔的李煜，娴雅清婉的李清照，豪放旷达的苏轼，雄放流畅的陆游……通过竞赛，学生们口吐经典名句，高潮迭起，表明老师们长期的努力已经在学生们心田种下了传承经典文化的种子。

3. 专题录制，崭露头角。

中华五千年的悠久历史，孕育了底蕴深厚的民族文化，而源远流长的古诗文，又是历史长河中经久不衰的瑰宝。4月19日，我校"快乐诵读项目组"和"快乐年画项目组"联合举办了"入诗入画，体悟中华传统文化"的专题录制活动。在专题录制活动中，刘老师所带班级学生担当大任，向大家展示了古诗文多元吟诵的魅力，如图16所示。

图 16　四川电视台科技教育频道报道我校古诗文多元吟诵

我们参与的"入诗入画，体悟中华传统文化之美"为主题的专题录制活动，通过"学科专题整合"的方式，让学生不断体会传统文化中的人文精神和道德修养，并规范他们的行为。

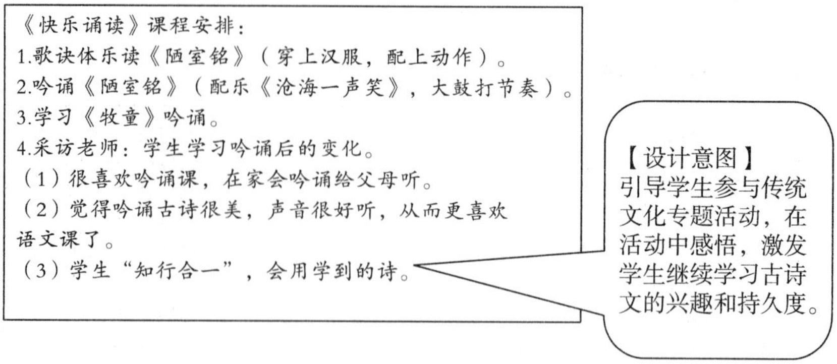

《快乐诵读》课程安排：
1.歌诀体乐读《陋室铭》（穿上汉服，配上动作）。
2.吟诵《陋室铭》（配乐《沧海一声笑》，大鼓打节奏）。
3.学习《牧童》吟诵。
4.采访老师：学生学习吟诵后的变化。
（1）很喜欢吟诵课，在家会吟诵给父母听。
（2）觉得吟诵古诗很美，声音很好听，从而更喜欢语文课了。
（3）学生“知行合一”，会用学到的诗。
【设计意图】
引导学生参与传统文化专题活动，在活动中感悟，激发学生继续学习古诗文的兴趣和持久度。

图 17　祝小古诗文多元吟诵流程

师生们在电视上看到我校同学的精彩呈现时，都备受鼓舞。舞台更大，展示的空间更大，也更加激发学生继续学习古诗文的兴趣和持久度。

通过以上各种活动，我们可以看到“乐读法”由实施到收效的过程是非常明显的，如图 18 所示。

对学生、课标与教材的深度解读
《语文》《国学经典读本》《快乐诵读》
深度解读
歌诀体乐读法步骤及指导方法
吟诵步骤及指导方法
读顺诗文
口口相授
读熟诗文
反复练读
读出节奏
练打节拍
读出乐趣
多形式读
教读学法
逐句教读
练读悟情
反复练读
熟读生意
加手势读
乐读生趣
多元表达
教学快乐
朝会表演提升自信
诗词大赛锻炼素质
专题录制崭露头角
展演快乐

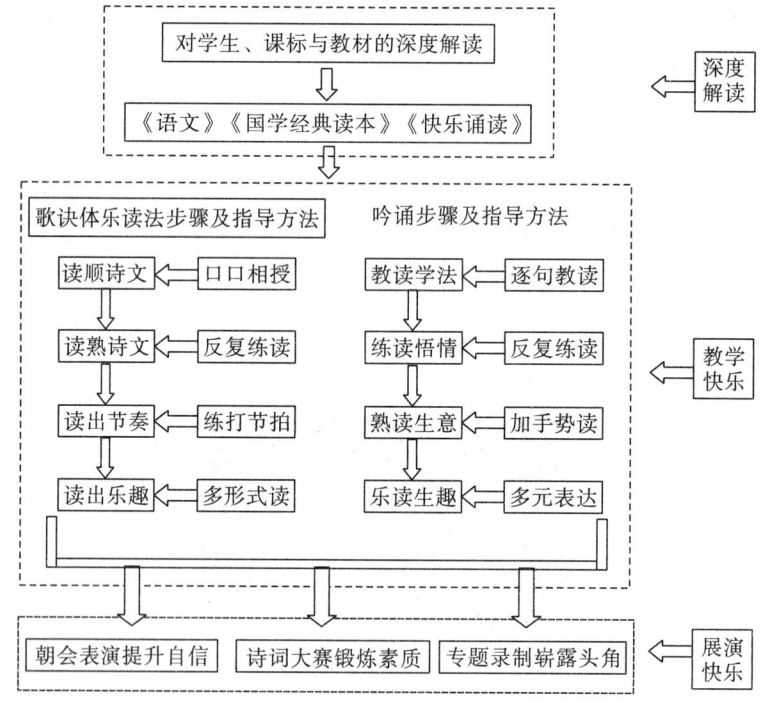

图 18　“乐读法”实施及展演

深度教学法告诉我们，教师能否触及学生心灵的深处，这反映了教师对学生兴趣、情感和思维的把握状况，和学生在课堂中的参与程度。只有当教师既激发出了学生的兴趣、情感和思维，又设计出了持续建构的学习活动以维持学生的兴趣、情感和思维，这样的教学才具有深度。

六、研究成效

（一）学生古诗文素养明显提高

1. 学生古诗文积累篇目明显增加。

以一年级一班为例，见表3。

表3 传统教学和"乐读法"学习古诗文对比表

本班人数	入学前	传统教学	"乐读法"学习后
31	3篇	3+16=19（篇）	3+16+35=54（篇）

注："3+16"篇是北师大版语文一年级教材上出现的古诗文篇目，"35"篇是《快乐诵读》上的古诗文篇目。

从表3来看，研究前，一年级学生会背篇目平均为3篇，占小学阶段古诗积累的2.7%，比例较低。仅仅通过一年的研究，会背篇目达到54篇，占小学阶段古诗积累49.1%。小学才过一年，古诗文积累量就达到六年总量的1/2左右。由此可见，学生的古诗文积累量已经明显得到提高。

2. 学生的古诗文理解能力明显提升。参与研究的班级在"诗词大赛"中分别荣获一等奖、二等奖。从获奖情况来看，每天坚持古诗文学习与积累，有利于提升学生的传统文化素养。

3. 学生诵读诗文的能力明显提升。一年级学生参与的锦江区朗诵比赛，荣获区级二等奖。

4. 其他班级对研究思路的肯定与推广。在研究过程中，我们将研究的思路和方法在学校教研组内进行交流，引起了各年级老师对"乐读法"教学的重视，歌诀体乐读和吟诵的方法得到了积极的学习和推广。

（二）教师专业素养得到提升

经过一年的研究，在教学中，教师不仅能掌握国家教材中的知识点，还能在总课时不变的情况下挤出时间引导学生大量积累古诗文，教师课堂驾驭能力和组织策划活动的能力得到了显著提高，科研能力也提高了。小专题"涉农小学以作业改革促进学生学业提升的实践研究"荣获成都市优秀教学成果三等奖；论文《以阅读为切入点培养高段学生语言表达能力的策略研究》荣获成都市教育学会教学成果三等奖。

七、存在的问题及改进措施

（一）存在的问题

1. 我们的以"乐读法"提高小学一年级学生古诗文积累的实践研究的内容还不够完善。

2. 吟诵离我们这个时代比较遥远，能够供小专题组老师学习的资料有限，所以在研究过程中，有时还会出现摇摆和偏差。

（二）改进措施

1. 以"乐读法"提高小学一年级学生古诗文积累的实践研究，研究时间还比较短，还需要在实践中继续探索。

2. 学习关于吟诵规则、吟诵教学类的专业书籍，寻求专家学者的悉心指导，为我们的研究找到扎实可靠的理论依据。

学习篇

清华大学附属小学学习手记[①]

——时间煮雨，一路向北

当我接到去清华大学附属小学学习的通知，我激动不已，幸福来得太突然，临行前我甚至还没有想好我需要在清华大学附属小学学习什么。从接到通知到上飞机的短短72小时中，我边收拾行李边进行脑细胞紧急集合——书香校园、1+X课程……我都想见识！

到清华附小学习的夙愿马上就要实现，以至于当我站在清华附小校门那一刻，居然有种今夕何夕之喟叹。

到了记录的时候，我却有些茫然，我该写些什么呢，从何写起呢？是写用跑道记录的百年校史，还是宽阔得令人流口水的操场？是记录世界级雕塑大师的20个雕塑作品，还是遍布校园各个角落的12座小品景观？……坦白说，值得我写下来的东西太多了。作为清华大学附属小学一名编外的拥趸，我遵从自己的内心，有三点深刻的感悟。

一、亲近母语，呵护童年

母语第一，这与我个人的价值观一致。母语是血脉里的，国士是从阅读母语经典扬帆起航的，一个民族的灭亡是从他们遗忘历史开始的，轻视历史的民族是没有未来的，没有文化传承的国家是不配谈国士精神的。中华五千年悠久历史和灿烂文化如天际那颗最亮的星，永远在天河中闪耀。倘若我们因"身在此山中"而不珍惜、不传承，那将是莫大的遗憾。"做中国最适宜读书的学校"是清华附小的一个重要目标，也是我多年来一直渴望到清华大学附属小学学习的原因。清华附小，在祖国的心脏树起了一面大旗——晨钟暮鼓，一日三省；回归母语，传承经典。

我是一位小学老师，我的第一专业是语文。"亲近母语，传承经典"是职业赋予我的责任。书是甜的，学习是美的，书是可以传承的。书香世家，是靠

[①] 本文2015年1月发表于《教育科学论坛》。

一代一代地积累传承的。从小热爱书籍，终身阅读，让阅读成为生活的一部分是我教育理念的重要组成部分。留给子女最宝贵的东西莫过于书籍。清华大学附属小学在阅读推广、书香校园、母语方面的研究非常深刻，我十分向往零距离的接触。

二、书是甜的，学习是美的

胸藏文墨虚若谷，腹有诗书气自华。书是甜的，学习是美的，书是可以传承的，在清华大学附属小学书香校园的课程建设中，清华大学附属小学采用"海陆空三管齐下"来推进。

（一）图书室建设：童趣盎然，书是儿童最好的伙伴

图书室功能区明确，设计富有童趣，使用效率高。看一个学校是否重视阅读先看这个学校是否重视图书室的建设。清华大学附属小学的图书室基本分为藏书区、阅读区、教师研修区三大板块，以阅读区为主。阅读区根据教室格局、采光、柱子等原有条件用原木色定做书架、书桌。还根据童书的内容做了富有童趣的装饰，如毛毛虫、夏洛的网等童书中的形象都在图书室呈现。进入图书室，就犹如走进了迷人的童书世界！

（二）书香走廊建设：随取随看，书是儿童生活的一部分

清华大学附属小学的建筑设计了很多露天的走廊和不少廊回曲折的长廊。这些走廊和长廊被充分应用，绝大多数墙上做了可爱的卡通小书柜，小书柜里放满了书，不同廊上摆放着适合不同年龄层次的童书，廊上摆上了小圆桌、小凳子……清华大学附属小学校园，随处都能看到这样的摆设。游走在这样的廊间，阅读是多么自然的事呀！阅读和跳皮筋、跳房子、扔沙包的课间生活一样自然！

（三）书香班级建设：活在书中，书是儿童精神的家园

清华附小的理念是把学校的资源放在离孩子最近的地方。虽然很多学校的教室都有书架书柜，但是清华附小有的不仅是书架书柜，可以这样说，清华附小的每一间教室就是一间阅览室。墙壁的四周，包括黑板下面的空墙都被书本或者书架的相关展品包围。清华附小的孩子整天浸泡生活在书的海洋、阅读的海洋中。即便在教室里，只要愿意，抬眼一望就是书，随手一拿也是书。在这样的环境里生活，书简直成了生活的一部分，阅读就像呼吸一样自然……

一言以蔽之：清华附小无处不书、无处不读！

三、课程回归生活，引领儿童成长

学校坚持把阅读教学与"1+X"课程开发和建设整合起来，着力构建有学校阅读教育特色的"1+X"课程结构体系，坚持把阅读教育纳入课程与教学主渠道。

清华附小最著名的是"1+X"课程。这个"1+X"课程因为名称可能会让人心生疑窦，实际上并没有那么深奥复杂。当我们把关注点聚焦到"阅读"二字，条分缕析，抽丝剥茧，就能比较明确地看清清华附小的阅读课程的建构。简单地说，可以用"立体构建、纵横穿插"来概括。

一是立体构建。阅读课程形态是丰富的：母语课大课时、基本课时、阅读微课程……

二是纵横穿插。阅读课程实施方式是多样的：晨读、午诵、暮省，课前三分钟，社团戏剧，兴趣班国学……

清华附小的阅读课程并非扁平式整齐划一地摆在课表上，而是通过丰富多样的课程形态，将这个阅读体系化整为零，把阅读系统化分布于横跨小学六年的课程中整体建构，或长或短或微小，有序地穿插进课程。这是非常值得我们学习的，即便我们自己不能亲手开发，但是我们可以应用，不是吗？

两种建构我都用"……"来做结尾，这是因为清华附小的课程每学期都在动态变化调整。这在课程建构、管理、开发中是正常的，只要我们进行课程的深层次建构，必然只有进行时，而不可能是完成时或者终结式。我们祝国寺小学的课程也是这样，一学期一小变，一学年一大变。持经达权，常变常新。

站在蓉城，我一路向北，向清华附小学习；芙蓉花开，我一路向北，追逐血脉里无法割舍的中华情怀。

真实的学习　真实的成长[①]

——北京中关村三小跟岗学习小结

"真实的学习"是北京中关村三小的核心理念，也是北京中关村三小的办学目标，更是北京中关村三小课程的核心目标。在我看来，"真实的学习"核心及于"真实"，这既是北京中关村三小化茧成蝶阵痛下生成的自觉，更是有非常深厚扎实的理论基础。所以，从我在北京中关村三小学习的第一天我就决定用这个题目作为我汇报的主题，到我最后一天离开，直至我今天提笔，"真实"二字不曾改。

"真实的学习"，朴素而艰难。从哲学层面来说，真理是朴素的，因为北京中关村三小没有什么别出心裁、出奇制胜的办学口号，"真实的学习"就是一种以学习为目的的，以形式为重要关注的教学活动，它要求围绕一个明确定义的可预见的结果而展开指向真实的教学活动，为此，它强调其中的认知挑战性以及师生的共同努力。针对此，北京中关村三小提出"真实的学习"。

从现实层面来说，真理诞生的过程却又是极其艰难的。每天每天，都有很多人走进课堂；每天每天，课堂上都发生很多事情。是不是每天都在发生真实的学习呢？并不是，题海战术提高成绩的事并非鲜为人知。所以，只有学习真正发生了，你才会看到专注的神情，兴奋的面孔，发亮的眼睛！

学习这件事情，并不仅仅和教室、课桌、黑板、笔记本、教案、投影仪有关，它是大脑与心灵共同参与的活动。真实的学习，不是被灌输，而是被开启；不是被告知，而是被激发；是学生在老师的引导下积极主动地卷入，是老师在学生的"扰动"中灵活开放地教学。由此，课堂变得生机勃勃，充满魅力，这才是真实的学习。

我们要摒弃习以为常的按部就班式地灌输给学生知识的教学方式，改成师生共同在课堂生成知识，建构知识体系，是极其艰难的工程，就像天天都用右手的人，突然要你改成左手，而且必须用左手，这是非常困难的。但北京中关

[①] 本文是作者到北京中关村三小跟岗游学心得体会。

村三小毅然决然地坚定改革，坚定"真实的学习"的核心理念相当让人敬佩！

"罗马不是一天建成的"。北京中关村三小三小之所以形成"真实的学习"这个核心理念是历史的选择。我们的运气很好，2015年的深秋是北京中关村三小构建"大家三小"重要的转型期与凝聚期。在我看来，北京中关村三小目前有两个难关要跨越：一是北京中关村三小的新校区已基本竣工，即将搬迁到新校址，这需要重新构建一种由三个不同年级各一个班组成的一个"校中校"的新的管理模式，这要与传统的级部管理模式实现过渡与衔接，其创新与冲突需要跨越。二是刘可钦校长调往北京中关村三小不久，学校情况复杂且人心需要凝聚。现实决定了刘可钦校长的"三小"团队会选择"真实的学习"作为学校的核心理念。

"真实的学习"，真实的课堂是载体。我从教近20年，听了不少日常课，也观摩了不少公开课、教研课。这次在北京中关村三小万柳分校也观摩了几节研究课。这几节研究课并不是专门为我们跟岗的校长准备的，而是他们区教研员到"三小"指导的日常研究课，人教版语文五年级课《"精彩极了"和"糟糕透了"》。坦白说这节课非常朴实，不花哨，不玩形而上的东西。公开课老师以谈话引入—自读勾画—交流品读—探讨补写—拓展延伸为流程，整堂课一气呵成，亲切流畅，很自然地把关于本课的情节曲线、心理活动和写作手法这些关键知识点一个不落地融入其中。所以，我觉得"真实的课堂"应该是一种理念，其实质还是自主课堂，在课堂上要充分体现学生的自主性。

"真实的学习"，真实的教研是推动力。在第二周的周三下午，我们参加了北京中关村三小两个校区（中关村校区和万柳校区）的集体教研活动，我被分配参与三年级数学的教研。这个教研活动丝毫没有因为有观摩的校长而变味儿，一切正常且朴素有序。教研组长（这个教研组长是分管北京中关村三小两个校区三年级数学的老师）白板投影出研讨内容：①统一进度；②点评上一单元形成性评价；③魔方特色课程推进状况；④三单元自制试卷题目的集体修订。活动由教研组长负责组织，成员各抒己见，这是一次"真实"的讨论，各成员有由衷地认同的，也有面红耳赤争论的，丝毫不因为有外人在场旁听而无原则地附和。对于坐在后排的我来说，这情景太难能可贵了，太真实了！——可爱的"三小"老师们！

"真实的学习"，真实的沙龙是助推剂。我们在北京中关村三小跟岗游学两周，这十天里共举办学习沙龙六场。关于"雁阵期待行为"、关于"级部管理与大家三小"，关于"校中校"，关于"教师的发展"，关于"真实的学习"，关于"学校教育共同体"……内容相当丰富。

北京中关村三小的沙龙隆重而家常："隆重"是指每场学习沙龙都是正式会场，大屏幕、摄录播设备齐上。首先是主持人请会场所有人加入"面对面微信群"；学习沙龙中心论题明确、流程清楚、准备充分、成果丰硕；校长、专家、教师、家长、学生等嘉宾轮番上阵。"家常"一是指学习沙龙是北京中关村三小生活的常态，每周都有几次，人人都可以当学习沙龙主持人，人人都可以选择性地参加感兴趣的学习沙龙，人人都可以发言，老师参加学习沙龙就像上课一样自然。最难能可贵的是北京中关村三小的学习沙龙没有话语霸权或者总结陈词的"提升"，永远都是各抒己见，各美其美，直至沙龙结束都不会有人强加给谁自己所谓"正确"的思想，这是真实的沙龙。这就是真正的学术自由！

真实的学习，真实的成长。如果说在清华附小的短短两周的学习，我瞻仰了在祖国心脏挥动的那面课改的大旗，领略了大刀阔斧舍我其谁的英雄的榜样，看到了课改的一个优秀版本，那么，2015年10月在北京中关村三小，我看到的就是体制内学校在课改上的最大努力，见识到了华夏大地上高端而接地气的范本。虽然现在还不能判定北京中关村三小"校中校"的改革成效，但我相信流水不腐、户枢不蠹，只要不断改革，不断尝试，不断超越自我，就一定会有收获。

驿路梨花，且行且思。我的北京中关村三小的学习告一段落，感谢锦江区教育局给我提供这样专业和连续的学习机会，期待第三季……

"奔跑"的季节[①]

——2014年暑期清华大学学习手记

一、设想

日历翻到2014年7月7日,我们一帮熬过了期末忙碌时节的老师"同学"们,掸掸肩头的尘土,背上行囊,搭上航班,奔往心中的圣殿——清华大学进行这一阶段的继续教育,为期一周。

一周时间可以有许多设想:小伙伴们优雅地徜徉大清华的柳荫,在暮鼓晨钟里冥想;浪漫地徘徊于荷塘月色,与自清先生相视凝望;我们甚至还列了个长长的清单,要逛圆明园、逛秀水、逛后海,还要吃庆丰包子、吃太庙小吃、吃涮羊肉,甚至还要去李曙韵老师的晚香茶室……总之一句话,小伙伴们想让在清华大学学习的一周时间缓缓流淌。

但我们怎么也没有想到,这一周既不"长长"也不"缓缓",而是"短短""奔奔"的一周。日子并没如吾所愿缓缓流淌,反而如脱缰的野马在京城奔腾咆哮——烈日下,我们在"食堂—寝室—课堂"三点一线上飞驰;为追逐天光,在鸟儿还在熟睡的时候,小伙伴们已经起早贪黑地摆拍;至于清华之外的天地,我们只能留到晚餐后马不停蹄地实现,能实现多少就看每人的体力与毅力的综合指数了。

二、奔跑

清华学风"严谨、勤奋、求实、创新"中首先是"严谨"。教授们个个严谨,每天的晨诵、暮省和上下午各三个小时的课是雷打不动、分秒不差。除了每天坐足6小时之外,还有开班仪式、班务时间、组务研讨、文艺表演、结业典礼等,再除去吃饭、洗漱这些时间,留给我们自己的时间实在不多。所以,在清华的日子,我们绝大部分时间都在"奔跑"。

[①] 本文是作者在清华大学暑期学习的总结,收录进锦江区干部学习成果集。

为让我们跳出教育看教育，拓展我们的视野，这次的课程安排饱满而舒展。第一天坐进教室，开班典礼刚一结束，我们还没有缓过神来，栾帆教授就教我们"如何面对媒体与公众"；还没有从沉浸的角色中拔出来，下午立马又接受"讲课如讲相声"的李建华教授为我们精心"炮制"的"科学的洗礼"，马不停蹄的节奏。

第二天上午，吴维库先生刚用"阳光心态"纾解小伙伴们的郁结，个个缓过神来了，开始洋溢阳光般的微笑；下午，李左东教授就扒开市场的外衣，让我们看"血淋淋"的经济，个个又变得忧心忡忡，生怕失业或通货膨胀。

经过了第二天昼夜做梦，第三天的课程格外高雅：音乐、健康。到第四天我们就淡定多了，一整天我都钻进了安康教授的"国学智慧与现代教育"。

最后一天的课程就更厉害了，特别是中国传媒大学杨瑞教授的"领导者的语言艺术"。听完之后，我有三点体会：一是我几十年的电影白看了，二是"三结构逻辑"是好东西，三是要说好话必须先改善自己的思维模式。

五天十场讲座，丰富精彩。古今中外、文史哲经、养生艺术、上下五千年，我一直在"奔跑"，来不及消化，囫囵吞枣一股脑装进脑子，回来再慢慢梳理，细细回味。

三、感悟

第四天学习，我被同学们推举在安康教授的"国学智慧与现代教育"之后做小结，这一天的学习，我格外认真。

安教授是这次学习的课程中唯一一位讲一整天课的教授，而且讲的是国学与管理，在他博大精深的讲解课之后我的小结只能有感而发，讲讲我的主要收获"一悟一得"。

安教授上午主要讲易经。在他讲易经的时候，我一直在想"持经达权"这个词。安教授从混沌初开讲到乾坤八卦，从阴阳相生讲到刚柔并济，大开大合，非常精彩。正所谓天变地变道不变！我们唯有持守大道，从善如流。

安教授下午主要讲儒释道的时候，我在想另一个词：中庸之道。"中庸"是居中不偏、庸不易；中庸是中正平和；中庸是平凡的优秀。安教授着重讲的儒家的"礼"，要我们固守"角色的中庸"，在上下级关系中找中庸；佛道可能主要还是要我们固守"心态的中庸"，滚滚红尘，欲求无边。在物欲横流的尘世安放好自己的心。在我看来，中庸是适度，中庸是"刚刚好"。

上下午的内容合起来就是我的"一悟"：老祖宗给我们留下的经典是好东西，特别是《易经》。《易经》不仅是群经之首，更是蕴含了大智慧的典籍。以后，一定要以"经"修身。

"一得"是什么呢？是得到了一个方法。虽然我们成不了佛陀，成不了觉者，但凡以后我有说不清楚、不想说、不愿说、不能说的时候，我就甩一句深邃的话出来——"茶道无极，道法自然。是好是坏还不一定呢！"安先生说了，这句话适用范围广，是屡试不爽，百试百灵的哲理。

除了在课堂上跟随教授们神游，课余的休闲更是奔跑得彻底纯粹。我想我这一辈子都不会忘了在学习的第三天晚上看了一场话剧《山楂树之恋》。

黄昏，华灯初上，只见三十几个人甩开膀子在京城、在长安街旁的胡同，朝着国家大剧院"奔跑"。这三十几个同志对看这场话剧很认真，不想迟到，又遇到堵车，比预计晚到一个小时，实在没有办法，大约10分钟奔跑完了两三站路。这三十几个人穿着有跟鞋，背着包包，五颜六色地在京城"哒哒哒哒"地奔跑着，真可谓浩浩荡荡呀！好不容易进场了，摊在座椅上想歇口气，却歇不成——看了话剧比不看更累！现实版的《山楂树之恋》话剧，不是那个清澈唯美《山楂树之恋》，静秋和老三从头至尾都在舞台上"奔跑"——前后跑、左右跑、交换位置跑、围着山楂树跑。除了静秋和老三，甚至在二维空间里网络上看书的俩女子也是在"奔跑"。自始至终，看着台上也是跑啊跑，台下的我们，不禁哑然失笑了。

剧散，出门。还好，只见国家大剧院的上空，月华皎洁，在盛放大剧院的柔波中荡漾，脉脉含情，柔情似水，我们可以沐浴着月光缓缓而归了。

我们可以沐浴着月光缓缓而归吗？不行！大巴司机在等，超过时间要加钱，我们要跑；宿舍晚上11点要停热水，要赶回宿舍洗漱，否则没有热水，我们要跑；我们约好了明早6点起床要在晨光熹微里抓拍美照，还要继续奔跑……

行亦奔跑，坐亦奔跑。学习亦奔跑，休闲亦奔跑，时间亦奔跑，空间亦奔跑。奔跑，贯穿清华，这是奔跑的季节！

    风吹落最后一片叶
    奔跑只能在回忆里堆叠

    当季节不停更迭
    远远看着曾经奔跑的一切

    在这奔跑的季节
    从回忆我慢慢穿越

在这奔跑的季节
奔跑的季节
……

北京师范大学游学记[①]

一、学为人师 行为世范

看到黑底金漆的"学为人师，行为世范"这八字碑文，我知道，我到了，我终于到达了北京师范大学——历史上的京师大学堂师范馆。校园里这八个大字是启功先生的手书，隽秀挺拔、风姿俊逸。北京师范大学在我这个普通的教育工作者心中是一个非常美好的向往，多少年来的愿望终于在2018年的秋冬时节实现了。

灰瓦红墙，秋色斑斓。碧空芳草，更在斜阳外……

2018年10月19日至10月30日，我们一批校长经过申请、资料比选、现场答辩等一系列选拔流程，成了成都市小学校长领航班学员。我在上级主管部门的全力支持下，在学校忙碌时节，我掸掸肩头的尘土，背上行囊搭上赴京的班机，奔往心中的教师和校长培养的圣殿——北京师范大学校长培训学院。这次是校长领航班的首期学习，为期两周，真好！

二、成长摇篮

北京师范大学是教育部直属重点大学，是一所以教师教育、教育科学和文理基础学科为主要特色的著名学府。学校的前身是1902年创立的京师大学堂师范馆，1908年改称京师优级师范学堂，独立设校，1912年改名为北京高等师范学校。1923年学校更名为北京师范大学，成为中国历史上第一所师范大学。1931年、1952年北平女子师范大学、辅仁大学先后并入北京师范大学。

百余年来，北京师范大学始终同中华民族争取独立、自由、民主、富强的进步事业同呼吸、共命运，在五四、"一二·九"等爱国运动中发挥了重要作用。以李大钊、鲁迅、梁启超、钱玄同、吴承仕、黎锦熙、陈垣、范文澜、侯外庐、白寿彝、钟敬文、启功、胡先骕、汪堃仁、周廷儒等为代表，一大批名

[①] 本文是作者参加成都市校长领航班到北京师范大学学习的小结。

师先贤在这里弘文励教。经过百余年的发展，学校秉承"爱国进步、诚信质朴、求真创新、为人师表"的优良传统和"学为人师，行为世范"的校训精神，形成了"治学修身，兼济天下"的育人理念。

2000年5月，为落实科教兴国战略、全面推进素质教育、加强小学校长队伍建设，推进和完善校长培训，经教育部批准，教育部小学校长培训中心以当时的北京师范大学教育管理学院为依托，在"教育部华北教育管理干部培训中心"建制基础上挂牌成立。中心是教育部直属和重点建设的三个校长（园长）培训中心之一，是职后国家级校长人才培养和培训的重要基地。经过艰苦努力，中心取得了丰硕的成果，是广大校长的成长平台和精神家园，为我国教育干部培训事业做出了卓有成效的贡献。

我们25名领航班学员充满期待和向往！

三、十日十讲

我们领航班学员日暮下机，几经辗转，报到之时已至深夜，似乎预示着这次成都市小学领航校长培训一定会是忙碌的。多日学习之后，得到了验证，我们每天在"食堂—寝室—课堂"三点一线上飞驰。

北京师范大学这次十天集中培训，安排了十场专题研修，用下面几句诗做个小结。

师大之行，暮鼓晨钟。英东楼畔，垂柳无言。
十日十讲，醍醐灌顶。中西教育，纵横捭阖。
使命担当，文化自信。端正价值，思想引领。
专业写作，研究之难。校长修炼，沟通为先。
问道实践，初心不变。道法自然，大道从简。

十天十场讲座，讲座内容涉及古今中外、文史哲经、上下五千年，讲座丰富而充实。

四、原点之修

京城的秋风猛是猛了点，但北京师范大学校园里的各种树却是异常色彩斑斓，美得很！漫步在校园内，心里住着启功先生亲书的八字箴言"学为人师，行为世范"，回味课堂内容，心，满满的，让我思索作为师者的我们应该怎样回归原点，保持真诚朴素。

(一)回归文化原点：用中华传统文化涵养人生，用经典文化润泽教育

郭振有教授的《以文化自信立德树人——用中华经典润泽教师生命》中讲道：泱泱中华五千年灿烂文明涌现了老子、孔子、墨子、庄子、孟子、孙子、韩非子等诸子百家先贤。这些先贤流传至今的思想和文化就是中华民族的优秀传统文化，这些优秀的传统文化也是文明中华民族的精神家园。作为一个中国人，绝不可抛弃中华民族的优秀文化传统，因为这是中华民族的"根"和"魂"。丢了这个"根"和"魂"，我们就没有根基。

"人生无根蒂，飘如陌上尘。"没有根基的民族是没有魂魄和脊梁的民族，没有魂魄脊梁的国民教育是无根和浅薄的教育。当世中国教育之根本任务是培养社会主义建设者的接班人，培养拥护党的领导和社会主义制度，立志为之奋斗终生的接班人！

泱泱华夏生生不息。在历史的演进中，"儒释道"三家古典哲学的真谛为后世不断发掘，其中以"儒"家思想为盛。孔孟之道，礼仁天下，是儒家经世之学。我们需要勤加研习儒家经典，克己复礼而防礼崩乐坏。

(二)回归教育原点：回归初心，做最朴素的基础教育

我特别喜欢赵德成教授在开班仪式上关于办学思想的提示：教育是在整体理念下的行为。什么是办学思想呢？办学思想就是学校老师们、孩子们共同认同的东西，赵教授的这几句话其实有几层意思。第一层，学校要有办学思想；第二层，校长要有办学思想；第三层，办学思想是孩子们、老师们共同认同的，当然也包括校长；第四层，办学思想并非仅仅是"校长的办学思想"；第五层，脱离了孩子，教师的办学思想不是真正的办学思想。

领航班"提炼出自己的办学思想"的作业和任务，我们这些学员分析了赵先生的话之后，我似乎有答案了：办学思想要从孩子中来，从老师中来，在自己的工作实践中来，从自己的教育初心中来！

校长们不要拘泥于具体的文字和说法，君子和而不同。如果我坚信"求真创新、爱满天下"，那我甚至可以直接撷取行知先生的办学思想也未尝不可，不是吗？

我有些小庆幸，从我当校长的第一天我就在案头写了一行字——回归初心，做最朴素的小学教育。彼时懵懂忐忑间，做得最正确的一件事就是问道孩子，问道老师，任尔东西南北风，我自岿然不动！

五、知行双修

（一）理论+实践：真实的学习

我这次学习最大的感触，是学校为每个学员分别配了一位理论导师，一位实践导师。二十几年的基层学校工作，积累了不少的素材和案例，可是提炼不够，提升困难，需要理论导师从教育规律上和学术上给我们做引领和辅导。

教育大师是怎么练成的？从实践中来，到实践中去。学校为我们这次学习配的实践导师都是京城名校长，这些校长我们原来只能远远地虔诚地仰望，这次培训能够得到他们的悉心指导是我们的又一大幸事！

"理论+实践"的双导师配置，是保证我们领航班学员真实的学习，真实的成长！

（二）走向未来：路在脚下，不做伯乐

刘可钦校长是我国基础教育领域的"大神"了，在观摩北京市中关村第三小学时，她说："校长不要做伯乐！千万不要做伯乐！"我们听蒙了。为什么呀？她接着说，"因为千里马是'跑'出来的，不是'点'出来的。"

说得真对呀，是骡子是马，牵出来遛遛。优秀的教师一定是从实际的教育教学工作中干出来的。别想着校长慧眼一"点"，就点出匹"千里马"，教育教学中容不得纸上谈兵！

六、尾声

北风，吹呀吹……

移步换景，境由心生。回到原点，不忘初心。我们每天都很忙，忙着去食堂，忙着去教室，忙着回寝室。脚步匆匆行走校园，不忘在校园里留下美丽的剪影：以朝霞为纱，以夕阳为帔，凝天地之灵气，舒展身姿，身心归元。

学习的日子总是过得很快，转眼即将归去。

205教室，日薄西山，教室最后排展阅一个孤独的人，因为很少人懂，于是又孤独。是夜，等着，夜色越来越沉，呼呼的，北风来了……

还记得歌手苏运莹演唱的《野子》这首歌吗？没领略过秋冬时节京城的风，就感受不到《野子》的歌词写得多么贴切！没有感受过强劲的风，就领悟不到北师大坚持教育与改革的决心！让我们用野子的决心，变成巨人、踏着力气、踩着梦、勇敢前行……

怎么大风越狠我心越荡
幻如一丝尘土随风自由地在狂舞
我要握紧手中坚定却又飘散的勇气
我会变成巨人　踏着气　踩着梦
怎么大风越狠　我心越荡
又如一丝消沙　随风轻飘的在狂舞
我要深埋心头上秉持
却又重小的勇气
一直往大风吹的方向走过去
吹啊吹啊　我的骄傲放纵
吹啊吹　不毁我纯净花园
任风吹　任它乱
毁不灭是我尽头的展望
吹啊吹啊　我赤脚不害怕
吹啊吹啊　无所谓　扰乱我
你看我在勇敢地微笑
你看我在勇敢地挥手啊
是你吗　会给我一扇心房
让我勇敢前行
是你呀　会给我一扇灯窗
让我　让我无所畏惧
吹啊吹啊　我的骄傲放纵
吹啊吹　吹不毁我纯净花园
任风吹　任它乱
毁不灭是我尽头的展望
吹啊吹啊　我赤脚不害怕
吹啊吹啊　无所谓　扰乱我
你看我在勇敢地微笑
你看我在勇敢地挥手啊
怎么大风越狠我心越荡
我会变成巨人　踏着力气　踩着梦

番外篇

心中有爱　眼中有人

——我心中的好老师

吴逢春

2009年9月开始，我师从恩师黄智惠校长开始教书育人的工作。是她带着我一步步走进学校教育研究。在我的心里，黄校长是一位心中有爱，眼中有情的好老师、好导师、好校长，她尊重和包容每一个学生和老师，成就每个生命。

黄校长是一位心中有爱的好老师。她总是认真对待自己的学生，兢兢业业地对待自己的教学。从学生实际出发，研究学科教育的本质，带领祝国寺小学全体教师利用思维导图解读教材，寻根究源，共同努力把最有营养的知识传授给学生。

黄校长是一位眼中有老师的好导师，她引领老师们走上研究的道路，让每一个教师都成长为一个幸福的研究型教师。

还记得在2011年5月底，我休完产假回到工作岗位，适逢我的班级已进入四年级的复习阶段。刚回来的那次形成性评价测试结果，着实让我担忧。15分的口算题（共30小题），全班全对的学生仅一两个，扣分最高的高达8分；9分的竖式计算（共3小题），全班全对的学生还不到50%；18分的递等式计算（共6小题），全班错3题的达一半，其中，有些学生是因为计算不细心出错，而大多数的学生是因为不会灵活运用乘法结合律和乘法分配律等运算规律。18分的填空题，没有丢分的学生仅五六人；25分的问题解决，扣10分以上的有七八人；拓展题得分率更是相当低。从这个结果我分析了一下孩子们存在的问题，主要包括两个方面：一是计算准确率低，二是审题、分析问题、解决问题的能力差。

无意间和黄校长谈起我的担忧，黄校长旁敲侧击对我说："没事，还有暑假的时间可以补一补！"我疑惑："暑假？咋补呢？"黄校长看我还是没有明白就说："你可以尝试自己设计一本暑假作业册！"说实话，当时我心里还是有些犹豫，马上就要放假了，我家儿子还不足半岁，时间上来得及吗？但是因为学生学习情况确实问题很大，同时又将面临五年级下期的调考，形势使我决定从暑假作业入手，第一次亲自为孩子们量身定制一本暑假作业册，以提高学生计算准确率，以提高学生审题、分析问题、解决问题的能力为目的。

拨冗奋战。经历了"纯练习设计 → 瘦身设计 → 分层设计 →精装设计"四个阶段的不断修改后，我的《小学四年级暑假作业册》终于以它独有的特点"出炉"了。原来每次开学时，班上总有五六个孩子不交暑假作业，交了作业的孩子中还有一两个孩子的作业是没有完成的。而这一次开学后，全班42个学生，只有一个学生没有交暑假作业。另外，学生作业质量有所提高，由原来只有寥寥几个学生在假期中认真完成作业的状况，转变为班上大部分学生都认真完成了作业，作业正确率大大提高的状况。

看到孩子们这样的转变，我第一个要告诉的人肯定是黄校长。黄校长却很淡定地说："你花了那么多心血，收到这样的效果是应该的呀！"就好像黄校长未卜先知，什么都知道。接着，黄校长又说："你看你把作业册设计出来，也取得了这样的效果。难道你不打算把它给写出来吗？"这是我在设计《小学四年级数学暑假作业册》的时候，并没有考虑到的，当时心里只想着解决班里的实际问题。我支支吾吾地说："我觉得资料还不够丰富，下一年再写吧！"黄校长瞪大眼睛说："下一年，也许就晚了。"看着其他老师申报奖项的报告交给黄校长改了一遍又一遍，而我连写的打算都没有，再回想黄校长的话，最后，逼了自己一把，用了一个周末的时间就写了出来，居然还得了一等奖。

有的时候，我真的很感谢黄校长的"逼迫"，如果没有她的逼迫，我想我也成长不起来。黄校长不仅仅是旁敲侧击地鼓励大家结合自己的教学问题做教学研究，更是涉足各个学科，指导大家做研究，在报告的撰写上更是悉心地指导大家，大到框架的修改，小到格式的修改，总是和老师们一起商量、讨论。

黄校长是一位有信仰的校长，心中始终装着学生，有着深沉的教育情怀。因为有爱，所以她始终坚持儿童立场，努力做好校本课程的开发与实施，尽自己最大的可能让随迁子女享受最优质的教育，为孩子们打好生命底色。她曾对老师说过："我们的老师能为孩子们做的是有限的，如果我们一周能有那么一节课可以激发起我们这些单纯可爱的孩子积极主动想上课的念想，那么我们学校开设的课程就是有意义的。"正是因为这份爱，这份情怀影响着学校的老师们基于生源实际情况不断开发有利于孩子发展的校本课程，从而培养学生的核心素养。

黄校长是一位爱学习的校长，不仅善于学习、追求更好的自己，而且经常谆谆教导年轻老师们："成长在八小时之外。"

在我的心目中，黄校长是一位心中有爱、眼中有人，值得我永远尊重和学习的好老师！

素描智惠

田 丽

智惠人如其名，睿智聪慧。

初识智惠，是十年前。

十年前的智惠，有着超乎同龄人的恬淡和沉稳。那时，她负责教学，我负责德育。与她共事，愉悦而又放心。因为，遇到棘手的工作，总能在她的运筹帷幄间，井然有序地开展并圆满完成。

智惠善科研。锦江教育流传"四大才子才女"的佳话，智惠便属其一。大课题、小专题，只要经过她的指导，总能迸发出新的能量。她是我们身边的专家，庆幸我的科研之路有她一路指引。

智惠喜读书。闲时，总能见她伏案阅读，勾画旁批。即便工作密集，她也会在零星时间坚持自己的喜好。"腹有诗书气自华"，走近智惠，你便能感到她由内而外散发出的书卷气，你也便能明白智惠的演讲为何总能旁征博引，侃侃而谈。

而立过半，智惠便任校长，我窃喜能伴随其左右，共谋学校发展。从顶层架构到现代学校管理，从校花、校树到小院文化，我们不断打磨学校细节，力图把最好的教学质量和教育环境，留给学生。

智惠好茶。茶人智惠，常穿一袭素色衣衫，世事俗事，就消散于一盏茶间。

智惠通音律，声音清脆动听。偶然听其歌唱，许久难忘。

于我，智惠亦师亦友，感恩相识。

工作上的引路人　生活中的大姐姐

——我心中的黄智惠

刘 洋

智惠姐给人的第一印象是挺拔矫健、气场很足，看见我们总是笑眯眯的和蔼可亲，一起拼搏奋斗了数年，现在回想起来，真如金堂三星小学肖校长说的那句实在话："等到黄校长离开你们了，你才会发现黄校长更多的好……"

一、以自己的强项帮助、带动我们

在2011年11月初，我休完产假回到学校，智惠姐当时任我们学校的主任，她找我谈心，从大姐姐的角度出发，很希望能帮助我、能看到我的成长。她客观地分析了我自身的优点与不足，优点是爱学肯干，不足是缺乏科研方面的经验；她谆谆教导我，只有提高了自己的科研能力，才有助于提升自己的教学能力，才能在祝国寺小学站稳脚跟，才不会被其他人说，现在的大学毕业生是高分低能。当时，我们同一年进入祝国寺小学参加工作的其他老师要么在赛课上有所收获、要么在班级管理上积累了很多的经验、要么在科研方面崭露头角；相比较而言，我的收获就比较少，成长也很缓慢……智惠姐还真诚地提醒我，牢牢地抓住这次机会，克服一切困难，跟着专家、跟着祝小语文组的老师们一起做"利用思维导图工具进行小学语文北师版教材体系梳理的研究"。

现在回想起来，我很庆幸智惠姐鼓励我全程参与到这次的小专题研究。这一次在专家的引领下，小专题研究究竟做哪些相关的准备，遇到问题怎么调整，以及成果怎样梳理，我都亲自体验和操作，大框架下的每一步都要和我们的问题相关，也就是教学中遇到的问题即是我们的题目核心，如何想办法去解决问题即是我们的研究过程，我们的研究带来的改变即是成效，我们的研究总结可以推广运用的策略即是成果。

在2013年时，我第一次作为主研人员开展"涉农小学中段学生阅读概括能力培养策略的研究"小专题的研究，智惠姐一次又一次为我们提出中肯的研究建议，不厌其烦地帮我们修改研究报告，甚至连研究报告的格式、字体字号也一一帮我们修改，手把手地耐心地教我们。

后来我们又一起合作过几个小专题，其中一次，我因为身体原因只做了很少的一部分工作。但是最后总结成果时，智惠姐并没有抛下我，还是把我的名字也报了上去。当时，我就觉得智惠姐心胸开阔，这么照顾我，我也要多承担工作上的事！

后来，智惠姐担任我们学校的校长，平时工作上的大大小小的事情非常多，每天都忙得不可开交。在2016年我们仍然一起做"以'乐读法'提高小学一年级学生古诗文积累的实践研究"，在2017年成果总结阶段，白天，我把稿子拿去请智惠姐指点，晚上修改后又发给她；她收到电子稿后马上看，第二天又挤时间逐字逐行给我讲解、分析，甚至推敲每一句话、每一个词；想到一个好的句子、凝练的词语，她就开心地大笑起来。这样反复进行了十多天，在智惠姐的倾力指点下，这个成果报告终于有了层次、有了深度，成果提炼得也更有意义了！而智惠姐由于这十多天熬夜看稿子，眼睛里的血丝多了，显出比以往更疲惫，可是她并没有说一句辛苦之类的话。当时，我们学校还有几位老师也想请智惠姐指点小专题，智惠姐就请其他老师去指点，她自己专门指点我的这个小专题。顿时，我觉得心里是满满的幸福，因为能得到智惠姐的"偏心"！

在2017年11月，这个小专题研究入围锦江区小专题一等奖答辩。听到这个好消息，我们都很激动，可是要在10分钟内把这个小专题研究的动因、成果、成效讲清楚、讲精彩，却是不太容易。智惠姐又把我叫到办公室，为我出谋划策……答辩当天，智惠姐要跑好几个地方开会，但她还是抽出时间来到答辩现场，看见她那和蔼可亲的笑脸、会说话的大眼睛，我顿时获到鼓舞，答辩会进行得非常顺利，我们的研究课题得到评委的赞赏！后来，我们的这个小专题研究获得锦江区教育局颁发的小专题研究一等奖。有智惠姐一起拼搏的感觉真好！

就这样，在智惠姐不遗余力的帮助下，通过几个小专题研究下来，我在科研方面也取得了很大的进步。智惠姐并没有有所保留，而是把她的科研心得全部传授给我们，带着大家一起进步！

二、抓住各种途径帮助我们提高教学水平

智惠姐常常对我们说："不要看现在我们的学校小，将来我们的新学校是很大的，配套设施是最好的，所以我们趁着现在要练好内功，以后到新学校去工作才有底气！"她不但要求我们参加区域类的常规培训，而且遇到有利于我

们成长的其他培训，也大力支持我们去。

2015年10月，智惠姐听说四川省的特级教师姚嗣芳老师在招收名师工作室的成员，就想方设法把我推荐了进去。三年来，我跟着姚老师，学到了很多很多，比如小组合作、大单元整合等的实际操作，观摩了许多课，眼界拓宽了，思考也更有深度了。

2016年暑假，锦江区教师进修校贺慧校长建议我去金堂学习陈琴老师的吟诵，当时学校的教师培训经费已经不足了，智惠姐和学校行政老师们商量后，对我说："你放心去学，就算我砸锅卖铁，也要支持你去学习吟诵！学到了好的方法，回来运用在教学中，这是功德无量的事！"学了吟诵回来，我就在一年级实践吟诵教学，帮助学生们积累大量的古诗文，一边实践一边探索，也就有了"以'乐读法'提高小学一年级学生古诗文积累的实践研究"的这个小专题研究。

2016年9月，智惠姐带领我们加入"祝三"交流活动中。11月我去金堂三星镇小学上展示课前，智惠姐请了教研员多次来听我的课，并反复指点，最后《早操》这节课不但教学环节清晰，而且非常有趣，学习氛围浓厚。从此，我对低段教学的步骤和方法，更加明了于心。后来，我把磨课的经历写成了《低段教学识字完善记》一文，并在成都市、锦江区教学论文比赛中获了奖。

2018年4月，智惠姐又支持我们去武汉学习统编教材怎么分析课文、怎么上课，让正在上统编教材的老师有所借鉴，让即将上统编教材的老师心里有底。

在智惠姐的悉心帮助下，我慢慢明白了教学要像科研一样聚焦，思考要全面，环节要清晰。现在，我的课堂上，孩子们的学习氛围浓厚了，学习效率提高了，我也更有自信了。这些变化，多亏了智惠姐鞭策我、鼓励我，为我提供了宝贵的学习机会！

三、在生活诸多方面照顾我们

记得那一次，我父亲要回老家照顾长期生病住院的爷爷，只有我每天去接送孩子上学放学。可是，如果我早上送孩子上学，上班就会迟到，如果只顾着上班，就顾不了孩子。我正在为难，智惠姐知道，让我找学校人事主任针对我的特殊情况，把我每个月的途假用在每天早上，这样，我上班就不会迟到了。

还有一次，我两个膝盖突然疼痛，不能动弹，这样持续了好几天。有一天在学校里痛起来，智惠姐让我坐在椅子上，为我检查腿，着急地让我赶快去骨科医院好好检查一下，还让我在教室里能够坐时就坐一会儿，缓解疼痛。当时的情景，至今历历在目，我心里觉得好温暖。其实智惠姐平时身体也不好，各种烦恼的事情也多，她还如此关心我，就像大姐姐一样！

诸如此类的事还有许多许多。在工作上能得到智惠姐的帮助和鼓励，在生活上能得到智惠姐的关心和照顾，原本辛劳的教师工作，也变得愉快了！

此外，智惠姐还给我们提供了很多自我锻炼的平台，她常常鼓励我们，说："我们学校很小，地理位置较偏僻，但是我们老师很强！我们可以组团形式出去打组合拳，把我们擅长的项目展示出来！"于是，我们跟着智惠姐，在市级小专题推广会、在"西部国培计划"培训四川师范大学培训班、在金牛区全兴小学、在金堂三星镇小学都出现了我们的身影。在智惠姐的带动下，我们推广小专题研究、展示教研组建设、分享吟诵教学。在智惠姐严格的要求下，我们做讲座时也越来越自信，工作干劲也越来越足，我们的精气神也不一样了！

智惠姐还常常和我们分享好书，让好书滋润我们的心灵，就像书中所说——多看好书，多做好事，多念人恩，心中就像引入了清泉。

智惠姐就是这样做的，她的心中就有一股处处为别人着想的清泉，这股清泉流向我、流向你、流向他……

我的良师益友

伏 兰

与黄校相识有11年了,虽然在一个单位上班,但是,我们工作上的交往并不多,对她的印象原来仅仅停留在她平常待人接物的温和谦逊上。

初识黄校时,她还不是校长,我与她的办公室正好相隔一个操场,虽然有点远,但休息时偶尔能看到她在走廊接待家长或找她的老师。我们交往并不多,我也没有刻意窥探隐私的目的,只不过那些偶然地撞上,竟然成了她早先给我印象最为深刻的场景:远远望去,无论谁到访,她总是先向对方伸出双手,身体微微前倾,与人打完招呼,才站好与对方攀谈。这一点仅仅是我在远处看见她待人的一个小细节,现在回想起来她不仅对每一个人亲切真诚,而且也让她身旁的人都能感受到她为人的温和谦逊。

近几年随着工作的需要,与黄校的接触逐渐增多,她给人留下温和谦逊的印象,或许是多年书不离手习得的品质。而我,一个性格急躁的"女汉子",在与她相处的过程中,慢慢被这份温和谦逊感染,也变得稳重起来。黄校成了我工作与生活中的良师益友。

记得黄校刚当校长不久,我也刚好休完产假从德育转岗做人事工作,两人都处在对各自工作摸索和熟悉的阶段。一开始我对人事工作的态度是按时完成任务交差,不曾想每次拿到她那里的文件或签字盖章的表,她都会逐字阅读,内容篇幅多的,甚至会用不同颜色的笔标注。前几次我自己悄悄嘀咕:"有什么看头,这些报表、文件也需要'品读'吗?"后来发现,她常常会指着其中的一张表问我:"这个统计做什么用的?"或者指着文件中的一句话问:"这个要求是要老师们做什么?"有些时候我也是按照学校惯例来进行工作安排,就回答不上来她的问题,但她从不生气,只是语重心长地对我说:"我们做工作,一定要读清楚文件的要求,老师们问你为什么这样安排的时候,你如果能够回答得清楚,他们就会愉快地接受。如果你自己都没有弄清楚就安排,他们是不会满意的。"因此,第一个学年的人事工作,只要是关系老师们切身利益的文件,黄校都会拿着她勾画的打印稿反复与我讨论,有时实在找不到答案,她还会让我拨打文件中负责人的电话，询问清楚后才允许开展下一步的工作。而我也在她对工作的认真严谨中，慢慢转变了对自己工作的要求。在做人事工作的三年里，虽然好几次有老师气冲冲地来办公室找我，但因为事先做到了黄校要求的"弄清楚"，最后我也能温和地向老师们解释清楚，并让他们明明白白、心平气和地走出办公室。

随着工作上的频繁交流，她对人温和谦逊的态度、对工作细致严谨的要求，深深影响着我。甚至她对家人的尊敬和理解，也在工作的交流中，让我受益匪浅。因为我们夫妻俩上班时间都是固定的，因此，平常需要家里的老人帮忙接送孩子。有一次孩子感冒发高烧了，老人特别紧张，而且孩子越是高烧老人越要用被子捂着，就是我们常说的方法："捂出汗来就退烧了。"孩子发烧的时候，我正在单位上班，听到老人在电话里这样一说，心里就着急了，赶紧到黄校那里请假，一着急也就忍不住在她面前抱怨："老人带孩子真是让人着急，方法不对，还不能说，一跟他们讲不能捂着，他们能马上说一堆的道理给我听。"黄校看着我火急火燎的样子，一边签字一边温和地说："家里老人帮我们带孩子是情理，要是不帮你带那是道理。他们奔波大半辈子现在还来帮你带孩子，这也是因为心疼你，怕你累着，这是你的福气啊。多理解他们，大家都是为了孩子好，赶紧回去送医院看看。"听黄校这么一说，我对父母责怪的情绪一下就没有了。从那以后，我慢慢尝试去理解父母，尝试从他们的立场出发沟通孩子的教育问题。虽然这是家里的一件小事，黄校却用温和的话语改变了我看待问题的角度。

类似这样的事还很多很多，当我自己静下来回想与黄校相处的日子时，就会感觉她如同一本能够给人带来温暖和宁静的书，每当我走近她时，也许什么都不曾发生变化，但似乎一切又都可以自然而然地变得有序而安静。

智惠印象

黄之雯

"您好！我是黄智惠。"

"黄姐姐，我是黄之雯。"

然后，双方热情握手。

这就是我和黄智惠校长的第一次打交道，准确地说应该是智惠校长与我联系。

2018年5月11日，在QQ上的简短交流，在金牛名师研修工作室牵头下，让我有幸成了黄智惠校长的徒弟，她简洁的介绍，给人以快人快语、平易近人之感。

"两位优秀的老师：正好最近我有一些讲座，都在成都市内，如果有兴趣可以来参加。本周四上午——（面向青年骨干教师，关于读书与教育智慧）；本周六上午——（面向校长，关于学校诊断）；下周五上午——（面向校长、中层、骨干，关于学校文化与管理策略）。如果有兴趣，给我私聊报名时间，我把地址发给你。"以上摘自2018年5月18日她的QQ留言。

第二次QQ联系，就收到了智惠校长的盛情邀请。从这3场近期的讲座来看，短短8天内，就有3场大型讲座，并且讲座内容有针对学校管理层、中层的，有针对青年骨干教师的，有校园文化与管理策略的，还有教师个体修养提升的……内容之广泛，题材之丰富，不禁让我对这位素未谋面的黄校长更加钦佩和好奇。

由于时间的关系，我只能选择周六这个时间，去聆听黄校长的一场讲座，去见这位心中的女神。

那天，刚到不久，就收到黄校长的QQ信息："早上9：00太通酒店四楼一号会议室。"马上就要见到这位"三头六臂"的黄校长了，我心中不免开始对她的形象有了猜想……只听见身后有一个极为亲切又熟悉的声音传来："之雯，到了啊！"转身回头，一中等略胖身材，身着深蓝色连衣裙，长发马尾素颜的高个子姐姐正朝我走来。眼前的黄校长朴素温婉大方，慈眉善目，语速适中表情亲切，让我以为是见到了久未谋面的远方堂姐，只有亲近感，没有距离感——眼前的她竟然是这么一位接地气的专家型校长啊！

那天，听讲座的是一批来自广西武宣县骨干校长培养工程班的校长们，会场不大，但也坐了 30 多位校长。刚开始，黄校长聊了一些对武宣县的印象，一下子拉近了主客距离，接着谈到祝国寺小学的 80 年历史，让我们了解到一个袖珍但精致的学校在黄校长的带领下是怎样成长起来的。"以人为本，善学笃行"的办学理念；"做更好的自己"——校训简洁励志；鼓励老师们做善学教师：温婉亲和、善于合作、精通专业、团结协作……

听到这里，让我不禁和眼前的黄校长不由自主地联系起来——一个学校的理念，实际上就是这个学校的灵魂，黄校长本人的形象就是学校理念的最直接、最形象的代言！

讲座中就"学校管理改进方案"提出了三部分的讲解，以祝国寺小学为例，深入浅出地列举了学校近三年"质量管理""校长修炼""顶层设计"的具体实施；《学校发展规划》的制定，发动全校教职员工写，在全校管理层教师层互动的模式中有条不紊地展开；规划写什么？规划怎么实施？这些难以成行的措施，在黄校长抽丝剥茧般的讲解中清楚明了；从《祝国寺小学办学章程》《教师工作手册》到《制度手册》，再到每个教师的《个人三年发展规划》，以及"善学文化视野下学校教科研管理策略"……听讲座的校长无不为黄校长的讲座震撼：规划如此细致，上至管理、下至教师个人；所介绍的经验具有较强的学习性和模拟性……从真正意义上做到了"以人为本、善学笃行"。

中场休息和讲座后，黄校长都亲切地与我交谈，尽可能地增进我们彼此的了解，讲座之后还亲自把我送出会场。

之后，我继续接受她的指导。有时我们在 QQ 上交流，有时黄校长亲自打电话给我指导或建议，对于我的一些作业，她给我作业模板，让我学习，对我的学习不断鼓励和帮助，不断的鼓励。在这近一年的师徒关系中，我感恩能有黄校长这么一位温文尔雅、孜孜不倦的大姐姐，我相信，我在她的带领下会得到更大的进步，在此，衷心地祝愿黄智惠校长能在新的工作岗位上身体安康、工作顺利！

参考文献

[1] 蒋晓明，陈瑾. 小学生学科素养发展水平监测指南［M］. 成都：四川大学出版社，2013.

[2] 东尼·博赞. 思维导图［M］. 叶刚，译. 北京：中信出版社，2009.

[3] 张洪玲，陈晓波. 新版课程标准解析与教学指导 小学语文［M］. 北京：北京师范大学出版社，2019.

[4] 温儒敏，巢宗祺. 义务教育语文课程标准解读（2011年版）［M］. 北京：高等教育出版社，2012.

[5] 教育部. 义务教育语文课程标准（2011年版）［M］. 北京：北京师范大学出版社，2012.

[6] 国家中长期教育改革和发展规划纲要（2010—2020年）［M］. 北京：人民出版社，2010.

[7] 章志光. 心理学［M］. 北京：人民教育出版社，2002.

[8] 马忠林. 语文学习论［M］. 南宁：广西教育出版社，1999.

[9] 林崇德. 小学语文教学心理学［M］. 北京：北京教育出版社，2001.

[10] 张洪玲，陈晓波. 新版课程标准解析与教学指导 小学语文［M］. 北京：北京师范大学出版社，2019.

[11] 窦桂梅. 小学语文质量目标手册［M］. 成都：四川教育出版社，2010.

[12] 林崇德. 智力发展与数学学习［M］. 北京：中国轻工业出版社，2008.

[13] 李希贵，等. 学校转型［M］. 北京：教育科学出版社，2014.

[14] 郅庭瑾. 为思维而教［M］. 北京：教育科学出版社，2007.

[15] 林崇德. 我的心理学观：聚焦思维结构的智力理论［M］. 北京：商务印书馆，2008.

[16] 林崇德. 发展心理学［M］. 北京：人民教育出版社，2008.

[17] 李松林. 回归课堂远点的深度教学［M］. 北京：科学出版社，2016.

[18] 陈琴. 经典及人生［M］. 北京：中华书局，2011.

[19] 陈琴. 中华经典素读范本［M］. 南昌：二十一世纪出版社，2015.

[20] 徐建顺，陈琴. 我爱吟诵［M］. 桂林：广西师范大学出版社，2014.
[21] 陈少松. 古诗词文吟诵［M］. 北京：社会科学文献出版社，1997.
[22] 徐羽柯. 古诗文吟诵入门［M］. 北京：中华书局，2012.
[23] 施良方. 课程理论：课程的基础原理与问题［M］. 北京：教育科学出版社，1996.
[24] 叶澜. 新基础教育论：关于当代中国学校变革的探究与认识［M］. 北京：教育科学出版社，2006.
[25] 张咏梅，等. 教师因素、学生因素对学生学业成绩影响的实证研究［J］. 教师教育研究，2012（07）.
[26] 谢静. 裴先杰. 谈有效性高品质作业［J］. 基础教育参考，2010（08）.
[27] 王宝剑，熊莹莹. 国外作业研究及其对我国作业设计的启示［J］. 教学与管理，2010（07）.
[28] 任宝贵. 家庭作业观之反思与重构［J］. 教育科学研究，2010（07）.
[29] 张悦. 教学目标：课堂教学的灵魂——教学目标培训五步法［J］. 中小学教师培训，2010（07）.
[30] 许华琼，胡中锋. 有效教学的评价标准及实施策略［J］. 教学与管理，2010（08）.

后　记

《我是一棵树——研究型校长的成长之路》付梓之际，我感慨颇多。

27年前，我义无反顾地选择成都师范学校就读，毕业后响应"哪里来哪里去"的号召回到母校——成都市粮丰小学教书，再后来到成都市三圣小学、成都市祝国寺小学，几经辗转来到现在的成都市锦官驿小学任教。从教24年后的此时，回顾自己职业生涯不断转身的过程。从运动健将到数学教师、音乐教师，然后转身为语文教师、教研组长、德育干部、教学科研干部，到支部书记，再到校长，每一次调整就是一次工作角色的转换。角色的转换让我的工作范围不断拓展，工作内容也在不断增加。每一次角色的转换，对我而言都是新起点——要起航，就必须重新学习。所以，角色变化的过程其实就是重新学习的过程，工作经历也就是我的学习经历。

喜欢知名自媒体人鬼脚七的一句话："凡走过的路，都是必经之路；遇到的每一个人，都是菩萨。"我运气很好，一路平平稳稳走到了今天，这离不开众多人的关心、支持和帮助。

感谢培育我的锦江教育这片沃土。我的每次转身和成长离不开组织对我的信任、关心、支持和帮助，给了我不断学习、学以致用，挑战自我、历练自我的机会。

感谢我经历的每一所学校的老师们，没有老师们、教研伙伴们的信任和支持，我的教育理想变不了教育现实。

感谢成都大学师范学院范红教授。范教授是我读成都师范学校的老师，也是成都市小学语文骨干教师的导师。她多年来一直不断提供平台锤炼我的专业能力，并手把手教我著书立说。还有四川师范大学教师教育学院王芳副教授在得知我多年来有一些粗浅的研究成果后，鼓励我将这些研究成果结集成册，否则也不会有该书的面世。

还要特别鸣谢祝国寺小学。"善于学习，追求更好"，这是祝国寺小学的教风，本书的大部分内容记录了我在祝国寺小学开展教育教学的研究成果。在祝国寺小学的9年，是我工作压力最大的一个时期，也是我如海绵一样孜孜不倦地学习，吸收营养的高峰。因为工作上的"交作业"，顺便积累了一些办学经验，现在整理成册付梓出版。该书的出版，如果能给和我一样心怀朴素教育情怀的教育人做个参考，那我将感到莫大的荣幸。

最后，感谢一直鼓励并支持我的家人，他们见证了我每一个笔耕不辍的通宵达旦，更见证了我每一次逆风飞扬。对于儿子，我心里有深深的愧疚，这么多年来，他的生活和学习我都无暇照顾。我希望我努力拼搏的精神能够影响儿子，希望儿子将来比我更勤奋、更优秀。

谨以此书，献给所有爱我的人和我爱的人！

黄智惠

2020 年 10 月